Erinnerungen an Afrika

MONTAG 13. JULI 1942

Die Losungen an meinem Geburtstag vom Jahre 1942,
aus dem Original, das ich in einem Antiquariat gefunden hatte:

**Es kommt die Zeit, dass ich sammle alle Heiden und Zungen,
dass sie kommen und sehen meine Herrlichkeit.**

Jesaja 66,18

**Hüter, ist der Tag noch fern?
Schon ergrünt es auf den Weiden,
und die Herrlichkeit des Herrn
nahet dämmernd sich den Heiden.**

Fr. A. Krummacher

**Jesus sollte sterben für das Volk,
und nicht für das Volk allein,
sondern dass er auch die Kinder Gottes,
die zerstreut waren, zusammenbrächte.**

Johannes 11,51–52

**Die Funken zünden überall
von deinen Liebesflammen.
Des Gnadenwortes süßer Schall
ruft dir ein Volk zusammen.**

N. L. Graf von Zinzendorf

Kurt-G. & Rike M. G. Tiedemann

ERINNERUNGEN AN AFRIKA

Verlag der Lutherischen Buchhandlung
Heinrich Harms – 29393 Groß Oesingen

2010

Heinrich Harms – 29393 Groß Oesingen
Telefon 0 58 38 / 990 880

ISBN 978-3-86147-325-1

Titelbild: Janine Grab-Bolliger / PIXELIO

Herstellung:
Druckhaus Harms – 29393 Groß Oesingen

QUID NOVI EX AFRIKA?

Was gibt's Neues aus Afrika?
(ständige Frage im alten Rom und in Karthago)

UMHLANGENI, 16. NOVEMBER 1999

Ihr Lieben,
der letzte Brief aus Afrika. Nach 32 ereignisreichen Jahren kehren wir zurück nach Deutschland, und ich will unsere Empfindungen so zusammenfassen: Wir trennen uns schwer, aber wir freuen uns auch auf die neuen Aufgaben. Wir gehen nicht enttäuscht oder besorgt, sondern gelassen und getrost.

Wir waren mit unserer bisherigen Lebenszeit ja länger hier in Afrika als in Deutschland, und wir sind innerlich immer noch irgendwie zwischen den Welten, zwischen den beiden Ländern, noch nicht voll akzeptierte Südafrikaner in Südafrika, aber auch nicht mehr Deutsche in Deutschland. Ich persönlich war noch nie solch eine lange Zeit an ein und derselben Stelle, wie hier in Izotsha. Nach 18 Jahren in Umhlangeni sortieren wir nun unsere irdische Habe auseinander und wieder zusammen; und es ist eigentlich erstaunlich, was man alles nicht braucht, wenn es weg ist.

Aufs Ganze gesehen war die Zeit hier in Afrika eine ungeheure Bereicherung unseres Lebens, auch unseres Glaubenslebens. Wir würden wieder herkommen, jederzeit und unbedingt. Wir haben viel gelernt und erfahren, und ich bin gespannt, wie die Leute in Deutschland darauf reagieren. Eine Freundin, die auch lange in Afrika in unserm Beruf gearbeitet hat, fasste das neulich zusammen: „We learned to trust in the Lord, because there is nobody else. Wir haben gelernt, dem Herrn zu vertrauen, denn da ist sonst niemand." Das ist auch unsere beglückende Erfahrung. Eine andere Freundin aus der Nachbarschaft, auch Frau eines Pastors, sagte heute zu Rike: „Ungesabi, uNkulunkulu ukhona. Uzoba khona noma-phi lapho niya khona. Gott ist schon da, und er wartet auf euch, wo immer ihr hingeht." Das ist gut zu wissen.

Der Schmerz der Trennung lässt sich so besser abfangen, und die Sehnsucht und das Heimweh, und die Ungewissheit und alle Unsicherheit und Zweifel, und was es sonst noch alles so gibt, wenn man sich verabschiedet. Eigentlich ist doch unser ganzes Leben ein einziges Abschiednehmen, angelegt auf den letzten großen Abschied am Ende. Und all unsere Sehnsucht und all unser Heimweh ist eigentlich nichts anders als das große tiefe Sehnen nach der Ewigkeit. Wenn man älter wird, hat man das manchmal schon: eine fröhliche Neugierde auf die Ewigkeit, auf Gottes schöne neue Welt. Diese Fröhlichkeit ist seit Weihnachten in unserm Leben:

Heut' schleußt er wieder auf die Tür zum schönen Paradeis.
Der Cherub steht nicht mehr dafür; Gott sei Lob, Ehr und Preis.

Ein Gefühl bleibt über allem beim Rückblick, und das ist eine tiefe, tiefe Dankbarkeit Gott, dem Herrn, gegenüber, der uns so geführt hat, der uns so bewahrt hat, der uns so beschenkt hat; und das andere ist eine ebenso tiefempfundene Dankbarkeit all den Menschen gegenüber, die während dieser bunten, glücklichen Zeit in unserm Leben waren, uns begleitet und beschenkt haben.

Gott sei Dank für alles!
Gott sei Dank für alle!
Gott sei ewiglich Dank!

Rike und Kurt-Günter Tiedemann

1. KAPITEL

**Der Herr hat Großes an uns getan,
des sind wir fröhlich.**

Psalm 126

(Thema der Missionsvorträge in Deutschland)

ENHLANHLENI, IM NOVEMBER 1967

Nach etwa 4 Monaten des Einlebens und der Eingewöhnung möchte ich einige erste Eindrücke über unsere neue Heimat und die Herreise vermitteln. Wir waren insgesamt 4 Tage unterwegs. Wir hatten uns am 28. Juli 1967 um 10.22 Uhr von Eltern, Geschwistern und Freunden auf dem Bahnhof Uelzen verabschiedet und waren nach Trier gefahren. Von dort ging es weiter mit dem Bus nach Luxembourg. Es war für uns sehr beruhigend, dass wir in Begleitung von P. Ernst-August Albers und Familie die weite Reise machen durften. In Luxembourg auf dem Flughafen wurden wir von Freunden der Mission aus Nettelkamp und Bleckmar verabschiedet, und dann ging es ins Flugzeug. Der Flug verlief mit Gottes Hilfe recht angenehm.

Wir flogen mit einer verhältnismäßig kleinen Maschine älteren Baujahrs (DC-7 Super Constellation), die schon einige Jährchen europäische und afrikanische Flughäfen angeflogen hatte; aber es war doch sehr gemütlich, und die vier Propellermotoren brummten stetig und beruhigend. Der erste Aufstieg in Luxembourg gestaltete sich etwas ungemütlich, vor allem für unsere kleine Tochter Christina. Die Maschine sackte beim Start ein paar Mal kräftig durch, so dass unser gesamtes „Innenleben" etwas durcheinander geriet. Glücklicherweise blieb das aber ohne ernsthafte Folgen ...

Nach ein paar Stunden – wir hatten unterwegs den Anblick der Pyrenäen und des Mittelmeeres genossen – erreichten wir Barcelona. Eine unvorstellbare Hitze prallte uns entgegen, als wir das Flugzeug verließen; verbunden mit einer nahezu 80%-igen Luftfeuchtigkeit machte sie unseren Aufenthalt in der Stadt nicht gerade sehr vergnüglich. Wir waren heilfroh, als sich die Tür des Hotelzimmers hinter uns schloss. Das Hotel war erstklassig, die Zimmer alle mit Klimaanlage versehen, so dass es auszuhalten war.

Jetzt tauchte ein Problem auf: Wie heißt „abgekochtes Wasser" auf spanisch? Christina verlangte ihr Recht. Das zuständige Fräulein war weder mit deutschen noch mit englischen Worten zu einer allgemein verständlichen Aussage zu bewegen. Auch französische Brocken hatten nicht die erhoffte Wirkung. Es dauerte jedenfalls eine geraume Zeit, bis ich das nach vielem Demonstrieren und mit Hilfe der oft bewährten Zeichensprache herausgefunden hatte. Als der Groschen dann endlich gefallen war, brachte die Signorita auch prompt und wenn nötig „agua caliente".

Es wurde von der Fluggesellschaft eine Rundfahrt durch die Stadt angeboten, die aber nicht allzu großen Anklang fand. Wer hat bei solchem Wetter auch schon Lust, sich in Lebensgefahr zu begeben? Es gibt Dinge, die kann man nicht beschreiben, die muss man einfach erlebt haben! Dazu gehört ein spanischer Omnibusfahrer hinter dem Steuer. Mit einem für unsre Begriffe geradezu halsbrecherischen Tempo prescht er durch die Straßen, schlängelt sich mit seinem Gefährt selbst durch engste Lükken. Die ganze Angelegenheit vom Flughafen zum Hotel und zurück war reinste Millimeterarbeit, schien aber für den Fahrer eine Art Privatsport zu sein. Wir waren froh, wieder sicher im Flugzeug zu sitzen.

Der lange 15-Stunden-Flug nach Luanda hatte begonnen. Die Sicht war ausgezeichnet. Nachdem wir Palma de Mallorca überflogen hatten, erreichten wir am Sonntagabend, 30.7.1967, Punkt 19.00 Uhr die nordafrikanische Küste. Die untergehende Sonne vergoldete die endlos weiten Sandflächen Nordafrikas, die wir nun zum ersten Mal erblickten. Europa lag hinter uns ...

Eine Zeit lang hatten wir noch sehr gute Sicht auf Gebirge und Wüstenstreifen, dann umfing uns sehr plötzlich die Nacht, eine recht stürmische Nacht. Als das Abendessen von den hilfsbereiten Stewardessen serviert wurde, schaukelte es bereits ganz anregend. Einige Passagiere sahen leicht grün aus und schauten von Zeit zu Zeit dezent in die Tüte. Selbst starke Männer mit großem Schnurrbart – richtige Safaritypen – wurden schwach. Wir sind so froh und dankbar, dass wir von alledem verschont geblieben sind. Das Flugzeug war eine außerplanmäßige Sondermaschine und zu unserer großen Bequemlichkeit nicht voll besetzt. Deshalb bekamen wir andere Plätze zugewiesen, auf denen wir mehr Bewegungsfreiheit hatten. Die Tragetasche mit unserer Tochter wurde über die drei vor uns liegenden Sitze gelegt und dort vertäut. Sie hatte wahrscheinlich den komfortabelsten Platz im ganzen Flugzeug.

Wir haben das Fliegen sehr genossen, obwohl es in dem nächtlichen Sturm der Gewitterfronten, die wir zu durchfliegen hatten, oft recht turbulent zuging. Es kam immer wieder vor, dass die Maschine plötzlich enorm absackte und dass sich dann dieses berühmt-berüchtigte Gefühl in die Magengegend schlich. Doch dann brummten die Motoren, die ich immer vom Fenster aus sehen konnte, in erhöhter Tourenzahl und brachten uns auf die erforderliche Höhe zurück. Dabei schossen lange Feuerflammen heraus und erhellten die heftig sich auf und ab bewegenden Tragflächen.

Viele der Passagiere waren inzwischen eingeschlafen oder taten doch wenigstens so. Unsere Tochter bekam eine bequeme Hängematte, die unter die Decke gehängt wurde und sanft hin und her schaukelte, was ihr zu ungestörtem Schlaf verhalf. Die Nacht verging unter angeregten Gesprächen mit Engländern und Südafrikanern, bis einer von ihnen, der Foreign Secretary der Trek Airways, ein Taschen-Schachspiel zu Tage förderte, was die Gespräche verstummen ließ, der Spannung und Abwechslung aber durchaus nicht abträglich war.

Als dann der Morgen graute, war draußen nichts zu erkennen. Der wolkenverhangene Himmel gewährte nur selten einen kurzen Blick auf die Landschaft unter uns. Sehr bald war dann auch der längste Teil der Reise überstanden, und wir schwebten auf dem Flughafen Luanda in Angola ein. Zum ersten Mal betraten wir afrikanischen Boden! Die Luft war schwer und dumpf und der Himmel grau. Das Frühstück wartete schon im Flughafengebäude auf uns. Es gab Rührei mit viel Maizena drin.

Der Aufenthalt war kurz. Wir hatten keine Gelegenheit, die Stadt zu sehen. Man durfte das Gebäude nicht verlassen. Mir ist nur sehr zum Bewusstsein gekommen, dass wir weit, weit weg von zu Hause und „ganz woanders" sind. Die Maschine war inzwischen voll betankt wieder startklar, und der letzte Teil der Reise begann. Ich habe die Motoren bestaunt, die durch all die vielen Stunden hindurch ohne Unterbrechung so ungeheuer belastet werden konnten.

Während des Weiterfluges wurden wir aufgefordert, unsere Uhren auf südafrikanische Zeit umzustellen, d. h. eine Stunde weiter. Das Flugzeug kletterte über die Wolken, strahlender Sonnenschein durchflutete die Kabine. Die Stimmung an Bord wurde zusehends besser; die Menschen, die man während dieser Tage kennengelernt hatte, unterhielten sich angeregter, denn in wenigen Stunden würden die meisten von ihnen zu Hause sein. Die gute Stimmung vermochte auch der Papierkrieg nicht zu dämpfen, der bald darauf begann. Es waren eine große Anzahl von Eintragungen auf den Landepapieren vorzunehmen. Zur Belohnung gab es ein gutes Mittagessen.

Draußen hatten sich die Wolken so weit verzogen, dass man die Landschaft wieder gut erkennen konnte. Der Flugkapitän erklärte uns über Bordmikrofon, was wir sahen. Fremde, klingende Namen, die man nur vom Atlas und aus der Geographiestunde her kannte, wurden plastisch, wurden anschauliche Wirklichkeit. Die Stunden eilten „wie im Fluge" dahin – im wahrsten Sinne des Wortes. Man las etwas, versuchte ein wenig zu schlafen, und dann war es gegen Abend plötzlich so weit: Die vertraute Stimme der Stewardess in Englisch, Afrikaans und Deutsch: „Bitte die Plätze aufsuchen, Sicherheitsgurte festschnallen und das Rauchen einstellen. Wir landen in wenigen Minuten in Johannesburg."

Häuser, Plätze, Bäume, Autos, Flughafengebäude, Rollfeld, Menschen – dann kaum merklich das Aufsetzen auf der Landebahn, die Erde hatte uns wieder. Einige hundert Meter bis zur Empfangshalle rollt das Flugzeug noch, dann werden die Türen geöffnet, und jeder eilt hinaus. Unsere Gefühle in diesem Augenblick kann ich nicht beschreiben. Sie waren wohl etwas gemischt. Wir waren vor allem dankbar und glücklich, so wohlbehalten ans Ziel gelangt zu sein. Außerdem waren wir wohl auch etwas ängstlich ob all des Neuen, das uns erwartete, zugleich aber auch neugierig darauf und vielleicht auch ein wenig traurig, dass der Flug zu Ende war. Wir hatten die Reise sehr genossen.

Es folgen die üblichen und selten erfreulichen Zollformalitäten. Der Zollbeamte sieht mich streng an, vergleicht mein Gesicht mit dem Konterfei im Pass und fragt, warum ich gekommen bin? „To work as a missionary." „For how long?" „Forever, Sir, as long as possible." Die erhobene rechte Hand mit dem Stempel saust nach unten und knallt in den Pass. Gleichzeitig heben sich drei Außenfinger seiner linken Hand, und er sagt fast triumphierend: „You got 3 months, my boy! Neeext!" Das führte dazu, dass unsere Pässe für die nächsten Jahre ständig unterwegs waren zum Departement van Binnelandse Sake und zurück. Zunächst bekamen wir jeweils 3 Monate mehr, dann 6 und schließlich 12 Monate Aufenthaltsgenehmigung. Erst nach 6 Jahren wird uns angeboten, den Antrag für Permanent Residency (unbegrenzten Aufenthalt) zu stellen, der dann auch genehmigt wurde.

Danach erwartete uns dann der überraschend große Bahnhof mit meiner Schwester Christa – sie war seit 1965 als Krankenschwester in Botshabelo tätig – mit den Familien Nietzke, Wrogemann und Dierks. Wir fühlten uns bei all den vertrauten Gesichtern gleich etwas zu Hause. Ein Begrüßungskaffee wurde von irgendjemand irgendwoher organisiert, und dann saßen wir in der Empfangshalle des Jan-Smuts-Flughafens in Johannesburg und versuchten zu ordnen.

Wie wunderschön war es doch, meine einzige Schwester Christa wiederzusehen! Mit Freudentränen auf beiden Seiten. Unser weiterer Weg war schon geplant. Wir waren froh, dass wir uns darüber keine Gedanken zu machen brauchten. Als wir aus dem Flughafengebäude traten, ging die Sonne am wolkenlosen Himmel unter und vergoldete die Dächer der Millionenstadt. Es wurde schnell dunkel, als wir zu Missionar Fr. Dierks fuhren, wo uns Frau Hanna herzlich willkommen hieß und ausgiebig bewirtete.

Nach einem kurzen Aufenthalt ging es dann in der Nacht weiter mit meiner Schwester etwa 200 km bis nach Botshabelo, wo wir lange nach Mitternacht endlich am Ziel unserer Reise waren. Draußen war es für unsere Begriffe bitterkalt. Wir waren aus dem herrlichen Sommer Deutschlands in den afrikanischen Winter gekommen.

Am nächsten Morgen sahen wir genauer, wo wir in der Dunkelheit gelandet waren. Unser Blick wanderte über die weiten und schier endlosen Ebenen, die die Missionsstation Botshabelo umgeben. Wir machten einen Besuch auf dem dortigen Friedhof, auf dem sich auch das Grab von Vater Mokone befindet, den ich in Deutschland kennengelernt hatte.

Sodann wurden die ersten Einkäufe in Afrika getätigt. Dazu gehörte vor allem auch ein Rasierpinsel (Made in Germany steht am Griff, was mich eigenartig berührt und beruhigt) und die dazu gehörigen Kratz- und

Schabutensilien. Es gab keinen Strom auf Botshabelo, und also ist meine letzte Errungenschaft (ein Phillips-Rasierer mit zwei beweglichen Scherköpfen) nutzlos und unbrauchbar. Wir suchten in den ersten Tagen immer wieder vergeblich nach Steckdosen und griffen ins Leere, wenn wir in der Dunkelheit einen Lichtschalter betätigen wollten. In der Zwischenzeit haben wir uns an die Petroleumlampen gewöhnt, obwohl es eine ziemlich ungewohnte und umständliche Angelegenheit ist.

Es folgte eine sehr schöne und abwechslungsreiche Woche in Botshabelo und Umgebung, und langsam gewöhnten wir uns an den Gedanken, in Afrika zu sein. Wir hatten Gelegenheit, mit meiner Schwester Christa einen Besuch auf der Klinikaußenstation Kwaggaslaagte zu machen. Bei dieser Gelegenheit besuchten wir den dortigen Bürgermeister, der uns freundlich aufnahm, English sprach und uns mit einer Tasse Tee willkommen hieß. Für ihn verband sich mit dem Wort Germany der Name Mercedes, und er schien diese Automarke über alles zu lieben.

An einem der nächsten Tage folgte ein Besuch in Roodepoort/Ventersdorp, der Missionsstation von Familie Missionar Manfred Nietzke, der uns einen kurzen interessanten Einblick in seine Arbeit gab. Außerdem haben wir dort zum ersten Mal Braaivleis genossen und waren begeistert.

Am folgenden Sonntag holte uns der Missionssekretär Hanns Gnauk mit einem VW-Käfer von Botshabelo ab und brachte uns sicher nach Enhlanhleni. Es sind etwa 800 km zu fahren, und wir waren 12 Stunden unterwegs mit den durch unsere Tochter notwendig werdenden Pausen. Nach einem herzlichen Willkommensgruß und Abendessen im Hause von Familie Bischof Georg Schulz folgte die erste Nacht in Enhlanhleni.

Wer beschreibt unsere Freude und unser Erstaunen, als wir am nächsten Morgen aus dem Fenster sahen?! Die Station liegt einfach herrlich. Gewaltige Berge erheben sich am gegenüberliegenden Rand einer weiten Ebene, und man kann bei klarem Wetter etwa 50 km weit sehen. Wir freuen uns sehr, dass wir hier sind.

Am ersten Vormittag fuhr Bischof Schulz mit uns zum Einkaufen für den neuen Haushalt nach Dundee. Es sind genau 106 km hin und zurück zu fahren, wenn man einmal einkaufen will, und man muss vorher alles genau aufschreiben und planen. Wir waren zunächst – gelinde gesagt – erschüttert. Inzwischen haben wir uns an diese Entfernungen gewöhnt. Wir kauften Sämereien ein und begannen einen Garten anzulegen. Es wird Frühling.

Hier im Garten zu wirtschaften ist recht anstrengend. Der Boden ist so hart, dass man ihn Stunden vorher einweichen muss, sonst kommt man mit Hacke und Spaten nicht hinein. Es hat monatelang nicht geregnet. Zum Glück gibt es hier aber genug Wasser. Die Quelle, die von einem freundlichen Farmer Fritz Mueller zur Benutzung freigegeben wurde, muss allerdings oft überprüft werden. Sie liegt oben in den Bergen, und die Wasserleitung aus schwarzem Plastikrohr ist entweder verstopft oder wird von vorbeigehenden durstigen Zulu zerstört. Man wird langsam zu einem Klempnerexperten.

An jedem Morgen habe ich Zulunterricht bei Dr. Johannes Schroeder, nachmittags zusammen mit meiner Frau Rike und Hanns Gnauk bei Bischof Schulz. Die Sprache ist nicht leicht. Man freut sich immer, wenn man aus Unterhaltungen der Seminarschüler einige bekannte Worte heraushört. Wir ackern uns durch die Konversations-Grammatik der Zulusprache von P. W. Wanger aus dem Trappistenkloster Marianhill von 1917 mit 681 Seiten und andere Zulugrammatiken Nyembezi, Doke-Vikakazi etc.

Gegen Abend sitze ich mit den Seminaristen im Gras, und sie bringen mir die richtige Aussprache und alle Schnalz- und Klickslaute bei. Dabei haben wir viel gelacht, und es entstanden Freundschaften fürs Leben. Aaron Ntuli, Jona Khumalo, Petrus Lubede, Josiah Mntambo u. a. hatten viel Geduld mit mir. Zwei Jahre hat es gedauert, diese Sprache zu lernen, und etwa fünf Jahre braucht man, um einigermaßen fit zu sein, auch komplizierten Gedankengängen zu folgen. Trotzdem geschieht's auch dann noch, dass zwei sich unterhalten, und ich verstehe nicht alles.

Dienstags fahre ich mit Missionar Gottfried Stallmann zu den Heiden nach Gunjane, Mkhwakhweni, Xushaneni, Mazabeko, Umngeni. Das macht immer viel Freude und ist sehr interessant. Der Evangelist Elias Sithole begleitet uns. Nach einer etwa halbstündigen Fahrt hören alle Wege und Straßen plötzlich auf, und es geht zu Fuß weiter in eine völlig andere Welt.

Ich habe nie für möglich gehalten, dass ein Auto solche Strecken durchfahren kann, wie sie hier immer wieder zu überwinden sind. Manchmal geht's querfeldein, durch ausgetrocknete Flussläufe, im Slalom zwischen Dornenbäumen und riesigen Felsbrocken hindurch, bis auch das nicht mehr geht und man in der flirrenden Hitze eine halbe bis dreiviertel Stunde bergauf und bergab steigt. Das ist jedesmal eine große Anstrengung.

Die Sonne scheint fast senkrecht von einem wolkenlosen Himmel, die Luft steht regungslos, es sind +35° im Schatten, nur dass dieser Schatten hier eben fehlt. Bäume gibt es kaum, und die Dornenbäume, Dornengestrüpp und Kakteen geben wenig Schatten. Die einzigen Begleiter sind riesige Heuschrecken, die uns mit ihren roten Flügeln umschwirren, Eidechsen, die blitzschnell unter Steinen und Sträuchern Deckung suchen, und natürlich die unvermeidlichen Ziegen, Schafe, Esel und Rinder. Sie bilden eine nicht geringe Gefahrenquelle für die Autofahrer.

Die Zulu lassen ihr Vieh frei in der Wildnis herumlaufen, manchmal begleitet von kleinen Hütejungen. Man muss immer damit rechnen, dass sich auf der Straße, die hier im Dornengebiet durch einen besseren Feldweg gebildet wird, plötzlich einige Ziegen zum Sonnen auf die Fahrbahn gelegt haben und dann wild und unberechenbar hin- und herspringen, dass Kühe malerisch und teilnahmslos die Straße blockieren oder dass ein Esel sich ausgerechnet auf den Weg stellt, um „nachzudenken". Ziegen und Kühe lassen sich mit der Hupe vertreiben, aber bei Eseln ist das zwecklos. Man muss sie entweder vorsichtig umfahren, oder aber einfach aussteigen und sie beiseite schieben.

Ich glaube, das erste, was man sich hier zulegen muss, ist eine wahre Lammsgeduld, auch und gerade, wenn man zu den Heiden kommt (Der alte Missionar W. Weber sagte mir am Anfang mal: „Tiedemann, du willst hier in Afrika arbeiten. Du musst drei Dinge lernen: 1. Geduld, 2. Geduld, 3. Geduld." Ja, well, ich lerne immer noch). Die Begrüßung ist lang und umständlich. Alles andere wäre unhöflich.

Wir kommen also zu einem Kral und warten erstmal, bis man uns in irgendeine der Hütten bittet. Wir setzen uns an der Männerseite auf ausgebreitete Grasmatten und warten wieder. Nachdem wir eingehend beäugt worden sind, begrüßt uns einer der anwesenden Kralbewohner. Es ist also genau umgekehrt wie in Deutschland, wo der Gast zuerst grüßt. Es vergeht jetzt eine geraume Zeit, in der Neuigkeiten ausgetauscht werden, und erst dann kommen wir zum eigentlichen Zweck unseres Besuches: zur Verkündigung.

Nach einem Eingangsgesang folgt eine kurze Ansprache von Missionar Stallmann, gefolgt von Gebet und Gesang, wobei darauf geachtet wird, dass die Gesänge bei den wiederholten Besuchen möglichst dieselben sind, da die heidnischen Zuhörer bald die Melodie aufnehmen und mitsingen. Sie sind sehr musikalisch und singen gerne, und es hört sich gut an.

Der Evangelist Sithole hält eine zweite Kurzansprache, und mit Kniegebet und Gesang wird die Verkündigung abgeschlossen. Während des Gebetes schließen die Heiden jeweils die Tür der Hütte, sodass in dem entstehenden Halbdunkel die Luft in der niedrigen Hütte stickig wird. Ich habe noch nicht herausfinden können, warum sie das machen. Meistens kommen Frauen und Kinder zum Zuhören.

Die Männer sitzen draußen. Der Kralherr schaut zwar zur Begrüßung mal herein, muss aber, wenn es „ernst“ wird, erstmal „nach seinem Vieh sehen“. Wenn eins der Kinder zwischendurch anfängt zu schreien, wird es gestillt. Hunde, Katzen und Hühner kommen in die Hütte auf der Suche nach etwas Genießbarem, fressen ein wenig Maisbrei aus den auf dem Boden stehenden Essschüsseln und streunen weiter.

Während des Gebetes nehmen die Zuhörer lebhaften Anteil an dem Gesagten. Man hat sofort Kontakt zu allen und hört immer wieder bestätigende und bejahende Zurufe, auch Ausrufe des Erstaunens und der Überraschung, jedenfalls kommt mir das so vor. Den Abschluss bildet das wechselseitige Bedanken. Wir bedanken uns für die freundliche Einladung, und sie bedanken sich für unser Kommen.

Und dann schließt sich die unumgängliche Teezeremonie an, die immer wieder einige Überwindung kostet, da unsere Hygienevorstellungen doch von anderen Maßstäben bestimmt werden. Wie soll es aber auch anders sein? Wir sind beim Herkommen an dem Tümpel vorbeigegangen, aus dem das Teewasser geholt wurde. Missionar Stallmann riet mir anfangs, viel Zucker und Milch in den Tee zu tun, „dann merkst du die Froscheier nicht so."

Manchmal dauert es auch richtig lange. Da hören wir während der Andacht, wie draußen Hahn und Hühner gejagt werden bis zum erstickten Todesschrei eines der jungen Hähne. Nun wissen wir: Heute kommen wir noch lange nicht weg, denn es gibt ein Festessen, extra für uns. Dieser Hahn wird nun gerupft und zubereitet, dann gekocht, und als das alles geschehen ist, habe ich auch einen Mordshunger. Also esse ich alles auf, was sie auf den Teller gelegt haben, und es schmeckt ausgezeichnet. Ich bedanke mich tüchtig, als sie mir den leeren Teller abnehmen.

Da sehe ich durch die offene Hüttentür, wie die kleinen Kinder draußen meine abgenagten Knochen nachessen und ablutschen. Da habe ich mich sehr geschämt und furchtbar schlecht gefühlt. Ich hatte mich auch schon gewundert, warum der Evangelist seinen Teller nicht leer gegessen hatte. Na ja, vielleicht keinen Appetit, hab ich gedacht. Nun beiß ich immer vorsichtig ein, zweimal etwas ab und lege das Hühnerbein wieder auf den Teller. Außerdem lege ich jetzt einen Schein unter den Teller auf das Tablett. Das hab ich auch durchs Beobachten gelernt.

Es kommt bei den Heidenbesuchen zu denkwürdigen Begegnungen. Kaum jemand, der nicht fragt, ob ich der Sohn von Missionar Stallmann bin (Dahinter steht die Vorstellung, dass der Sohn das Erbe des Vaters weiterführt). Wir verneinen das und erzählen ihnen, dass ich von weit her, von jenseits des Meeres komme, phesheya kolwandle. Vielmehr zu erklären, wäre zwecklos, da sie weder von Europa noch von Deutschland eine Vorstellung haben.

Ihre Vornamen geben immer wieder Anlass zu schmunzelnder Freude: Da ist z. B. ein junger Mann, der auf den gediegenen Namen „Cement" hört. Ein Fräulein wird gerufen, und ich staune. Sie heißt: „Ntombifuthi – Noch-ein-Mädchen", und das lässt offensichtliche Rückschlüsse zu. Andere nicht minder beliebte Vornamen im Msinga-Gebiet sind: „Sixpence, Ticky" (Geldstücke der früheren Landeswährung), auch die Getränkemarke Fanta Orange findet als Vorname Verwendung. Selbst Karl-May und Max-Schmeling habe ich schon gehört. Es ist schon erstaunlich.

Wo möglich, melden wir unsern Besuch vorher an. Das geschieht auf eine ebenso uneuropäische wie einfache Art und Weise. Die Leute besitzen keine Uhr. Jedenfalls habe ich noch nirgendwo eine gesehen. Wie soll man klar machen, dass wir auf dem Rückweg nach ca. 4-5 Stunden in ihren Kral kommen werden? Sithole zeigt also auf die Sonne und visiert einen bestimmten Punkt der Bergkette an, den er mit der Hand bezeichnet: Wenn die Sonne da steht, kommen wir wieder. Das genügt völlig, wird aber wohl Schwierigkeiten bereiten, wenn der Himmel bedeckt ist.

Einen alten Mann, den wir besuchen wollen, finden wir unter einem schattigen Baum auf einem Stein sitzend. Er hat unser Kommen bemerkt, ein kleines Mädchen bringt bereits einige Kuhfelle, auf denen wir uns niederlassen. Der Greis sieht immer so merkwürdig an uns vorbei ins Leere, bis ich erfahre, dass er nahezu erblindet ist. Er ist beim Zauberdoktor gewesen, der ihm etwas in die Augen gestreut hat, und das hat zu diesem Zustand geführt. Er bittet immer wieder um Medizin, die ihm die Augen öffnen soll. Der Fall ist hoffnungslos, haben die Ärzte gesagt. Wir können ihm nicht helfen, aber wir versuchen ihm die Augen zu öffnen für die Ewigkeit.

Auf dem Rückweg kommt es zu einer erfreulichen Begegnung: Zwei junge Zulufrauen stehen am Straßenrand und winken. Sie scheinen auf uns gewartet zu haben. Als wir halten und nach ihren Wünschen fragen, bitten sie uns: „Siyacela isonto! Wir bitten um den Sonntag! Kommt das nächste Mal auch in unsern Kral, und bringt uns den Sonntag." Wir sind hingefahren, und es versammelten sich etwa 15 Zuhörer, d. h. auch dieser Kral kann regelmäßig besucht werden, weil wir eingeladen wurden und willkommen sind.

Als wir etwa 10 Tage im Lande sind, findet hier in der Gegend am Mumbe-Berg eine Reifefeier für drei junge Mädchen statt, bei der es viel Bier und Fleisch gibt, bei der viel und akrobatisch getanzt wird. Eine Riesenparty! Wir sind eingeladen, und wir tauchen ein in diese fremde, ferne Welt und sind fasziniert voneinander, wir von ihnen und sie von uns. Das merkt man irgendwie.

In der Woche darauf fahre ich zum ersten Mal mit zur Heidenarbeit in eine Gegend, weit entfernt vom Ort dieses Festes. Als wir in den Kral gehen, wissen die Leute bereits, wer ich bin, obwohl ich sie zum ersten Mal in meinem Leben sehe. Auf meine überraschte Frage, wie das möglich ist, erfahre ich, dass ein Mädchen mich auf dem Heidenfest gesehen, vom neuen Umfundisi erzählt und ihn beschrieben hat. Erstaunlich, wie gut der Nachrichtendienst funktioniert, Bushtelegraph, auch ohne Funk und Fernsehen.

2. KAPITEL

Aber von Gottes Gnade bin ich, was ich bin.
Und seine Gnade an mir ist nicht vergeblich gewesen.

Aus der Oster-Epistel 1. Korinther 15

(Habe ich 2 x geträumt, während ich dieses Buch zusammenstellte)

„Khona uJesu wabuye wathi kubo: Ukuthula makube-kinina. Njengokuba uBaba engithumé mina, ngiyanithuma nina. Da sprach Jesus abermals zu ihnen: Friede sei mit euch! Gleichwie mich der Vater gesandt hat, so sende ich euch."

Johannes 20,21

Der 9. Juni 1968 (Trinitatisfest) war für mich ein großer Tag. Wir feierten das Missionsfest in Tugela-Ferry, der Gemeinde von Dr. Johannes Schroeder, und ich durfte hier meine erste Predigt in der Zulusprache halten. 10 Monate waren vergangen, seitdem ich mit dem Unterricht begonnen hatte. Ich habe während der ersten Monate fest geglaubt: „Das lernst du nie!" Ich hatte anfangs überhaupt nicht das Gefühl, dass die Leute um mich herum Worte und Sätze sprachen. Es floß alles durcheinander und ineinander über und an meinen Ohren vorbei.

Nun war also der große Tag gekommen, und mein Herz klopfte bis zum Halse, obwohl ich alles auswendig gelernt hatte, was da geschrieben stand. Aber ich sehe Freundlichkeit und Wohlwollen in den Gesichtern der Zuhörer, und ich merke, dass sie mich verstehen. Aber als sie danach mit mir sprechen wollten, war ich ziemlich hilflos, denn ich verstand so gut wie gar nichts.

Die Leute glaubten wohl, wenn der junge Umfundisi in unserer Sprache eine Predigt hält, dann muss er sich doch auch angemessen mit uns unterhalten können. Aber alles Zulu, was ich konnte, stand mühselig zusammengestoppelt auf diesen beiden Seiten der Ansprache, und die war immer wieder von meinem verehrten Lehrer überarbeitet worden und wurde erst so verständlich. Er ist ein Meister der Zulusprache. Wie lange hatte es gedauert, bis ich diese Predigt auf dem Papier hatte!

Dr. Schroeder musste immer wieder seinen Rotstift gebrauchen, und ich lernte: Wenn man auch Sätze mit Zuluvokabeln hinschreibt, bleiben es doch deutsche Gedanken und für den Zulu unverständlich. Da wünscht man sich, wenigstens für ein paar Stunden wie ein Zulu denken zu können (Als ich diesen Gedanken etwa 10 Jahre später einmal in der deutschen Gemeinde Wittenberg äußere, sagt eine Farmersfrau

in bestem Springbokdeutsch: „Das wünsch dich man lieberst nich, Tiedemann, denn willst du niiie wieder zurück!") Ja, well.
Fünf Tage nach dem Missionsfest in Tugela hieß es für 3 Monate Abschied nehmen von Frau und Kind. Es ging mit Missionar Stallmann nach Salem zum weiteren Studium der Zulusprache und zum Kennenlernen der dortigen Gemeinden. Es waren wichtige Wochen. Ich bekam viele interessante Einblicke in diese Riesenarbeit, zumal G. Stallmann zusammen mit W. Weber, sen. den Bezirk Dirkiesdorp auch noch mit verwaltete. S. Niebuhr weilte zur Berichterstattung in Deutschland.

Zwei Tage, nachdem ich in Salem angekommen war, sollte ich mit meiner ersten Predigt zum Missionsfest nach Webers, einer Filialgemeinde. Herr Niebuhr, ein Farmer aus der Wittenberger Gemeinde, nahm mich dorthin mit. Ich war doch recht ängstlich vorher und saß mit gemischten Gefühlen im Auto. Ich hatte gehört, dass ich dort der einzige weiße Umfundisi sein würde.

Als wir ankamen, war das Fest schon in vollem Gange. Der Evangelist Gustav Shandu predigte sehr lebendig mit Händen und Armen. Mir wird zugeflüstert, dass ich der nächste sei, das erhöht die Pulsrate ungemein. Da seh ich aus den Augenwinkeln, dass Herr Niebuhr auch noch wegfährt. Nun bin ich hier der einzige Weiße in einem Meer von schwarzen Gesichtern. Kaduff, kaduff, kaduff geht mein Herz, und da ist Gustav Shandu auch schon viel zu schnell am Ende. Der anschließende Gesang war auch schnell fertig gesungen. Ein heißes, flehendes Stoßgebet zu unserm himmlischen Vater, und schon stand ich vor dieser großen Menge, die mich freundlich erwartungsvoll anblickte.

Da kommt von irgendwoher eine große Ruhe über mich, und was ich gelernt habe, ist noch da, und ich darf predigen: „Umusa weNkosi yethu uJesu Kristu nothando lukaNkulunkulu uBaba nokuhlangana kukaMoya oNgcwele makube nani nonke. Amen. Die Gnade unseres Herrn Jesus Christus und die Liebe Gottes des Vaters und die Gemeinschaft des Heiligen Geistes sei mit Euch allen. Amen." Und „Amen!" antwortet die Riesengemeinde. Es wird ein wunderschöner, unvergesslicher Tag. Hinterher haben wir dieselben Probleme wie in Tugela-Ferry. Ich verstehe nicht viel und vieles verkehrt, aber die Leute sind freundlich und lächeln mit mir, und gutmütig helfen die schwarzen Amtsbrüder und beantworten für mich die vielen Fragen der Gemeindeglieder.

ENHLANHLENI, 23. AUGUST 1969

Ja, nun bin ich endlich am Ziel und ein Pastor. Die monatelange Spannung der Examenszeit fand am letzten Sonntag, 17. August 1969, 11. S. n. Tr., mit der Ordination ein unbeschreiblich herrliches Ende. Ich durfte zum ersten Mal das Heilige Altarsakrament verwalten, und das geht sehr tief. Es hat mich richtig geschüttelt und so tief bewegt wie nichts je zuvor, und ich kann das auch nicht beschreiben. Jedenfalls musste ich innehalten, es dauerte etwas, bis ich mich wieder gefangen hatte. Ich kann es eigentlich immer noch nicht recht fassen, dass ausgerechnet ich so gewürdigt bin, dieses Allerheiligste in diesen meinen Händen zu halten und weiterzugeben.

Vom 1. April – 18. Juli dauerte das zweite Examen. Ich bin froh, dass ich es gemacht habe, und noch glücklicher, dass ich es bestanden habe. Fritz-Adolf und ich mussten praktisch die alten Sprachen Griechisch, Latein und Hebräisch nochmal ganz von vorn wieder lernen, weil wir in den vergangenen zwei Jahren ausschließlich die Bantusprachen gelernt hatten. Es war eine ziemliche Anstrengung, aber es ist doch alles gut verlaufen.

Zur Ordination waren sehr viele Leute hier. Die deutsche Gemeinde Uelzen hatte keinen Gottesdienst und war zum Teil hierher gekommen, auch mit Posaunenchor. Die anwesenden Pastoren sprachen Voten, G. Schulz, G. Stallmann, E. Mthembu, I. Dube, A, Mdluli, J. Schroeder, E. A. Albers, J. Schulz, W. Weber. Gepredigt haben G. Schulz, W. Weber, I. Dube und ich. Ich habe dann mit P. Dube zusammen das Heilige Abendmahl verwaltet. Es nahmen viele daran teil. Es war eine große Gemeinde, auch viele Heiden waren gekommen. Der Gottesdienst dauerte drei Stunden. Dann haben wir gemeinsam auf unserer langen Veranda gegessen.

Wir haben jetzt ein eigenes Auto an meinem Geburtstag gekriegt. Es ist ein dunkelgrüner VW-Käfer 1968-er Modell, russisch-grün, wie die deutsche Polizei. Sehr schnell, sehr stark und sehr schön. Er hat einen 1500-Motor, und damit macht er nicht an jedem kleinen Berg schlapp.

Lieber Vater, ich möchte Dir von ganzem Herzen danken für Deinen lieben Brief. Ich war während der vorbereitenden Tage so gehetzt und angespannt mit den Bauarbeiten und allem Möglichen, dass dieser Brief wie eine Oase der Stille für mich wurde, auch Deine Leitgedanken für mein Amt: Apg. 20,28: „So habt nun acht auf euch selbst und auf die ganze Herde, unter welche euch der Heilige Geist gesetzt hat zu Bischöfen, zu weiden die Gemeinde Gottes, welche er durch sein eigen Blut erworben hat." und 1. Tim. 4,16: „Habe acht auf dich selbst und auf die Lehre; beharre in diesen Stücken. Denn wo du solches tust, wirst du dich selbst selig machen und die dich hören." Ich hatte meine Ordinations-Predigt noch nicht geschrieben und habe dann gleich einige Sätze daraus ins Zulu übersetzt und in der Predigt verwendet. Ich habe gepredigt über 1. Kor. 9,16: „Denn dass ich das Evangelium predige, darf ich mich nicht rühmen; denn ich muss es tun. Und weh mir, wenn ich das Evangelium nicht predigte!"

Georg Schulz predigte über Joh. 20,21-23: „Da sprach Jesus abermals zu ihnen: Friede sei mit euch! Gleichwie wie mich der Vater gesandt hat, so sende ich euch. Und da er das gesagt hatte, blies er sie an und spricht zu ihnen: Nehmet hin den Heiligen Geist! Welchen ihr die Sünden erlasset, denen sind sie erlassen; und welchen ihr sie behaltet, denen sind sie behalten."

Es hat mich sehr bewegt, dass Isashar Dube über Joh. 21,15–17 predigte: „Da sie nun das Mahl gehalten hatten, spricht Jesus zu Simon Petrus: Simon Jona, hast du mich lieber, denn mich diese haben? Er spricht zu ihm: Ja, Herr, du weißt, dass ich dich liebhabe. Spricht er zu ihm: Weide meine Lämmer! Spricht er wieder zum andern Mal zu ihm: Simon Jona, hast du mich lieb? Er spricht zu ihm: Ja, Herr, du weißt, dass ich dich liebhabe. Spricht er zu ihm: Weide meine Schafe! Spricht er zum dritten Mal zu ihm: Simon Jona, hast du mich lieb? Petrus ward traurig, dass er zum dritten Mal zu ihm sagte: Hast du mich lieb?, und sprach zu ihm: Herr, du weißt alle Dinge, du weißt auch, dass ich dich lieb habe. Spricht Jesus zu ihm: Weide meine Schafe!" Das ist der Text, der mich ins Missionshaus geführt hat vor 10 Jahren, da predigte in Bleckmar auf dem Missionsfest 3. Juli 1958 der alte Missionar W. Weber über eben diesen Text und hat mich jedesmal dabei angesehen: „Weide meine Schafe!“ Ich hab mich sehr gefreut.

Habt Ihr das neue Büchlein: Heidenmission am Tugela-Fluss von Dr. Schroeder schon gesehen? Ich finde, es ist ganz gut geworden. Er hat mir eins geschenkt mit der Widmung: „Als Mitarbeiter aus Dankbarkeit gewidmet vom Verfasser. JS“ Die Bilder stammen fast alle von mir. Wir wollen eventuell noch ein anderes herausgeben, das nur Bilder enthalten soll, und dazu einige Tage unterwegs sein und Aufnahmen machen.

Im Augenblick wird gerade die Straße nach Greytown geteert. Das ist eine große Erleichterung für uns alle. Im Sommer rutscht man dann nicht mehr so mit dem Auto, denn Regen macht die Straße grundlos und rutschiger als Glatteis, im Winter braucht man nicht mehr so viel Staub zu schlucken. Südafrika wird wohl auch bald Fernsehen bekommen. Die Leute sind sehr ärgerlich auf die Regierung, dass sie die Mondlandung nicht sehen konnten. In Rhodesien gibt es schon TV, aber hier haben sie gesagt: Wenn wir das TV einführen, würde es das Ende der weißen Rasse bedeuten. Ja, well.

ENHLANHLENI, 15. SEPTEMBER 1969

Unsere Kleintierviehhaltung ist in full swing, d. h. wir haben zwölf Hühner, sechs Kaninchen, diverse Katzen, einen Schäferhund und außerdem hatten wir noch sechs Enten bis vor Kurzem. Ich hatte einen schönen Ententeich gebaut, in dem sie wunderschön schwimmen konnten. Wir hatten die Enten geschenkt bekommen, komplett mit Erpel. Da kamen eines Mittags die Schwarzen gelaufen und schriien: „Messiiies, alle Enten sind tot!“ Rike lag mit hohem Fieber im Bett, aber da ist sie trotzdem aufgestanden, vor uns lagen die Enten mit blutigem Gefieder, den Hals durchgebissen. Die beiden Schäferhunde, unser und der von Schulzens, hatten sie alle totgebissen; Teile waren sogar schon im Spargelbeet verscharrt für später. Wir werden uns aber wieder neue besorgen.

Dann hatte ich sieben Schafe. Das ging auch nicht so gut. Vier waren geschenkt, drei hatte ich dazugekauft. Da wurden sie alle krank, fünf von ihnen gingen ein, obwohl ich alles versucht und sie gedoktert und dosiert habe mit allem, was ich kriegen konnte. Ich habe dem Farmer die beiden letzten noch lebenden Schafe zurückgebracht, er hat mir das Geld dafür wiedergegeben. Er sagte: „Du hast dir viel Mühe gemacht und trotzdem kein Glück gehabt." Nun weiß ich, dass ich kein Farmer werde und mich um meine Missionsarbeit kümmern soll, um andere Schafe. Das wußte ich eigentlich auch schon vorher, aber man muss einige Sachen erst ausprobieren, bevor man die message kriegt.

Es begann wie ein ganz normaler Sonnabend. Ich bin damit beschäftigt, den Flur anzustreichen mit Pulverfarbe, die man mit Wasser anmischt, schön hellblau, als ich einen Anruf bekomme auf unserer Party-line: ----- ----- ----- + ----- ----- ----- Pomeroy 803. Das Kind eines Evangelisten ist gestorben im Hospital in Dundee. Die Leiche muss abgeholt und nach Hause gebracht werden. Die andern Brüder sind alle weg zur Kirchenleitungssitzung.

Also gut, ich leg den Pinsel weg, zieh mich um und bitte Hanns Gnauk mitzufahren. Es ist 10.30 Uhr. Bis wir in Dundee sind und die Leiche haben, ist es 15.30 Uhr. Dann geht es zurück durch eine einsame unwegsame Gegend, ca. 80 km bis nach Tholeni, wo der Evangelist wohnt. Als wir in Dundee losfahren, fängt der VW-Bus an zu bocken. Irgendwas stimmt nicht mit der Batterie. Wir können aber nichts finden und stuckern los. Unterwegs wird es schlimmer; dann ist es nach etwa 15 Meilen soweit. In einem ausgetrockneten Flussbett bleibt der Wagen stehen und will nicht mehr. Wir haben leider beide keine Ahnung von Autos. Hätt' ich doch bloß einen Kursus in der Autowerkstatt gemacht!

Die Sonne brennt. Es wird sofort stickig im Auto und weit und breit kein Haus. Nur in der Ferne ein paar Telefonstangen. Wo Leitungen sind, muss auch ein Telefon sein. Einige schwarze Jungs hatten sich inzwischen eingefunden. Einer hat ein Fahrrad. Er willigt ein, mir das zu leihen, dass ich querfeldein fahre, um ein Telefon zu suchen, immer an den Telegraphenstangen entlang.

Als ich eben losfahren will, kommt ein Auto. Es sind Inder, die anhalten und sofort fragen. „Can we help you?" Sie werden mich zur nächsten Farm bringen. Es stellt sich aber schnell heraus, dass sie nach Greytown wollen, d. h. sie müssen durch Pomeroy. Mein Herz macht einen Sprung.

Ich frage, und sie stimmen zu, mich zu Hause abzusetzen. Nun braucht Rike nicht zu kommen. Nach gut einer Stunde sind wir da, und ich laufe die halbe Meile von der Straße bis zu unserm Haus.

Ich denke unterwegs: Kurze Erklärungen, ein Glas Wasser, und hinein ins Auto. Ich muss immer an den armen Hanns denken mit der Leiche im Auto und in der Hitze. Aber Rike sagt mir, das Auto wäre beinah weggewesen. Am Nachmittag kam eine Frau auf die Missionsstation, die sich in den Fuß gehackt hatte. Das Blut pulste hervor. Krankenschwester Rike hat das Bein erstmal notdürftig abgebunden und die Wunde versorgt. Da schrie Anette wieder, denn sie war hungrig. Rike konnte die Frau also nicht zum Hospital fahren. Das Blut der Frau war bei uns auf die Veranda geflossen. Das hat der Hund geleckt, das konnte Elisabeth Schulz nicht gut mit ansehen, und ihr wurde ganz flau.

So rief sie Karin Weber an, und die fuhr dann los, nachdem Rike ihr den Wagen des Bischofs aus der Garage gefahren hatte. Sie hatte allein Angst davor, denn sie ist nicht so sicher hinter dem Steuer. Es ist aber alles gut gegangen. Also weiter: Nach einer dreiviertel Stunde war ich wieder bei Hanns Gnauk. Wir haben den Bus angehängt und merken: das Seil ist ein wenig kurz, nur 30 cm Abstand zwischen den Autos. Wir müssen also sehr langsam abschleppen. Dann kam eine Abzweigung mit einem derart schlechten Weg, dass wir den Bus zurücklassen und mit meinem VW weiterfahren. Wir haben die Leiche zum Haus des Evangelisten gebracht und sind zurück zum Bus. Und nach weiteren 2 ½ Stunden waren wir dann im Dunkeln endlich wieder zu Hause.

Am letzten Sonntag gegen Abend wollte Rike aus der Küchentür gehen, als sie eine Schlange sieht, die sich auf dem Trittstein windet. Sie hat gejucht, und das schwarze Mädchen hat mich gerufen, ich habe ein großes Haumesser geholt, das wir immer im Holzkasten unter dem Herd haben. Rike hat mit der Taschenlampe geleuchtet, und ich habe die Schlange in Scheiben gehackt. Das war schon die dritte dieses Jahr. Es war ein ziemlich langes dünnes Biest.

Am Altjahrsabend hatten wir erst um 18.00 Uhr einen deutschen Gottesdienst hier oben, dann um 19.00 Uhr einen Zulugottesdienst. Da war Drama. Ich bin gerade beim Kollektengebet, als es hinter mir plötzlich heller und wärmer wird. Das Gebet ist zu Ende, ich dreh mich um, Gemeindeglieder stürzen nach vorne und reißen sich die Jacken runter, andere haben noch die Ruhe und antworten mit Amen, da steht der Tannenbaum in hellen Flammen, brennt lichterloh von unten bis oben. Die Kiefern waren so ausgetrocknet, dass es wie Zunder brannte, die Flammen schlugen oben an die dünne Decke.

Ich hab erstmal meinen Talar runtergerissen, und dann haben wir den Baum umgerissen, damit die Flammen nur noch halb so hoch schlugen und keinen Schaden mehr an der Decke anrichten konnten. Wir mussten warten, bis er ausgebrannt war. Da oben ist kein Wasser und kein Strom. Nach wenigen Augenblicken konnte ich keines meiner Schäfchen mehr erkennen, da haben wir die drei Türen und alle Fenster aufgerissen, um den Rauch rauswehen zu lassen. Dann haben wir die Kirche notdürftig ausgefegt und brennende Zweige nach draußen geschafft.

Als ich dachte, nun können wir wohl fortfahren, und mich vor dem Altar umdrehe, brennt draußen das Gras. Also raus und Gras gelöscht, und dann haben wir den Gottesdienst auch noch zu Ende gebracht. Es war sehr dunkel und viel Gehuste allenthalben, und das war unser Feuerwerk zu Sylvester. Meine Bücher sind auch ein bisschen verbrannt von herunterfallenden Nadeln etc., desgleichen eine große Tischdecke, die wir auf den Tisch mit den Krippenfiguren gelegt hatten. Nun muss ich in einen neuen Besenstiel Löcher bohren, da werden die Zweige reingesteckt, damit wir nächstes Weihnachten wieder einen Tannenbaum haben.

Jugendrüstwoche in der deutschen Schwesterkirche

(Freie Evangelisch-Lutherische Synode in SA-FELSISA) 1971

Am Dienstag, den 5. Januar dieses Jahres, traf sich die Jugend unserer Kirche wieder einmal zu der alljährlichen Jugendrüstzeit, die diesmal in Uelzen-Natal stattfand. Das Gesamtthema lautete: Gottes Schöpfung. Es war unterteilt in die Tagesthemen: Anfang – Erhaltung – Ende der Schöpfung.

Jeden Morgen, wenn der Blaschor alle geweckt hatte, begann nach Morgenandacht und Frühstück pünktlich um 8.00 Uhr die Bibelarbeit unter der Leitung von Pastor K.-G. Tiedemann. Diese Bibelarbeit konzentrierte sich jeweils auf das Tagesthema. Die von den einzelnen Gruppen erarbeiteten Antworten waren, wie P. Tiedemann selbst am Freitag sagte, sehr erfreulich. Nach einer kurzen Pause wurde die Tagesarbeit fortgeführt durch die Vorträge verschiedener Referenten.

Am ersten Tag sprach Herr Dr. Welke über das Thema: Die Entstehung der Welt in der Sicht der Naturwissenschaft. Dr. Welke ist Geo-Chemiker an der Universität Witwatersrand. Er hat uns manches Wissenswertes von seiten der Geologie gezeigt. Wir danken ihm herzlich für seinen Vortrag. Nach der wohlverdienten Teepause sprach Pastor W. Weber, jun. über das Thema: Das Zeugnis der Schrift von der Schöpfung. – Es war uns allen sehr hilfreich, beide Vorträge zu hören und darüber zu sprechen.

Am zweiten Tag sprach zuerst Pastor Albers über die Frage: Schließen Glaube und Verstehen einander aus? Der Vortrag versuchte Antwort zu geben auf manche Fragen, die aus den Vorträgen am Vortage entstanden waren. Als zweiter Referent an diesem Tage kam Pastor Schwacke zu Wort, allen Rüstzeitteilnehmern längst bekannt durch seine regen und gut illustrierten Vorträge. Er hielt in diesem Jahr seinen Vortrag über das Thema: Der technisierte Mensch und die Schöpfung.

Das Thema, das Pastor Schroeder am dritten Tag ganz ausgezeichnet behandelte, lautete: Dankbarer und verantwortungsvoller Gebrauch der Schöpfung Gottes. Als letzter Referent kam schließlich Pastor Köhne ans Wort. Er sprach über die Frage: Gibt es einen Himmel auf Erden? Dabei wurden die Versprechungen des Kommunismus wie des Kapitalismus behandelt, die den Menschen das bleibende Glück auf Erden anbieten, an Gott vorbei und ohne Gott.

Der Höhepunkt an jedem Nachmittage war die Singstunde unter der Leitung von Lutz Kohrs. Das war wie immer mit ihm herrlich. Ihm sei herzlich gedankt. Auch am bunten Abend und im Abschlussgottesdienst haben wir das Singen sehr genossen. Bei dem schon erwähnten bunten Abend lachte alt und jung, bis die Tränen rannen. Der Grund hierzu war die Oper: „Die fidele Gerichtssitzung". „Opernsänger" waren Pastor Albers – Richter; Pastor Tiedemann – Angeklagter; Hanns Gnauk – Gerichtsdiener. Orchester – Lutz Kohrs am Klavier. An einem Nachmittag besuchten wir die Glasfabrik in Dundee.

Am Sonnabend machten wir einen Tagesausflug in das Umsinga-Gebiet. Es gehört zu den schönsten Erlebnissen, dass wir nicht nur eine herrlichschöne Bergwelt auf uns wirken lassen konnten, sondern dass wir an diesem Tage einen Einblick erhielten in die direkte Heidenmissionsarbeit, wie sie von der naheliegenden Missionsstation Enhlanhleni aus getan wird und wie sie uns an diesem Tage durch die Missionare W. Weber und K.-G. Tiedemann vor Augen geführt wurde. Wir besuchten u. a. einen Heidenkral, mit dem Missionar Tiedemann Kontakt hat. Vor einer sich schnell versammelnden Schar von etwa 40 Frauen und Kindern, sowie einem alten Mann, der als einziger getauft ist, sangen wir unter Leitung von Lutz Kohrs eine Reihe von geistlichen Liedern. Da waren wir alle Missionare. Vielen von uns ist die Missionsarbeit durch dieses Erlebnis lebendiger geworden und näher gerückt. Mit dem Gottesdienst am Sonntag war die herrliche Rüstzeit abgeschlossen.

Nun möchte ich im Namen aller 70 Rüstzeitteilnehmer Pastor Albers, seinen Mitarbeitern und der Gemeinde Uelzen unseren ganz herzlichen Dank aussprechen für eine sehr, sehr schöne Rüstzeit in Uelzen. Zum Schluss sei nochmal erwähnt das herzliche Verhältnis, welches zwischen den Pastoren und der Jugend besteht. Wir, die Jugend, können Gott nicht genug danken, dass er uns die Gelegenheit gibt, von solchen Pastoren geleitet und unterwiesen zu werden.

- C. H. Johannes, Lüneburg Süd Afrika -

in A Berichte O Nr. 1 Januar - Februar 1971

3. KAPITEL

**Alles, was ihr tut mit Worten oder mit Werken,
das tut alles in dem Namen des Herrn Jesu,
und danket Gott und dem Vater durch ihn.**

Kolosser 3,17

(Erste Eintragung in unserm Gästebuch,
19. Juli 1973 Präses Willi Reusch)

**Drum komm, Herr Jesu, stärke mich,
hilf mir in meinen Werken,
lass du mit deiner Gnade dich
bei meiner Arbeit merken;
gib dein Gedeihen selbst dazu,
dass ich in allem, was ich tu,
ererbe deinen Segen.**

- Salomo Liskow 1674 -

BERICHT 1971

Etwa vier Monate nach unsrer Ankunft hier in Südafrika schrieb ich den ersten Bericht fürs Missionsblatt. Inzwischen sind vier Jahre ins Land gegangen. Manchmal denke ich, die Zeit vergeht zu schnell. Jeder Tag bringt neue Erlebnisse, neue Probleme, neue Freuden, neue Menschen. Kein Tag ist wie der andere. An Überraschungen fehlt es nicht. Oft muss improvisiert werden. Es ist alles in Bewegung.

Seit zwei Jahren bin ich im Amt in der schnell wachsenden Lutherischen Kirche im Südlichen Afrika. Zu meinem Aufgabenbereich gehören die Gemeinden Enhlanhleni, Nini-Ntili und Tugela-Ferry, mit insgesamt etwa 350 Mitgliedern, die weit verstreut auf Bergen oder in Tälern rings um die Missionsstation wohnen. Ich lerne die Leute und ihre Namen kennen: Myeza, Mbatha, Gwamanda, Ndlovu, Nxumalo, Khumalo, Mdluli, Zondi, Cebekhulu, Dladla, Shelembe, Cwensa, Ndamane etc.

Viele sind nur mit langen Fußmärschen zu erreichen. Das Gelände ist schwierig; es gibt wenig befahrbare Straßen und Wege. Ich habe Gemeindeglieder, die bis zu drei Stunden zu Fuß gehen, um den Gottesdienst zu besuchen. Ich habe auch versucht, mit dem Pferd zu reiten, aber das muss ich erst noch lernen. Das ist eine ziemlich aufregende Sache, der Evangelist Elias Sithole hilft mir dabei mit einer sagenhaften Geduld. Er ist die Ruhe selbst, und das Pferd ist auch so.

Am Samstag, 23. August 1969, eine Woche nach meiner Ordination, morgens gegen 7.00 Uhr habe ich das erste Kindlein hier in Enhlanhleni getauft. Es war eine Eiltaufe und sehr aufregend, das Kind des inzwischen ordinierten Pastors Aaron Ntuli, der damals hier am Seminar studierte. Der kleine Junge, Mthokozisi Emanuel Ntuli, ist am Leben geblieben. Gott sei Lob und Dank. Inzwischen habe ich nun drei Taufklassen in Pomeroy anfangen dürfen, in denen ich 31 Inder und Mischlinge unterrichte. Von ihnen konnten schon einige getauft werden. Die Mischlinge sind Nachkommen von Schotten und Zulu, Buren und Zulu, Schweden und Zulu, Italiener und Zulu und Inder und Zulu, eine wahrhaft bunte Mischung.

Vier Mädchen von Malawi und eins von der Insel Zanzibar haben auch angefangen zu lernen. Sie sind alle Moslems. Auch ein Xhosamädchen kommt zum Taufunterricht. Zum Glück spricht sie gut English, denn ich verstehe sie nicht gut, wenn sie Xhosa spricht, und sie versteht mich nicht immer, wenn ich Zulu spreche. Die Malawis sprechen Zulu, so dass eine Verständigung möglich ist. Ich habe Zugang zu andern Inderhäusern in Dundee und hoffe auch dort weiterzukommen. Pomeroy ist ein richtiger Schmelztiegel und furchtbar interessant. Vielleicht kann ja, wenn es nötig wird und diese Arbeit unter den Indern und Mischlingen sich ausbreitet, auch mal ein englischer Gottesdienst dort eingerichtet werden. Ich bin nun auch in den Verwaltungsrat der Indischen Schule gewählt worden, und ich schätze dieses Vertrauen sehr.

Der Unterricht bei den Misohlingen macht sehr viel Freude, denn es sind aufgeweckte intelligente Kinder, die gut mitarbeiten. Sie möchten lieber in English unterrichtet werden, obwohl sie natürlich die Zulusprache genausogut sprechen und verstehen. Es ist nicht so, dass sie etwa den Zuluteil in sich verleugnen und verachten oder ihre Zulugroßmutter geringschätzen, ganz im Gegenteil; aber wenn sie unter sich sind, sprechen sie English, nur die Großmutter wird in Zulu angeredet.

So kommt es denn oft, dass ich beide Sprachen benutze, denn es gibt Dinge, die klingen im Englischen irgendwie unpersönlich, während man im Zulu dasselbe wesentlich besser sagen kann. Außerdem gibt es im Zulu Begriffe, die besser und treffender sind als die englischen Entsprechungen und umgekehrt, und so greifen wir wieder und wieder auf die wunderschöne, melodisch klingende Zulusprache zurück, die mir immer lieber und vertrauter wird, je länger ich damit zu tun habe. Was für ein feinsinniger Humor! Was für herrliche Redewendungen!

Zum Unterricht in Pomeroy nur dies: Da sitzen sie vor dir mit ihren verschiedenen Nachnamen: Anderson, Ngcobo, Nico, Nxumalo, Karim Remjoo, usw., das ganze bunte Völkergemisch, und schauen dich mit blanken Augen an. Die Haare glatt bis ganz kraus, verschiedenfarbig zu kleinen Zöpfchen geflochten, die steif vom Kopf abstehen. Die Hautfarbe von tiefschwarz bis leichthell milchkaffee-braun.

Wir sind noch ganz am Anfang, und ich lese die Schöpfungsgeschichte vor. Sie hören ganz gebannt zu; und als wir an die Stelle kommen: UNkulunkulu wathi: Masenze abantu ngomfanekiso wethu. Und Gott sprach: Lasset uns Menschen machen, ein Bild, das uns gleich sei. Und Gott schuf den Menschen ihm zum Bilde, zum Bilde Gottes schuf er ihn ..., und ich sage: „Wir Menschen alle sind erschaffen nach dem Ebenbilde Gottes," da hebt sich vorne ein dünnes Ärmchen und ein kleines Mädchen fragt ganz schüchtern: „Nami-ke, Mfundisi? Ich auch?" Da sage ich ganz bewegt: „Yebo, mntanami! Ja! Du auch!" Jeder, der Menschenantlitz trägt, erschaffen nach dem Ebenbilde Gottes, ungeachtet der Hautfarbe und Volkszugehörigkeit.

Da verklären sich ihre Gesichter, die Augen strahlen vor Freude. Ich kann sehen, diese Worte fallen schwer in ihre jungen Seelen, sie begreifen, von daher bekommen auch wir unsere Würde und Ehre. Ich brauche keins der Worte zu wiederholen, das werden sie ihr Lebtag nicht vergessen. Sie kommen auch immer wieder darauf zurück, verstehen von daher auch sofort, dass und warum der Herr Christus für uns alle gestorben und auferstanden ist, hat uns das Heil erworben. Sie haben sehr genau gehört: Wir sind Gottes geliebte Kinder.

Der Konfirmandenunterricht sonst ist manchmal schwerfällig, ein zähes Ringen, bei dem man immer wieder vor einer Mauer steht. Natürlich gibt es Unterschiede, besonders bei denen, die die Möglichkeit hatten, eine Schule zu besuchen. Grundsätzlich erfordert die Arbeit viel Geduld und Durchhaltevermögen. Aber gerade deshalb wachsen einem diese Kinder wohl besonders ans Herz, es ist ein sehr glücklicher Tag, wenn ich bei der Prüfung merke, sie wissen, worum es geht. Es hängt ja nicht vom Intelligenzgrad ab, ob jemand selig wird oder nicht, diese Entscheidung fällt ganz woanders. Auch Illiteraten und Analphabeten werden nicht anders gerettet als etwa ein Theologieprofessor.

Der sorgfältige Unterricht gehört zu unsern wichtigsten Aufgaben. Dadurch unterscheidet sich die Lutherische Kirche wesentlich von andern Denominationen und vor allem von den Sekten. Dabei kann Luthers Kleiner Katechismus nicht hoch genug eingeschätzt werden. Dieses Buch ist ein Juwel auf dem Missionsfeld, und ich wüsste nicht, was ich ohne ihn wohl machen sollte. Überhaupt hat die Lutherische Kirche in unserm Gebiet einen guten Ruf, weil sie nicht bloß redet, sondern auch handelt. Das ist einer der stärksten Faktoren im Kampf gegen die Sekten. Das verlangt hin und wieder Opfer und gewisse Unbequemlichkeiten.

Charly Mbambeni Sithole ist krank. Er ist konfirmiertes Glied meiner Gemeinde Nini. Jede Krankheit – ganz gleich welcher Art – bedeutet eine ungeheure Versuchung für die Leute. Oft gehen sie nämlich erst zu den Zionisten und Gesundbetern, bei denen dann unter großem Geschrei und Geheul allerhand angestellt wird, auch sehr viel dummes Zeug. Und das kostet enormes Geld. Die Kranken zahlen das aber anstandslos, bis ihre Geldresereven aufgebraucht sind, und dann werden sie von den Sekten fallen gelassen. Die interessieren sich nur für eins, und das ist Geld. Ist das nicht vorhanden oder wird das weniger, erlahmt automatisch auch die Kraft ihrer Gebete und Rituale. Ich erlebe das immer wieder, wie das arm verführte Volk systematisch ausgeplündert und fertig gemacht wird. Wen diese Scharlatane in die Finger kriegen, der hat sehr begrenzte Überlebenschancen.

Ich habe einmal einen Kampf gegen diese Betrüger verloren, der mich sehr mitgenommen hat. Es war in Umngeni, ein Gebiet, das wir regelmäßig jede Woche mit den Studenten des Seminars besuchen, um dort Andachten und Gottesdienste zu halten. Im Kral des einzigen von Missionar W. Weber getauften Christen liegt der älteste Sohn schwer krank auf der Matte. Er ist von Johannesburg zurückgekehrt, hat TB und ist sehr schwach.

Es dauert Wochen, bis er zustimmt und mit nach Tugela-Ferry ins Hospital fährt. Ein Röntgenaufnahme bestätigt unsere Befürchtungen: offene TB. Das bedeutet für den jungen Mann: Er muss wenigstens sechs Monate unter ärztlicher Aufsicht im Hospital bleiben, um wirksam behandelt werden zu können. Er scheint in der ersten Zeit auch ganz willig, aber dann ist er eines Tages plötzlich verschwunden, und ich treffe ihn zu Hause im Kral wieder. Er ist einfach ausgerissen und will nicht wieder zurück. Inzwischen steckt er natürlich alle möglichen Leute an, aber er ist nicht zu überzeugen.

Inzwischen sind die Zionisten in bunten Gewändern dabei, ihn zu verarzten. Sie flößen ihm dreckiges Wasser ein, das mit Asche vom Herdfeuer in der Hütte vermischt ist. Dann werden neue grüne, blaue und rote Kordeln um seinen Kopf, um Arme und Beine und kreuzweise auch um den Oberkörper gelegt. Diese Kordeln sind auf dunkle Weise vorher geweiht worden. Der Kranke bekommt ein Geldstück auf die Stirn gelegt, Kerzen werden in der Hütte angezündet, dann beginnt ein wildes und unkontrolliertes Geschrei, das von rasenden schwerverständlichen Gebeten begleitet wird, ein Riesendurcheinander. Trommeln, stampfende Füße, wild zuckende Leiber, aufgerissene Münder, hervorquellende Augen und Halsschlagadern, starre Blicke, das ganze Spektrum, und immer wieder diese unmenschlichen heiseren Schreie, ein wildes brüllendes Gekreische. Die Gruppe, die sich da so bemüht, nennt sich die „Ama-Full-of-God".

Dann verstummt das Getöse schließlich, die Ekstase verebbt, die Tanzenden klappen zusammen, und es tritt so etwas wie ein Normalzustand ein. Der Kranke liegt wimmernd auf der Matte. Ich werde gebeten zu predigen, und das tue ich auch. Da geschieht etwas Eigenartiges. Die eben noch so lauten Heiler und Gesundbeter fangen an, einer nach dem andern sich wegzuschleichen und aus der Hütte zu kriechen. Als ich schließe, sind noch der Kranke, sein Vater und einige Nachbarn in der Hütte. „Babalekile. Bayesaba. Bayacasha," sagen sie von den andern. „Sie sind weggelaufen. Sie fürchten sich. Sie verstecken sich."

Ich versuche nun erneut, den jungen Mann ins Hospital zu bringen, denn so wird er unweigerlich sterben. Er stimmt auch zu, aber ich soll lieber am folgenden Tag wiederkommen, heute fühlt er sich sehr schwach. Gut! Als ich am nächsten Morgen wieder da bin, ist kein Mensch im Kral. Die Sektenleute sind in der Nacht wiedergekommen und haben ihn mit zum Fluss genommen, irgendwo unten im Tal. Ich fahre zu meinem Freund, dem Arzt im Hospital, und er sagt mir: „Es gibt eine staatliche Stelle, die solche TB-Kranken notfalls unter Druck ins Hospital zurückbringt, damit Epedemien verhindert werden."

Aber bevor es dazu kommt, erhalte ich abends spät einen Hilferuf aus Umngeni. Zwei Jungen sind zu Fuß etwa 20 km zur Missions-Station gekommen und erzählen mir, dass es dem Kranken sehr schlecht geht. Ich fahre los. Es ist stockdunkel, als wir dort ankommen. Die Taschenlampe habe ich natürlich zu Hause vergessen. So stolpern wir den Berg runter. Die Hütte ist voller Rauch, der in den Augen beißt. Das Feuer erleuchtet spärlich die furchtbar abgemagerte Gestalt des Kranken. „Mfundisi, du bist gekommen, obwohl es Nacht ist." „Ja. Komm bitte, mein Auto steht oben auf der Straße. Ich bring dich ins Hospital. Dort werden wir dir helfen." – „Ich kann nicht mehr den Berg hoch. Ich bin zu schwach." – „Wir werden dich tragen." – „Nein, lass man, Mfundisi. Ich kann nicht mehr. Bete für mich." Nach dem Gebet frage ich ihn: „Willst du getauft werden?" „Ja Mfundisi, aber nicht heute nacht. Komm morgen wieder. Ich werde warten, aber nicht ins Krankenhaus." – „Ist gut. Ich werde mit dem Arzt kommen."

Nach Tugela ist es weit. Es ist schon spät in der Nacht, als ich in Pomeroy den Arzt raustrommle. Er ist Inder, und ich kenne ihn gut. Er hat in England studiert. Zu Anfang hat er noch Bedenken, mit mir in die Lokation zu fahren, denn er besitzt kein Permit. Ich beruhige ihn und sage ihm, dass ich das persönlich verantworten werde. Ich habe die staatliche Genehmigung. Wir fahren los und stolpern der Hütte zu.

Dr. Jihlmeet untersucht den jungen Mann, gibt ihm Spritzen und Medizin. Dann schärft er ihm ein, die Medizinen der Zionisten zu lassen, nur seine Medizin zu nehmen, ohne dass ich ihm von den Zionisten erzählt hätte. Und bitte schnellstens ins Hospital. Wir verabreden uns dafür, aber am nächsten Morgen ist der Kral verlassen. Ich höre, sie sind wieder alle unten am Fluss, und dort machen sie ihn dann fertig. Bevor ich herausbekomme, wo sie sich befinden, ist der junge Mann tot. Das spricht sich schnell 'rum.

Bedrückt und niedergeschlagen fahre ich nach Hause. An dem Tag habe ich keine Lust noch irgendetwas zu machen. Ich sitze brütend und tatenlos im Office und starre aus dem Fenster.

Plötzlich stehen dort zwei Frauen aus meiner Gemeinde Nini. Ich merke sofort, dass etwas nicht stimmt, und mich beschleicht ein ungutes Gefühl. Bei der Begrüßung sehe ich, dass sie geweint haben. Es sind Verwandte von Charly Mbambeni Sithole, von dem ich eigentlich berichten wollte. Er war wie gesagt krank geworden, und ich hatte ihn ins Hospital gefahren. Von Tugela-Ferry hatte man ihn nach Greytown überwiesen. Als auch dort keine Hilfe möglich ist, fährt die Ambulanz ihn schließlich ins große moderne Edendale Hospital nach Pietermaritzburg. Dort wird er operiert, dort ist er nun auch gestorben.

Das Schwierige ist nur, dass er schon seit neun Tagen tot ist. Man hat keine Nachricht zu den Angehörigen schicken können. Sie wohnen oben am Berg, die Postbeamten in Pomeroy haben das Telegramm nicht weiterleiten können. Nun wollen die Angehörigen seine Leiche haben. Normalerweise werden Tote nach sechs Tagen vom Hospital beerdigt, wenn sich keine Angehörigen melden. Ich rufe also erstmal an. Man sagt mir, dass aus ungeklärten Gründen der Mann noch nicht beerdigt ist. Das hatte ich befürchtet. Leichenwagen kosten enormes Geld, auch die Inder wollen für solch eine Fahrt Riesensummen haben (Hinfahrt etwa 180 km). Also wird nichts anderes übrigbleiben als selber zu fahren.

Ich habe nicht die geringste Lust, mit einer 10 Tage alten Leiche im VW-Bus auf holperiger, kurvenreicher Straße stundenlang in der Hitze bergauf und bergab zu fahren. Aber es geht kein Weg drum herum. Ich habe das in der Gemeinde immer wieder abgekündigt: „Geht nicht zu den Sekten. Geht nicht zu den Zauberern, wenn ihr in Not seid. Kommt, ganz egal, was es ist. Ich will euch helfen. Ich bin für euch da." Also treffen wir uns am nächsten Tag im Morgengrauen an der Straße und fahren los. Bis ich den Sarg gekauft habe und viele Formalitäten erledigt sind, als mir dann endlich die Leiche ausgehändigt wird, sind viele Stunden vergangen, und es ist Nachmittag.

Als wir den Sarg ins Auto schieben, stellen wir fest, dass er gut einen halben Meter aus der Seitentür herausragt. Ich kann unmöglich so durch Pietermaritzburg fahren! Zum Glück befindet sich Werkzeug im Wagen, und ich montiere die hintere Rücklehne ab, so dass wir den Toten der Länge nach über die verbleibenden Sitze legen können. Ich muss vorsichtig fahren, damit mir der Sarg nicht in den Nacken rutscht. Aber jedesmal, wenn es bergab geht, kommt er nach vorne und ich schiebe ihn mit Kopf und Rücken wieder zurück. Und der Himmel bewölkt sich, und es wird kühl, und wir kommen gegen Abend in der Nähe des Krals an.

Dort endet der Pad, und dort wird mir die Leiche abgenommen und weitergetragen. Erleichtert fahre ich nach Hause und merke auf einmal, dass ich furchtbaren Hunger habe. Ich hatte den ganzen Tag keinen Appetit und gar nicht ans Mittagessen gedacht.

Am nächsten Tag ist Beerdigung. Es hat sich eine sehr große Menschenmenge versammelt, mir schlägt sehr viel Sympathie und Wohlwollen entgegen. Nach der Beerdigung melden sich schon die ersten Leute bei mir zum Taufunterricht. Sie halten mein Auto an, stecken mir kleine Zettel zu mit Namen von Erwachsenen und Kindern, die um die Taufe bitten. Insgesamt 34 Namen habe ich da aufgeschrieben. Ganze Familien melden sich in den folgenden Wochen zur Taufe.

Die Tochtergemeinde von Enhlanhleni in Nini hat sich innerhalb von vier Jahren verdoppelt, ist inzwischen zur Schwester geworden. Zu ihr gehören bereits mehr abendmahlsberechtigte Glieder als zur Muttergemeinde. Das ist das Schöne an unsern Gemeinden hier in Afrika, dass alles irgendwie in Bewegung ist, dass laufend neue Gesichter auftauchen und dass die Arbeit stetig wächst, besonders auch in Tugela-Ferry. Das ist eine Gemeinde, die mir besonders ans Herz gewachsen ist, obwohl ich erst seit kurzem dort Dienst tue. Die Leute dieser Gemeinde bringen mir viel Liebe und Vertrauen entgegen, und ich fahre sehr gern dorthin. Wir müssen da jetzt unbedingt ein Evangelistenhaus und eine Kirche bauen, damit die Gemeinde ein Zentrum erhält.

4. KAPITEL

„Fecisti nos ad Te
et inquietum est cor nostrum
donec requiescat in Te, Domine."
„Geschaffen hast Du uns zu Dir,
und ruhelos ist unser Herz,
bis es ruht in Dir, HErr."
- Augustin, Bekenntnisse, I,1 -

MISSIONSBLATT NR. 3, MÄRZ 1971

Wir dürfen Gottes Werkzeuge sein, dürfen mit den Kräften, die uns geschenkt sind, dazu helfen, dass Freude herrscht auch im Himmel über den Einen, der umkehrt und Gott die Ehre gibt, der die drückende Last der Verstrickung in Sünde und Angst ablegt und aufatmet, der sein trotziges und verzagtes Herz IHM überlässt und sich hineinnehmen lässt in das Volk aus aller Welt Zungen, die eine heilige christliche apostolische Kirche auf Erden.

Dahin muss alle Missionsarbeit führen, auch wenn es oft so aussieht, als würden die armseligen Wässerchen, die hier und da aufspringen und ihren Lauf beginnen, nie das Ziel erreichen, denn bis zur Mündung ist es ein weiter, beschwerlicher Weg. „Inzima lendlela, inameva," singen die Zulu: „Schwer ist der Weg und dornenreich."

Es ist immer ein Wunder, dass und wie ein Heide seinen Christenlauf beginnt, dass und wie er schließlich in die Kirche aufgenommen wird, denn es gibt so unzählig viele Abgründe, Klippen und Dornen zu überwinden. Die Anfechtung ist vom ersten Tag an sein ständiger Begleiter, und es gehören für den Heiden Kämpfe dazu, die wir Europäer immer als Außenseiter wohl nur schwach erahnen können. Hier hilft es, dem himmlischen Vater zu vertrauen, der sein Leben in seine allmächtigen Hände nimmt und es völlig umgestalten wird.

Ich habe es bei den Heiden noch nie erlebt, dass jemand unfreundlich oder gar feindselig gewesen wäre, wenn wir unter dem Auftrage unseres Herrn einen neuen Kral betreten; vielmehr begegnet uns immer wieder höfliche und durchaus freundliche Gleichgültigkeit. Wenn wir unsern Gottesdienst in einem neuen Kral mit Gesang beginnen, kommt es hin und wieder vor, dass einige der versammelten Heiden unmotiviert anfangen zu lachen, aber das scheint mir doch eher ihre Verlegenheit als ihren Spott auszudrücken. Vielleicht ist es ja auch mein komisches Zulu.

Inzwischen stellen sich auch die Kinder wieder ein und drücken sich immer noch ängstlich an ihre Mütter, die ihnen dann erklären, dass ich ein Missionar bin und kein Arzt. Ich erlebe es immer wieder, dass kleine Kinder schreiend das Weite suchen, wenn sie mich erblicken. Sie sehen das weiße Gesicht, und das bedeutet für sie: udokotela uzokujova, der Arzt ist gekommen, jetzt gibt es eine Spritze, und laut brüllend laufen sie weg. Das wiederholt sich in den folgenden Wochen noch ein paar Mal, bis sie merken, dass ich wirklich keine Injektionsnadel dabei habe und also harmlos bin.

Es ist immer eine große Freude und überaus interessant in einem neuen Gebiet, in einem neuen Kral anzufangen, neue Menschen kennenzulernen. Die Gebiete, in denen wir jetzt arbeiten, sind Umngeni und Mazabeko, so genannt nach den beiden Flüssen gleichen Namens. Dort leben praktisch nur Heiden. Eine neue Straße, die im Bau ist, erschließt uns Berge und Täler, in die wir ohne sie nur schwerlich gekommen wären.

In Mazabeko haben wir jetzt angefangen, beim Induna (Häuptling) des Gebietes Gottesdienste zu halten. Ich hatte ihn unlängst in Pomeroy getroffen, und er lud uns freundlich ein, auch ihn und seine Söhne zu besuchen. Wir haben die Einladung angenommen, und es war ein ziemlich anstrengender Weg. Wir mussten das Auto zurücklassen und 70 Minuten zu Fuß gehen, bevor die ersten Hütten des Häuptlingskrals auftauchten.

Es ist ein schönes Bild. Der Induna beherrscht ein ganzes Tal, abgeschlossen und abgeschieden. Die Krale seiner Söhne und Verwandten stehen an den Berghängen und in der Talsohle, die Hütten exakt ausgerichtet, alles ist sorgfältig angelegt, sehr sauber gebaut, die Höfe sind blank gefegt, alles sieht friedlich und einladend aus. Als wir ins Tal hinabsteigen, schlagen die Hunde an, und im Nu bellt es überall, eine Meute Hunde hetzt aus dem Kral und umringt uns mit wütendem Gekläff.

Da zeigen sich die ersten Menschen, und mit wohlgezielten Steinwürfen werden die Hunde von uns ferngehalten. Jaulend verkriechen sie sich. Die Begrüßung beginnt, vorher wird noch schnell die ohnehin saubere Haupthütte ausgefegt. Es dauert auch nicht lange, und der Induna selbst erscheint. Er strahlt über das ganze Gesicht, als er mich erkennt, und seine Freude ist echt. Er kann es gar nicht glauben, dass wir den weiten Fußmarsch in der Hitze gemacht haben, nur um ihn zu besuchen. Ein ums andere Mal entschuldigt er sich, dass er nichts für uns zu essen und zu trinken vorbereitet hat.

Das Begrüßungsgespräch ist lang und interessant, berührt Wetter, Vieh und Feldbestellung, auch seine Aufgaben als Induna, seine Sorgen und Schwierigkeiten und schließlich auch Kirche und Bibel. Bei dem Stichwort steht er auf und fängt an, in einer Kiste zu kramen. Endlich bringt er zum Vorschein, wonach er suchte. Er hält die Bibel in der Hand und sieht sich um. „Woher hast du sie?" „In Pretoria gekauft. Ich habe dort gearbeitet, und ich lese sie auch." Wir kommen sehr schön ins Gespräch, und die Stunden vergehen.

Während des Gesprächs befördern sowohl der Kralherr als auch seine Frau unglaubliche Mengen von Schnupftabak in ihre Nasenlöcher, ohne auch nur einmal mit der Wimper zu zucken. Als wir sie nach der Andacht verlassen müssen, weil es sonst für die anderen Krale zu spät wird, nestelt er aus seinem Fellschurz ein Plastikportemonaie hervor und legt plötzlich 20 c vor uns auf die Matte. Wir möchten uns doch bitte dafür eine Tasse Tee kaufen, denn es sei ihm überaus peinlich, dass er uns nichts habe anbieten können. Er äußert die Hoffnung, dass dies nicht der letzte Besuch in seinem Kral gewesen ist, und lädt uns ein, in jedem Fall wiederzukommen. Wir versprechen das. Inzwischen sind wir schon des öfteren bei ihm gewesen. Er wartet jeden Dienstag auf uns, hat immer sehr viele Fragen, und ich habe den Eindruck gewonnen, dass er ein suchender Mensch ist. Wir machen diese Besuche, weil wir wissen, dass Gottes Wort nicht leer zu ihm zurückkommt, sondern ausrichtet, wozu er es sendet.

Ich hatte das große Vorrecht, der Nachfolger von Gottfried Stallmann zu sein, da ernten zu dürfen, wo er und Elias Sithole viele Jahre in großer Geduld gearbeitet hatten. Das gibt es ja, der eine sät, der nächste begießt und der dritte darf ernten. Well, ich habe ernten dürfen, und das macht mich demütig und bescheiden. Am schönsten waren die Gottesdienste, in denen ich taufen durfte. Erst kommen die Neugeborenen, dann die Kinder – ihre Schuluniform ist frisch gewaschen – und zum Schluss die Erwachsenen. Da kommen die alten, weißhaarigen Männer, die von Kirchenvorstehern begleitet und gestützt von beiden Seiten an den Taufstein geführt werden.

Es gibt nichts auf Erden, was so herzangreifend und überwältigend ist wie ein Taufgottesdienst. Wenn ein gestandener Zulumann vor dem Taufstein in die Knie geht, eine alte ehrwürdige Frau sich vor dem Taufstein auf die Knie stellt und entblößt ihr Haupt, und ich sehe zum ersten und letzten Mal ihre kunstvolle Haarfrisur: „Sibanibani ngiyakubhapathiza egameni likaNkulunkulu uYise neleNdodana nelikaMoya oNgcwele. NN Ich taufe dich im Namen Gottes des Vaters und des Sohnes und des Heiligen Geistes." Und dann gehen sie zurück auf ihren Platz, werden aufgenommen in die warme herzliche Gemeinschaft der christlichen Gemeinde, die sich mitfreut und Gott dankt, der so große Dinge tut an den Menschenkindern. Wenn ich da stehe und taufe, dann weiß ich tief in meiner Seele, dass ich nie damit aufhören möchte. Ich möchte nie etwas anderes machen. Es gibt nichts Schöneres hier auf Erden. Da ist nichts Vergleichbares. Das ist so. Ich weiß nicht, wo es schöner ist, ich weiß nur, noch schöner ist es im Himmel, wo wir uns alle wiedersehen, alle, die unser Leben so begleitet haben.

EPIPHANIASGRUSS 1972 UND MISSIONSBLATT NR. 5, MAI 1972

Trotz aller Schwachheiten unserer Gemeinden, die es überall auf Erden gibt, nicht nur hier in Südafrika, ist doch die eine heilige christliche und apostolische Kirche da. Und das lässt uns nicht aufhören, das treibt uns voran. Ich sage manchmal Besuchern aus Deutschland, die mit mir zu den Heiden fahren: „Hier geschieht in aller Schwachheit und Unscheinbarkeit das Wunder der Kirche Jesu Christi. Hier wird Lutherische Kirche gebaut. Hier werden Leute gerettet und hinzugetan zu der Schar, die einst mit uns zusammen vor dem Thron des Lammes stehen wird, auch wenn wir äußerlich oft wenig davon sehen und spüren." Überhaupt fühle ich mich bei den Heiden am wohlsten. Man muss das erlebt haben, dass und wie diese Leute zuhören können und wollen. Sie wollen hören, und zwar nicht irgendetwas, sondern das, was sie frei und selig macht, das, was ihnen weiterhilft da, wo ihre Ahnen machtlos sind und versagen müssen: die Botschaft vom Sünderheiland Jesus Christus, der uns liebhat.

Ich arbeite jetzt in vier Heidengebieten: Gunjane, Mazabeko, Xushaneni und Umngeni. In den letzten Jahren sind wir sehr schön vorangekommen. In über 50 Kralen wird Gottesdienst gehalten. Zweimal in der Woche, dienstags und donnerstags, fahre ich mit den Studenten vom Seminar und den beiden Ev. Elias Sithole und Daniel Zakuza zu den Heiden. Bevor wir da ankommen, fahren wir an die Seite, stellen den Motor ab, und einer von uns spricht ein Gebet. Dann gehen wir je zwei und zwei bergauf und bergab und besuchen die Krale. Wir gehen nur dorthin, wo wir eingeladen wurden, und wir erhalten ständig neue Einladungen. Das heißt nicht, dass sich die Leute sogleich bekehren wollen, durchaus nicht; aber die Einladungen geben uns die Möglichkeit, diesen Kral regelmäßig zu besuchen und Gottes Wort zu verkündigen.

Ich wünsche mir manchmal, wir hätten noch zwei oder drei andere Missionare, die mit uns dieses riesige Heidengebiet durcharbeiten. Es könnten jederzeit noch andere Missionare hier eingesetzt werden. Man wird als einzelner von der Menge der Heiden einfach verschluckt. Wenn die nötigen Mittel dafür vorhanden wären, ließe sich hier viel machen. Das Land ist offen. Die Leute wollen hören. Die Heiden kommen. Die Gemeinden werden größer. Die Kirche wächst. Was wir brauchen, sind Männer, die bereit sind, die Ernte einzubringen, die an dieser jungen Kirche mitbauen wollen, sintemal wir wissen, dass unsere Arbeit nicht vergeblich ist in dem Herrn.

Es ist immer interessant, in einen fremden Kral zu kommen, neue Gesichter zu sehen, neue Eindrücke zu bekommen. Jeder Kral hat seine Eigenheiten, seine besonderen Seiten. Ich habe den Eindruck, die Leute wissen sehr genau, wer wir sind und warum sie uns einladen, lange bevor wir sie gesehen haben. Ich denke, sie sprechen über uns; und wenn wir einmal wegen anderer Arbeiten nicht in die Lokation fahren können, hört man zur Begrüßung beim nächsten Mal sicher einen der folgenden Sätze: „Wir kennen euch gar nicht mehr. Ihr seid so lange nicht mehr hier gewesen. Wir fürchteten schon, du seist nach Deutschland zurückgefahren. Wir haben gewartet am letzten Donnerstag. Wir saßen zusammen und haben gesagt: Der Umfundisi kommt bestimmt noch. Und jemand sagt: Nein, er kommt nicht mehr, er hat uns vergessen. Es ist schön, dich wiederzusehen. Wir leben alle noch, nur die Kinder husten. Wir hoffen, dass es dir und deiner Familie gut geht. Es will nicht regnen. Habt ihr schon angefangen zu pflügen?“

„Bei Shelembes ist ein Kind gestorben. Dlaminis haben zwei neue Kinder bekommen. Bei Cebekhulus haben sie viele Ziegen gestohlen. In Xushaneni haben uns die Ximbas und die Cwensas weggejagt, als wir Gras für unsere Hütten schneiden wollten. Die Füße des Kraalherrn schmerzen, er kann nicht ordentlich gehen. Beim Mkhizes war ein Fest mit Fleisch und Bier. Abends haben sie sich gehauen. Der Sohn von Masondo ist von Johannesburg nach Hause gekommen. Er hat Urlaub. Übermorgen gehen wir alle hin. Es gibt Bier. Wir müssen zwei Pfähle in der Hütte erneuern. Sie fällt zusammen.“ Und immer wieder: „Es will nicht regnen. Gott hat uns vergessen. Das Vieh hat kein Wasser mehr. Die Kinder werden auch immer frecher. Sie wollen nicht mehr gehorchen. Es tut uns furchtbar leid, dass wir euch nichts zu essen anbieten. Das Bier ist leider alle geworden. Überhaupt herrscht ganz allgemein eine große Hungersnot.“

„Die Herzen der Leute sind hart, sie wollen sich nicht bekehren. Was kostet ein Sack Mais bei euch? Was esst ihr in Deutschland? Gibt es dort auch viele Schwarze? Glauben alle Menschen in Deutschland an Gott? Leben deine Eltern noch? Wann wirst du sie wiedersehen? Hast du noch Geschwister? Ntombifuthi will jetzt heiraten. Treibt die Kühe aus dem Kohl! Die Raben haben schon wieder Küken weggegholt. Wir können jetzt mit dem Gottesdienst beginnen. Die andern sind zum Holzsuchen und Wasserholen gegangen. Sie werden später kommen. Vusumuzi, ruf die andern Kinder, der Sonntag fängt an. Da kommt der Bus. Hört nur! Wir müssen erstmal nach draußen, um zu sehen, wer alles gekommen ist. Wir kommen gleich wieder.“ (Dieses „gleich“ kann bis zu drei Stunden dauern!)

„Mfundisi, du bist jetzt groß geworden. Ich weiß noch, wie es am Anfang war, als du mit Umfundisi Stallmann zu uns kamst. Deine Augen waren auf. Deine Ohren waren auf, aber dein Mund war zu. Jetzt haben wir uns aneinander gewöhnt. Jetzt sprichst du unsere Sprache. Jetzt kannst du uns verstehen. Nur manchmal verstehen wir dich nicht. Wir hören zwar deine Worte. Wir hören auch, dass es Zuluworte sind, aber wir wissen nicht, was du sagst." (In solch einem Fall bin ich wahrscheinlich dabei, deutsche Gedanken und Satzstellungen mit Zuluvokabeln von mir zu geben, und das macht wenig Sinn, wie die Reaktion zeigt).

„Ntombizodwa, komm her. Nimm das Kind auf den Rücken. Es weint. Sishosonke, jag die Hühner nach draußen. Gibt es in Deutschland solche runden Hütten? Bist du schon verheiratet? Was, du hast auch schon Kinder? Das ist kaum zu glauben. Nein, diese Weißen heiraten wirklich früh. Was kostet eine Frau bei euch? Hast du Tabak mitgebracht? Thandinkomo, jag die Ziege nach draußen. Sie plagt den Umfundisi. In diesem Jahr geht der Winter überhaupt nicht vorüber. Die Kinder sind alle krank. Wann holst du uns wieder zum Gottesdienst nach Enhlanhleni? Wann kommt der Posaunenchor wieder zu uns? Erinnert ihr euch noch an die Glocke? Hawu, was für ein Ton! Der Kralherr hat eine Uhr aus Johannesburg mitgebracht. Sie geht nicht mehr. Kannst du sie zum Reparieren mitnehmen, wenn du ins Dorf fährst? Muziwokuthula, schlag den Hund, er will an den Kochtopf. Hawu, wir sterben vor Hitze, oder: Die Kälte tötet uns. Wie stehts denn bei euch mit den Krankheiten? Silwayiphi, wenn du nicht still bist, dann kommt der Doktor und gibt dir eine Spritze."

So geht es in bunter Folge durcheinander, und manchmal weiß ich wirklich keine Antwort. Man lebt hier als Missionar immer zwischen zwei Welten. Es ist unvorstellbar, dass es solche krassen Unterschiede gibt. Da spazieren Menschen auf dem Mond 'rum, leben in einer hochtechnisierten Welt, in der ein Stromausfall zu Katastrophen führt, und hier ist man nach wenigen Minuten im Steinzeitalter, sitzt auf der Erde in einem Bienenkorb unter Menschen, die mit Fellen bekleidet sind, wenig von Hygiene wissen, deren einzige Uhr die Sonne ist, deren Interessen sich um das Vieh, das Wetter, die Sippe, die Ahnen, um Wurfstöcke, Speere und Schilde, um Wasserholen, Essenkochen und Holzsammeln drehen, denen man nicht erklären kann, wo Deutschland liegt, die sich nicht vorstellen können, wie man in einem Flugzeug essen, gehen und schlafen kann. („Fällt man dann nicht herunter, wenn man einschläft?")

Sie fragen nach all diesen Dingen, und natürlich dringt das 20. Jahrhundert auch in diese entlegenen Täler vor. Ich sah vor kurzem einige

Zuluschilde unter der Decke einer Hütte hängen, die auf der Innenseite mit Schaumgummi gepolstert waren, um die Schläge zu dämpfen, die der Gegner austeilt. Ausgerechnet Schaumgummi hinter Zuluschilden, die aus Kuhfellen gefertigt sind! (Man stelle sich vor, die alten Germanen wären mit Taschenlampen und Autoknirps-Regenschirmen auf Mammutjagd gegangen, dann hat man in etwa eine Entsprechung.) Für die Zulu ist dieser dauernde Sprung zwischen Steinzeit und 20. Jahrhundert wohl noch viel krasser und einschneidender als für uns, und man kann sich nicht vorstellen, was ein junger Mann erlebt, der aus dem Bush zum erstenmal nach Johannesburg kommt, um dort Arbeit zu suchen.

Die Arbeit in den Heidengebieten verlangt viel Geduld und Einfühlungsvermögen. Man muss in Zeiträumen von mehreren Jahren rechnen, um nicht den Mut zu verlieren. Gunjane ist ein sehr schwieriges Gebiet. Wir, d. h. meine Vorgänger und ich, arbeiten dort regelmäßig schon seit etwa neun Jahren, Woche für Woche. Zur dortigen Gemeinde gehören bis heute genau drei Personen, unter ihnen auch der alte blinde Mchunu. Wenn ich recht weiß, hat Missionar Stallmann im Mchunukral vor etwa neun Jahren mit der Arbeit angefangen. Mchunu lernt fleißig und wird, so Gott will, noch in diesem Jahr getauft. Die andern beiden, Dlamini, der auf Krücken geht, und eine alte Frau Mbatha, sind schon konfirmiert, so dass auch in Gunjane Abendmahlsgottesdienste gehalten werden. Oft kommen Heiden zu diesen Gottesdiensten. Gott der Herr hat versprochen, dass sein Wort nicht wieder leer zu ihm zurückkehrt, und deshalb brauchen wir nicht den Mut zu verlieren. Eines Tages wird auch in Gunjane eine Kirche stehen. Vielleicht wird's nochmal neun Jahre dauern ...

In Mazabeko und Xushaneni haben wir noch keine getauften Christen, aber wir erhielten in den letzten Wochen sechs neue Einladungen, um in den betreffenden Kralen Gottesdienste zu halten. Im vierten Heidengebiet, in Umngeni, wollen wir eine Kirche bauen, aber wir warten noch auf die Genehmigung der Regierung. In diesem Tal haben wir einen Kirchplatz erhalten vom alten Mbatha, dem einzigen damals noch von Missionar Weber getauften Christen. Dieser Platz muss nun erst noch von den zuständigen Regierungsstellen genehmigt werden. 16 Krale mit etwa 80 bis 100 Heiden und Zionisten werden dort jede Woche mit dem Evangelium erreicht. Es ist kein sehr weitläufiges Tal, die Heiden wollen nun einen neutralen Ort, eben eine Kirche, haben, in der sie sich zu Gottesdiensten versammeln können. Es ist ganz erstaunlich: Diese Heiden dort in Umngeni sagen: Wir sind deine Gemeinde.

Dort haben wir eine Lutherische Heidin. Das kam so: Als ich eines Donnerstags in den Ndabakral komme, sieht es dort aus wie nach einem Unwetter. In der Haupthütte ist alles mit Ölfarbe und Kalk verschmiert; Kreuze, Sterne und andere Zeichen sind ringsherum an die Wand, auf die Tür und auf den Boden gekleckst, das Grasdach mit Farbe bespritzt, und alle Bewohner haben bunte Kordeln um den Körper gebunden. Als ich in die Hütte komme, muss ich über ein großes Kreuz kriechen, das am Eingang auf den Fußboden gemalt ist. Die Zionisten haben einen ihrer Gottesdienste oder besser Ahnendienste gehalten. Die Hauptfrau fragt nach der Begrüßung schüchtern: „Mfundisi, wie heißt du?" Sie schämt sich wegen des wüsten Durcheinanders; normalerweise ist dieser Kral sehr sauber und aufgeräumt. Ich sage ihr meinen Namen und muss ihn immer wiederholen, bis sie ihn behalten hat.

Ich bin sehr erstaunt über ihre Frage, und dann erklärt sie. Die Zionisten sind dagewesen und wollten sonntagen und dann anschließend alles taufen, was sich bewegt. Sie weigerte sich und sagte: „Nein, ich will die Zionisten nicht, ich sonntage bei den AmaLuthere. Ein Umfundisi kommt immer zu uns. Er ist Lutheraner, und das ist auch meine Kirche." – „Wie heißt denn dein weißer Umfundisi, dem du hinterherläufst?" Und kuck, genau das wusste sie nicht. Da haben ihr die Zionisten dann schwer zugesetzt: „Siehst du! Du weißt nicht einmal den Namen deines Weißen. Hört her! Sie gehört zu uns. Wir werden jetzt sonntagen." Und das haben sie dann auch ausgiebig getan, wie man sehen kann. Beim Abschied muss ich meinen Namen noch ein paarmal wiederholen. In der nächsten Woche ist alles wieder sauber, die Farbenkreuze und alle Schmiererei sind verschwunden. Frau Ndaba trägt wieder ihre Heidentracht und sagt mir ganz stolz und selbstbewußt: „NgingumLutha!" „Ich bin Lutheraner!" „Ich habe den Zionisten deinen Namen gesagt, und dann sind sie nicht wieder hereingekommen."

Einige Wochen später fahren Pastor Burmeister aus Deutschland und ich wieder nach Umngeni. Auf dem Heimweg kommen wir am Ndabakral vorbei. Als ich dort anhalte, um mit einigen Leuten zu sprechen, sind die Zionisten wieder drin und machen Lärm. Der Evangelist und ich verständigen uns kurz, und wir sind uns einig: Wir können die Lutherische Heidin nicht im Stich lassen.

Die Kralbewohner haben ein schlechtes Gewissen. Man sieht das. Wir werden nämlich nicht in die Haupthütte geführt, sondern man zeigt uns eine kleine Nebenhütte am Außenbezirk des Krals. Ein Biertopf wird uns vor die Füße gestellt, und dann kommen sie so langsam alle zum Gottesdienst. Der Zionistenlärm wird weniger, da die Gemeinde ausfiltert und sich nach und nach bei uns einfindet. Und dann beginnen wir – wie gewohnt – mit unserm Gottesdienst. Nach der Predigt sagt der Evangelist Sithole: „Sebezwile bona. Sie haben gehört." Seitdem habe ich nie wieder Zionisten dort gesehen. Wir halten unsere Gottesdienste auch wieder in der Haupthütte.

Nun hat der Kralherr um die Taufe gebeten, seine Hauptfrau auch, es war ein bewegender Augenblick, als er mir all seine heidnischen Sachen überreicht mit den Worten: „Ngiyazinikela. Ich bin fertig mit dem alten Weg. Ich übergebe mein Leben dem Herrn." „Ngicela uphawu," d. h.: „ich bitte um das Ohrmerk." Ich muss erst richtig überlegen, was er damit meint, bis ich die Erklärung höre. Alle Kühe sind irgendwie gezeichnet. Da schneiden sie mit einem scharfen Messer Kerben in die Ohren. Daran erkennt man sofort, wem die Kuh gehört. Eine Kerbe „V" im rechten Ohr sagt: das ist meine Kuh. Zwei Kerben „VV" im rechten Ohr sagt: diese Kuh gehört dir, usw. So sieht man sofort, zu wem ich gehöre. So einfach und so klar ist das. Ich hatte anfangs noch die törichte Vorstellung: Erst müssen die Leute etwas begreifen vom europäischen Denken, dann kann man ihnen schließlich auch die Geheimnisse der Heiligen Schrift nahebringen. Von diesem Irrglauben bin ich zum Glück sehr schnell geheilt worden.

Da kommt eine Frau und bittet um die Taufe. Als ich sie frage, warum sie denn getauft werden möchte, ist ihre Antwort: „Ngithanda ukundiza phezulu. Ich möchte nach oben fliegen." Da will man schnell antworten:

So geht das nicht. Meld dich mal später wieder mit einem „vernünftigen" Bekehrungsgrund, „ukundiza phezulu" was heißt das schon? Aber das sage ich nicht, sondern erkundige mich behutsam und geduldig, was sie denn da oben will, und ich werde beschämt und erfahre Erstaunliches. Sie weiß ganz genau, was sie da will und warum sie dahin will und wen sie da treffen will, das Evangelium hat ihr Herz ergriffen. Der die Herzen lenkt und leitet wie Wasserbäche, hat sie hergeschickt. Sie kann nicht lesen oder schreiben, aber sie kennt ihren Heiland und will ihm ganz gehören.

Und so wechseln der Evangelist Sithole und ich uns ab und wiederholen in den nächsten Wochen und Monaten die 10 Gebote, das Glaubensbekenntnis und das Heilige Vaterunser, bis sie das alles mitbeten kann. Mayibongwe iNkosi! Gelobt sei Gott, der seine Kirche baut! Je länger ich dabei bin, desto kleiner, demütiger und bescheidener werde ich. Viele kommen auf diese Weise, und ich komme aus dem Staunen nicht heraus. Ich kenne sie von keiner Seite, und Gott der Herr schickt sie von weit her auf abenteuerliche und überraschende Weise.

Ich habe mal einen alten Mann in Afrika gefragt, der um die Taufe gebeten hatte: „Warum willst du denn getauft werden?" „Ukuba bangazi lé kwelizayo," sagte er: „Damit sie mich kennen, dort im Kommenden." Seni Dlamini hieß der Mann. Ich hoffe so, ihn wiederzusehen da im Kommenden. Wir sind unterwegs mit vielen Brüdern und Schwestern aus allen Völkern und Zungen. Wir sind durch die Heilige Taufe eingefügt in die una sancta ecclesia, die weltweite Kirche Jesu Christi. Die gibt es hier auf Erden, und die gibt es dort im Himmel.

Unzählige sind uns schon voraufgegangen, sind schon vollendet und warten mit den heiligen Engeln in der Ewigkeit auf uns. Sie erwarten uns mit Vorfreude und Verlangen, gleichsam mit vorgerecktem Hals, als wollten sie sagen: Wann kommen die denn endlich? Gottes Volk aus vielen Sprachen und Zungen ist der Leib Christi, ein lebendiger Organismus, der auch nach dem Tode nicht vergeht, sondern dort bei Gott lebt und durch Gott lebt in die Ewigkeit der Ewigkeiten, wie es in der griechisch-orthodoxen Liturgie heißt.

Manchmal, wenn ich irgendwo im Kral eine Predigt halte, fangen einige an laut und anhaltend zu gähnen – so als ob jemand furchtbar müde ist, sich reckt und streckt und herzhaft gähnt. Ich führte diese peinliche Reaktion, die ja etwas störend auf jeden Prediger wirkt, auf meine unzureichende und wenig überzeugende Art zu predigen zurück und bemühte mich entsprechend lebendiger zu predigen. Der Erfolg blieb jedoch derselbe: Lautes, ausgiebiges, richtig unverschämtes Gähnen in der Runde. Ich habe mir den Kopf darüber zerbrochen, was zu tun sei, um diesen Zustand zu ändern, bis mir ein alter erfahrener Missionar sagte: „Weißt du denn nicht, dass das eine ganz natürliche Abwehrreaktion des Körpers ist? Dies Gähnen ist keineswegs ein tadelndes oder abfälliges Urteil über deine Predigtweise, sondern ein klares Zeichen dafür, dass die Predigt ankommt."

Gottes Wort greift in einer Weise an, die wir uns gar nicht vorstellen können. Gottes Wort greift physisch an! Das geht sogar so weit, dass die Heiden, Zauberinnen usw. körperliches Unbehagen, ja physischen Schmerz empfinden, wenn Gottes Wort sie trifft. So ist auch dieses laute Gähnen eine Abwehrreaktion der betreffenden Heiden aus dem Unterbewußtsein, die aufgeschreckten Ahnen sagen ihnen, dass sie so reagieren müssen. Wenn also jetzt jemand gähnt, weiß ich, dass ich auf dem richtigen Weg bin, denn „das Wort Gottes ist lebendig und kräftig und schärfer denn kein zweischneidig Schwert und dringet durch, bis dass es scheidet Seele und Geist, auch Mark und Bein, und ist ein Richter der Gedanken und Sinne des Herzens. Und keine Kreatur ist vor ihm unsichtbar, es ist aber alles bloß und entdeckt vor seinen Augen, von dem reden wir!"

Wir haben dort in Umngeni auch Zugang zum Kral einer Zauberin erhalten. Sie sagte mir eines Tages beim Abschied: „Ich würde gerne zum Gottesdienst in deine Gemeinden nach Nini oder Enhlanhleni kommen; aber jedesmal, wenn ich mir das vorgenommen habe und losgehen will, werde ich krank. Und zwar werde ich so krank, schon am frühen Sonntagmorgen, dass ich nicht aufstehen kann. Das dauert den ganzen Tag. Am Montagmorgen ist alles wieder verflogen, und ich bin gesund." „Nisikhulekele! Betet für uns. Kommt wieder. Verlasst uns nicht. Hört nicht auf, uns von Jesus zu erzählen." Es hat lange gedauert, aber dann hat sie es doch geschafft. Ich werde nie ihr glückliches Gesicht vergessen, als sie als eine der ersten aus dem Bus steigt und mir zuruft: „Sengidlulile! Ich bin hindurch!“ Das war an einem Sonntagmorgen, 7. November 1971. Es war ein sehr schöner Tag. Wir haben zum ersten Mal das Missionsfest mitten in Pomeroy gefeiert. Den Platz stellte uns einer meiner Moslemfreunde zur Verfügung, Mr. Docrat. Wir verstehen uns ausgezeichnet und achten einander. Er ist sehr zuvorkommend und hilfsbereit.

Bei einem Abendessen, zu dem er mich eingeladen hatte – „sorry, no ladies“ – war das alles besprochen worden. Als ich mich kurz vor 20.00 Uhr verabschieden will, weil ihre Gebetsstunde beginnt, wehren die Docrats ab: „Please stay, don’t rush! Wir werden das Abendgebet später nachholen. Erzähl uns von deiner Kirche, von Deutschland, von Europa. Wir waren in Mekka und haben Bombay gesehen.“ Und so sitzen wir Männer lange zusammen in dieser Nacht; und ich erfahre viel aus ihrer Welt und vom Islam und höre aufmerksam zu. Die Frauen bedienen uns und huschen scheu mit Köstlichkeiten und Coca Cola hinein und schnell wieder hinaus. Auch von ihnen geht Freundlichkeit und Interesse aus. Die vier Brüder Docrat, die mit ihren Familien in einem großen weitläufigen Haus wohnen, fragen mich nach der Lutherischen Kirche und nach meinem Hintergrund. Beim Abschied heißt es: „Come again. You’re welcome here. Nice evening. Very interesting. We are glad to help you.“

Und geholfen haben sie sehr bei den Vorbereitungen zum Missionsfest auf ihrem Grundstück neben dem Tearoom. Sie haben ein Fuhrunternehmen und schickten die Busse unentgeltlich in die Lokation, um die Heiden zu holen, und die sind gerne eingestiegen und gekommen, und es kostet keinen Cent! Wonderful! Während des Missionsfestes saßen die Docrats in ihren Autos nahebei mit ihren Kindern und hörten sehr genau zu. Es war ein wunderschönes Fest. Und für mich ging ein Traum in Erfüllung. So hatte ich mir Missionsfeste immer vorgestellt.

Etwa 300 Leute sind zusammengekommen, viele Heiden und Christen. Dekan Isashar Dube, Missionar Wilhelm Weber, Seminarleiter John Shabangu, Pastor Ernst-August Albers und ich hielten jeweils kurze Predigten. Zwischendurch sangen Chöre, und die Posaunen riefen mehr und mehr Leute heran. Die englische Predigt für die Inder und Mischlinge von

Pastor Albers wird vom Lehrer Solomon Nyandeni sofort ins Zulu übersetzt. Nach dem langen Gottesdienst essen wir mit der großen Festgemeinde eine ganz Kuh auf, die ich vorher beim freundlichen Nachbarfarmer Fritz Mueller schießen durfte, und am späten Nachmittag fahren und gehen alle fröhlich wieder nach Hause. Wenig später kam die überraschende Versetzung nach Pongola.

5. KAPITEL

„Gott helfe uns, wie er unsern Vorfahren geholfen hat
und unsern Nachkommen auch helfen wird.
Denn wir sind es doch nicht,
die da könnten die Kirche erhalten.
Unsere Vorfahren sind es auch nicht gewesen;
unsere Nachfahren werden's auch nicht sein.
Sondern der ist's gewesen, ist's noch, wird's sein,
der da spricht: ‚Ich bin bei euch bis an der Welt Ende.'
Unser lieber Herr Christus sei und bleibe unser
lieber Herr Christus, gelobet in Ewigkeit. Amen."

- Martin Luther -

NEUANFANG IN PONGOLA – SWAZILANDGRENZE

Ich hatte mal ganz am Anfang geglaubt, weil ich so total von mir selbst überzeugt war: Ganze Kapitel der Missions- und Kirchengeschichte müssen neu geschrieben werden, „because Tiedemann has arrived". Ich bin dann schnell davon geheilt worden. Die tägliche Praxis hat eine wunderbare therapeutische Wirkung. Ich erinnere mich an den Neuanfang in Itshelejuba im Pongola-Gebiet. Wir waren mit allen Mitarbeitern, Pastoren, Evangelisten zusammengekommen, und ich übernahm die Führung. Ich stellte mich also vor die Versammlung und erklärte in mangelhaftem Zulu die Sicht der Dinge.

Ich sagte u. a. etwa folgendes: Also, Leute hört mal alle her: Ihr Pastoren kümmert Euch um die Gemeindeglieder, um die Kinder und Konfirmanden. Ihr Evangelisten geht zu den Alten und Kranken. Und ich fahre zu den Außenstellen und kümmere mich um die Ausbreitungs- und Missionsarbeit, denn ich habe das Auto, und ich habe den Führerschein, und ich bin hier der Missionar. Während ich noch so tönte und vollmundig ihnen mein stümperhaftes Zulu zumutete, begann vorne in der ersten Reihe Pastor Johannes Khumalo die Backen aufzublasen. Erst noch ganz dezent, und dann immer mehr und immer dicker, deutlicher und durchdringender:

Pheeeeuw. Pheeeeuwwwww. PPHHEEEEEEEEEUUUUUUUWWWW.

Als ich dann schließlich etwas irritiert innehielt und endlich meinen Mund zumachte, sagte er ganz ruhig in die entstehende Stille: „Konje, uyacabanga yini ukuthi ..." Ob ich denn der Meinung sei, dass nur ich diese Arbeit tun könne? Da seien doch auch andere hier im Raum, die Gottes Wort weitersagen und weitertragen ... und: Pfffffffffffffffftt ging bei mir die Luft raus wie aus einem aufgeblasenen Ballon, dem ich nicht unähnlich sah. Ich habe das nie wieder getan! Und so deflated (entlüftet) und vergleichsweise bescheidener wurde ich schließlich akzeptiert, und es begann eine wunderbare Zusammenarbeit, wo wir voneinander gelernt haben und aneinander gewachsen sind.

BERICHT ÜBER POSAUNENFEST UND JUGENDTAG DER DEUTSCHEN SCHWESTERKIRCHE FELSISA

aus A Berichte O Nr. 5, September-Oktober 1973

Schon am Vortag bei der Hinfahrt merkt man in Südafrika, dass Posaunenfest und Jugendtag der Freien Synode vor der Tür stehen. Unterwegs auf den langen, schier endlosen Straßen trifft man Leute, die auch nach Kirchdorf (nahe Pietermaritzburg) fahren. Man winkt sich zu, und die Vorfreude wächst. Aus allen Teilen Natals und Transvaals bringen die Autos ihre Besitzer zum jährlichen größten Ereignis unserer Kirche.

Nach liebevoller, fürsorglicher Aufnahme in den Quartieren und erquickendem Schlaf fahren wir erwartungsvoll zum Festplatz. Vor der Kirche der eindrucksvolle Chor, bei dem vor allem auch junge und jüngste Bläser überraschen. Es erklingen die herrlichen, so vertrauten Sätze alter und ältester Meister. Man sieht und begrüßt viele Bekannte, erkundigt sich artig nach ihrem Wohlbefinden, wird gesehen und freut sich an der Gemeinschaft. Es ist ein sonniger, aber kalter Morgen, der frische Wind treibt viele zurück zu den Autos, um sich mit Mänteln und Pullovern zu versehen. Einige Überängstliche (oder Kleingläubige) wissen bereits, dass es regnen wird.

Alle diese Sorgen werden aber gegenstandslos, als wir mit einer großen Gemeinde in der Kirche sitzen und stille werden unter Gottes Wort. Der Gottesdienst führt uns dann sehr schnell an die Quelle aller kirchlichen Feste. Es predigt der Bischof der Lutherischen Kirche im Südlichen Afrika, Georg Schulz, über Apg. 2,47: „Sie lobten Gott und hatten Gnade bei dem ganzen Volk. Der Herr aber tat hinzu täglich, die da selig wurden, zu der Gemeinde." Wir hören aus Gottes Wort von unserer Bestimmung als Christen: An einem Posaunenfest können wir unsere Aufgabe mit einem Begriff aus der Musik umschreiben: Dreiklang. Unser Leben als Christen wird von drei Dingen bestimmt, die wie ein Dreiklang klingen müssen: Es ist das stete Gotteslob in unsern Gottesdiensten und in unserm ganzen Leben; es ist das Leben aus der Gnade Gottes; und es ist die Bereitschaft zum Dienst am Evangelium. Diese drei Dinge sollen dein und mein Leben bestimmen. Leben wir in diesen drei Dingen und leben wir für sie, dann sind auch die Posaunenklänge an diesem Tag ein Zeichen dafür, dass sich hier eine Gemeinde versammelt hat, die in einem steten Gotteslob bleiben will, die nur aus der Gnade leben will und die bereit ist, das Evangelium auszurufen und weiterzutragen, weil Gott Menschen retten will.

Es ist etwas Großes, wenn Gott uns in dieser Erkenntnis durch sein Wort erhalten will. Dadurch erhält er uns auch in der großen Freude am Evangelium und lässt uns erkennen, wie reich wir durch ihn geworden sind. Und dann nimmt uns die Musik wieder gefangen, die vom Gesamtchor und den acht Einzelchören zu Gehör gebracht wird. Die Nachmittagssfeier findet im Freien statt. Es ist ein sehr schöner sonniger Nachmittag. Die Bläser unter der bewährten Leitung ihres Dirigenten Herrn Chris Johannes sitzen etwas „erniedrigt" im Schatten des größten Baumes in Kirchdorf. Weithin über das stille, etwas verträumte Dorf erschallen die Chorsätze. Zwischendurch hören wir aus einem informativen, ausführlichen Vortrag von Herrn Hugo Wiechmannn etwas über die Entwicklung der Blasinstrumente. Er übernimmt dann auch zeitweilig die Leitung des Chores.

Wenn einer der Einzelchöre bläst, verfolgt jedesmal ein großer Teil der andern Bläser aufmerksam die Noten des Vortragsstückes. Richtig erleben und feiern kann man ein Posaunenfest wohl auch nur als Bläser. Mit welcher Freude tragen langjährige Posaunenchormitglieder ihre Medaillen! Auf dem Programm des 44. Posaunenfestes überwiegen Chorsätze von Johann Sebastian Bach. Leider scheint der Schriftsetzer mit der lateinischen und deutschen Sprache etwas auf dem Kriegsfuß zu stehen. Das tut aber der allgemeinen Freude an der musica sacra keinen Abbruch. Bis in den späten Nachmittag hinein wird verkündigend und lobpreisend das „neue Lied" gesungen und geblasen. Dank sei Gott in der Höhe für diesen schönen Tag. Herr Pastor E.-H. Schwacke hält eine kurze Schlussansprache und mit den Schlußchorälen klingt dieser erste Tag aus. Am Abend versammeln sich viele bei einem Konzert der Pretoria-Jugend im Gemeindesaal, wo bei Laienspiel und Musik herzhaft gelacht wird.

Auch der zweite Tag beginnt in der Kirche mit einer Morgenandacht, gehalten von Herrn Missionar M. Nietzke. Wir hören Gottes Wort aus Jes. 63,1: „Wer ist der, so von Edom kommt, mit rötlichen Kleidern von Bozra?, der so geschmückt ist in seinen Kleidern und einhertritt in seiner großen Kraft? Ich bin's, der Gerechtigkeit lehrt und ein Meister ist zu helfen." Es ist ein eigenartiger Text mit einer bemerkenswerten Auslegung. Solch einen Mann, solch einen Helfer haben wir nötig in unserm Leben, wird uns zugerufen. Verzagte, Mutlose und Verzweifelte, die am Ende sind mit ihrer Kunst zu helfen, brauchen ihn. Menschen sind keine Meister im Helfen. Es gibt zwar Meister im Handwerk und in der Kunst, aber im Helfen ist keiner Meister außer dem Einen. Fragst du, wer er ist? Der Helfer und Heiland ist der, von welchem unser Textwort redet: Ich bin's, der ein Meister ist zu helfen.

Die Freude über diesen Mann, der helfen kann, bei dem nie was verdorben, klingt aus dem jauchzenden, fröhlichen Singen, das als Antwort auf die Ansprache folgt. Ein großer Chor von ca. 150 Sängern und Sängerinnen steht dichtgedrängt im Altarraum des Kirchdorfer Gotteshauses. „Gedränge am Altar ist schön," sagt jemand neben mir. Es ist, als ob der Chor von seinen eigenen Stimmen getragen wird. Dieser jugendliche Chor, geleitet von Herrn Lutz Kohrs, singt mit einer Klarheit und Frische, dass alle Morgenmuffeligkeit, alle Traurigkeit und Sorgen wie weggeblasen sind. Diese Stimmen tragen Freude in sich. Man darf von Herzen dankbar sein für diesen Chor.

Nach dem Gottesdienst werden Volkslieder in der Gemeindehalle gesungen. Volkslieder des Posaunenchores rufen nach der Mittagspause auf den Sportplatz, wo bald ein für den Laien verwirrendes Durcheinander von verschiedenen Gruppen in ernsthaften, schweißtreibenden Wettkämpfen um Siegerehren ringt. Den Wettlauf machen die Kirchdorfer (Mädchen) und Lüneburger (Jungen) unter sich aus, während bei den Ballspielen die Pretorianer an der Spitze liegen. Wittenberg gewinnt allerdings auch eines der Ballspiele und ist dann unbestrittener und verdienter Sieger bei dem letzten sportlichen Ereignis des Tages, dem Tauziehen. Die Schlussandacht in der Kirche, bei der Herr Pastor E. Schroeder die Ansprache über 1. Petr. 4,10f hält, stellt auch das Ende dieses Tages unter Gottes Wort. Wir hören, dass unsere geistigen, geistlichen und körperlichen Begabungen uns von Gott gegeben wurden, um dem Nächsten damit zu dienen und Gott dadurch zu verherrlichen.

PONGOLA – SWAZILANDGRENZE, 3. DEZEMBER 1974

Sehr, verehrter, lieber Herr Missionsdirektor,
leider komme ich erst heute dazu, Ihnen diese Zeilen zu schicken. Es ist jeden Tag sehr heiß und drückend, und ich muss mich jedesmal lange und anhaltend ermuntern, bevor ich mich an den Schreibtisch setze, und dann kommt auch noch nicht viel dabei heraus, wie Sie sehen.

Ich habe in der Zwischenzeit mit den Gottesdiensten für die Europäer hier in Pongola begonnen, die mich darum gebeten hatten, und der erste Gottesdienst übertraf all unsere Erwartungen. Es kamen über 50 Leute: Lutheraner, Katholiken, Methodisten, Anglikaner, Presbyterianer, Reformierte, Juden und Heiden! Ich habe einen 33-jährigen jungen Mann aus England getauft, David Frank Courtney, den ich vorher im Katechismus unterrichtet hatte. Das war zwei Tage vor seinem 34. Geburtstag am 24. November 1974. Seine Frau Jenny ist Jüdin, und sie ist sich noch nicht sicher, ob sie und ihr kleines Kind sich nicht auch taufen lassen wollen. Sie möchte noch ein wenig warten, hat sie mir gesagt.

Das Singen im Gottesdienst ging ausgezeichnet, wider Erwarten. Ian Goss, ein Farmer und Jäger, saß an der kleinen Hausorgel und hat die Gesänge begleitet. Wir haben zunächst nur sehr wenig Liturgie, aber das wird sich nach und nach ändern. Ich habe alles in Englisch gemacht. Das ist die Sprache, die uns alle verbindet. Gepredigt habe ich den Text, den Sie bei Ihrem Besuch in Ncotshane ausgelegt haben: Christus spricht: „Wer zu mir kommt, den werde ich nicht hinausstoßen." Das Echo hat mein Herz erfreut. Die erste Kollekte war für die Gesangbücher (Lutherische Kirche Australien) von Rudi Schwacke 35,65 Rand. In der folgenden Woche bekam ich einen Scheck von einem reformierten Gemeindeglied über 100 Rand, damit ich mehr Bücher kaufen kann. „Jeder muss ein Gesangbuch haben," sagte er mir.

Inzwischen haben sich noch eine ganze Reihe von andern Leuten, die mir völlig fremd sind, nach dem Gottesdienst erkundigt. Am 15. Dezember abends um 19.00 Uhr wird der nächste sein. Ein Lutheraner aus Rhodesien, der hier in Pongola wohnt, mit dem schönen Namen Tischendorf (englischsprechend) hat mich gebeten, sein zehn Monate altes Kindlein zu taufen, und will sich dann anschließen. Es ist wie ein Wunder. Wir bekommen für unsere Gottesdienste eine kleine Kirche bei der Zuckermühle zur Verfügung gestellt, die extra für Leute und Gemeinden gebaut wurde, die keinen Gottesdienstraum haben. In der Weise sind wir in Pongola sehr fortschrittlich. Ich glaube, dass ich Ihnen die Kapelle auch kurz gezeigt habe. Wir müssen nun abwarten, was sich daraus entwickelt. Ich werde nichts forcieren, wie ich mir diese Arbeit ja auch nicht gesucht habe, sie ist mir vor die Füße gelegt worden.

Ich habe den Eindruck, dass vieles für die Leute neu und ungewohnt, aber wichtig ist. Der junge Mann, den ich taufen durfte, wählte den Taufnamen David, „weil der auch so hin- und hergerissen war“, bevor er zur Ruhe kam. Es war erstaunlich und ein unvergessliches Erlebnis, wie dieser Mensch, der sein Leben lang nichts mit der Kirche zu tun gehabt hat, den Katechismus Luthers auf- und annahm. Ich habe mit der Geschichte vom Kämmerer aus dem Mohrenland angefangen, und als wir dann bei Luther's Erklärung zum dritten Artikel waren: „I believe that I cannot by my own reason or strength believe in Jesus Christ, my Lord, or come to Him; but the Holy Ghost has called me by the Gospel, enlightened me with His gifts, sanctified and kept me in the true faith; even as He calls, gathers, enlightens, and sanctifies the whole Christian Church on earth and keeps it with Jesus Christ in the one true faith; in which Christian Church He daily and richly forgives all sins to me and all believers, and will at the Last Day raise up me and all the dead, and give unto me and all believers in Christ eternal life. This is most certainly true.“ Da sagte er zwischendurch: „Yes.“ Nur immer wieder dies eine Wort. „Yes.“

Seine Taufe war Tagesgespräch hier in Pongola. Er sagte mir: „Seitdem du mit mir gesprochen hattest damals vor neun Monaten, hat etwas bei mir angeklopft, und dann habe ich einfach aufgemacht, und ich weiß auch, ich muss jetzt getauft werden.“ Es war ganz eigenartig. Ich war eines Abends nochmal zu ihm hingefahren, weil ich zu Hause irgendwie kribbelig und unruhig war. Ich hatte ihn ja seit der ersten Begegnung am Anfang des Jahres nicht wieder gesehen, und er machte seine Tür weit auf und sagte nur: „Kurt, come in. I've been waiting for you." Es wurde ein gutes Gespräch. Er hätte sich auch in einer meiner schwarzen Gemeinden taufen lassen, wenn wir sonst keine Gelegenheit gehabt hätten.

Ich bin dabei, Dia-Serien, Berichte und Predigten für Deutschland zusammenzustellen, und habe – gelinde gesagt – etwas Angst vorm Deutschlandaufenthalt. Was ich da immer berichten und sagen soll, weiß ich auch nicht. Ich möchte Sie herzlich bitten, mir den zusammenfassenden Bericht für die Epiphanias-Handreichung zu erlassen, weil ich dann in Deutschland nur bereits Veröffentlichtes wiederholen müsste (Sie nannten das „Pulver verschießen", als wir darüber sprachen). Ich schicke Ihnen einige von den neuesten Bildern mit, die gerade heute gekommen sind. Ich habe jeweils auf der Rückseite kurz vermerkt, worum es geht. Es grüßt Sie und Ihre liebe Frau herzlich in der Liebe Christi Ihr KGT.

Agnes Bjerg ursprünglich aus Aarhus in Dänemark kommt und fragt mich eines Tages: „Kurt, kannst du bitte meinen Henry beerdigen?" „Natürlich kann ich, und natürlich will ich." Henry und ich waren befreundet gewesen. Er war ein furchtbar interessanter Mensch, er wusste sehr viel über alles, konnte alles reparieren, hatte einen Eisenwarenladen hier bei uns in Pongola, und er konnte unheimlich gut schießen, he was a crack shot, wie man sagt, hatte viele Preise gewonnen beim Bisley-Shoot. Er kam ganz plötzlich zum Sterben, was es genau war, wissen wir gar nicht.

Zu seiner Beerdigung kam das ganze Dorf, denn er hatte vielen immer wieder geholfen und war zu einer Institution geworden. Ich bekam sofort eine der reformierten Kirchen zur Verfügung gestellt. Mein Freund Chris Coetzee, Sendeling (Missionar) der Gereformeerde Kerk, sorgte dafür. Wir fanden auch einen Organisten, und eine Solistin sang ein Ave Maria. Ganz Pongola saß in der Kirche. An dem Tag haben wir viele Sprachen gesprochen. English und Afrikaans, Dänish und Deutsch. Es war ein guter Zusammenhalt, eine wohltuende Gemeinschaft. Einige Tage nach Henry's Beerdigung kam seine Witwe Agnes, bedankte sich und schenkte mir

Henry's Lieblingsgewehr, eine .22 Remington, und seine Schießjacke mit selbst angefertigten Haken etc. für die Befestigung des Gewehrriemens, geniale Konstruktion!

Die flache rechteckige Urne mit Henry's Asche hatte sie oben auf dem Büfett in der Stube stehen, bis die Auflösung des Haushaltes, die Versteigerung des Ladens und alles abgeschlossen war. Die Leute haben bei der Versteigerung manchmal mehr geboten, als die Sachen wert waren, weil Agnes und Henry so beliebt waren, und weil Agnes jetzt eine Witwe ist. Sie ging dann zurück nach Aarhus, in den Norden Dänemarks, und nahm die Urne mit, und Rike und ich haben sie später dort auch besucht.

REISEBERICHT DES MISSIONSDIREKTORS FRIEDR. WILH. HOPF, MISSIONSBLATT NR. 5, MAI 1975

Teil VII: Zum dritten Mal in Südafrika.

Schon am nächsten Morgen lagen neue Aufgaben und Eindrücke vor uns. Missionar Kurt-Günter Tiedemann holte uns ab nach Pongola (Sonnabend, 14. September 1974), wohin der Sitz des Missionars von Itshelejuba vor einigen Jahren verlegt worden ist, weil sich die Schwerpunkte der Arbeit für ihn verlagert haben infolge vieler Umsiedlungen, aber auch weil Pongola durch Anbau und Verarbeitung von Zitrusfrüchten, Zuckerrohr und Baumwolle große Arbeitsmöglichkeiten für schwarze Afrikaner bietet, die von sich aus dorthin streben, unter ihnen eine große Zahl von Gemeindegliedern unserer Kirche aus den Farmgebieten. Ehe wir die Fahrt dorthin machten, war in Piet Retief noch Gelegenheit zu einem kurzen Abschiedsbesuch bei unserm ehrwürdigen Altsuperintendenten Christoph Johannes. Der Weg nach Pongola führte über Itshelejuba, wo wir uns diesmal nicht aufhalten konnten.

In lebhafter Unterhaltung schildert uns Missionar Tiedemann Lage und Aufgaben in dem durch Umsiedlungen ins Homeland entstandenen Arbeitsgebiet, mit ganz neuen Stützpunkten. Überall geht es um zu errichtende Bauten – teils sind sie schon fertig, teils erst halbfertig, teils geplant. Was wir hörten und sahen, macht auf uns überall den Eindruck einer frischen und fröhlichen Vorwärtsbewegung. Zwischen Itshelejuba und Pongola machten wir Halt in Mzinsangu bei der inzwischen fertiggebauten und am Sonntag Palmarum 1975 eingeweihten Kirche, 12 km von Itshelejuba entfernt. Damals war sie noch im Bau.

Die Finanzierung wurde möglich durch den Verkauf von Kleiderspenden aus Deutschland, nach denen die Nachfrage immer groß und der Ertrag hier wie bei anderen unsrer Sendboten beachtlich ist. Die geräumige Kirche ist das Gotteshaus für eine ständig wachsende Gemeinde. Sie wächst sowohl durch Taufen von Heiden als auch durch starken Zuzug aus andern Gemeinden. Wir hörten von anderen Orten, für die Kapellenbauten geplant sind und die ein großes Hinterland mit vielen Heiden haben.

Pongola selbst ist ein Europäerdorf mit etwa 2000 Einwohnern sozusagen „aus aller Herren Ländern". Daneben liegt als Lokation das Bantudorf Ncotshane, das verwaltungsmäßig zum schwarzen Gebiet von Kwa-Zulu gehört. Geplant ist diese Siedlung für 60 000 schwarze Afrikaner. Die Gemeinde unsrer Lutherischen Kirche im Südlichen Afrika zählt jetzt schon 430 Seelen und gilt als die größte am Ort. Von 13 projektierten Kirchbauplätzen auf dem Bebauungsplan der Stadt sind unserer Kirche zwei zugesprochen, so dass in absehbarer Zeit ein zweites Gotteshaus in dem weiträumigen Stadtgebiet errichtet werden kann.

Die große Kirche, die jetzt schon vorhanden ist, wurde nach langen Vorbereitungen vor einigen Jahren gebaut, nachdem eine Sonderaktion der Zionsgemeinde in Hamburg die Finanzierung möglich gemacht hatte. Dort erlebten wir am 15. September den stark besuchten Gottesdienst, in dem ich über Apg. 18,9b–10 predigte vom Zuspruch des lebendigen Herrn an den heiligen Apostel Paulus in Korinth: „Fürchte dich nicht, sondern rede und schweige nicht! Denn ich bin mit dir, und niemand soll sich unterstehen, dir zu schaden; denn ich habe ein großes Volk in dieser Stadt."

Nach der Predigt sprach der am Ort im Ruhestand lebende Zulu-Pastor Moses Thwala noch ein Grußwort im Anschluss an Mt. 6,25–26. Es war das Wort eines Alten, der die gute Tradition der Zulu-Gemeinde Salem, aus der viele Gemeindeglieder stammen, auch am neuen Ort und unter veränderten Verhältnissen erhalten möchte. „Uns wurde sehr geholfen durch die Predigt: Fürchte dich nicht, sondern rede und schweige nicht! Wir fürchten uns leicht. Auch wir Pastoren fangen an uns zu fürchten. Ich habe Angst, wenn ich sehe, dass die Alten dahingehen und die Jungen nachrücken müssen. Eine große Arbeit liegt vor uns. Es sind auch viele junge Männer hier. Aber ich muss weinen, wenn ich höre, dass viele sagen: Wir gehen nicht nach Enhlanhleni ins Seminar, denn die Kirche gibt uns nur wenig Geld. Aber wir sollen nicht den Dingen dieser Welt dienen, sondern dem Herrn."

Der Gottesdienst erreichte auch hier seinen Höhepunkt im Heiligen Altarsakrament. Zusammen mit 63 Kommunikanten empfingen wir Leib und Blut unseres Herrn. Die durchschnittliche Zahl der Abendmahlsgäste in Ncotshane ist 60 bis 70. Der Besuch der Gottesdienste ist gut, auch wenn der Missionar nicht selbst anwesend sein kann und von Helfern aus der Gemeinde vertreten werden muss. Da die Männer nicht zur Arbeit in entfernte Städte fahren müssen, sind auch sie hier viel stärker beteiligt als in vielen anderen Gemeinden.

Von 28 Konfirmanden sind zwei Drittel Jungen. Die Jugend sammelt sich in zwei Singchören und im Posaunenchor, der oft auch nach Zululand mitfährt, um den Missionsdienst dort zu unterstützen (vgl. das Titelbild dieser Missionsblatt Nr.). Einen kleinen Einblick in diesen Zweig der vielseitigen Arbeit unseres Pongola-Missionars bekamen wir am nächsten Tag (Montag, 16. Sept. 1974), als wir ihn auf einer vielstündigen Fahrt zur Heidenpredigt ins Zululand begleiteten und dort eine kleine Gemeinde trafen, zu der außer den Kindern nur 15 Seelen gehören. Unter ihnen trafen wir einen vom alten Missionar Weber getauften Mann, dessen Mutter mich in Erinnerung an meinen Besuch vor 18 Jahren in Itshelejuba wiedererkannte. Sie war anfangs das einzige Glied unserer Kirche an diesem Ort.

Jetzt kommen außer der kleinen Gemeinde immer auch Heiden und Sektenleute zur Predigt. Missionar Tiedemann legte das „teuerwerte Wort" vom Kommen des Sünderheilandes aus (1 Tim. 1,15), ich selbst das Herrenwort: „Wer zu mir kommt, den werde ich nicht hinausstoßen"

(Joh. 6,37). Leider reichten Zeit und Kraft nicht aus, eine weitere Tagesfahrt nach Zululand zu unternehmen, wo wir hätten beobachten können, wie der Dienst an Kirchgliedern in der Diaspora sich mit der Arbeit unter Heiden verbindet.

Stattdessen brachte mir der Dienstag, 17. Sept. 1974, eine Begegnung, um die ich ausdrücklich gebeten hatte und auf die ich mich schon lange gefreut hatte. Ich wollte jenen Zuluhäuptling im Itshelejuba-Gebiet wiedersehen, auf desssen Kral ich 1956 und 1966 gepredigt habe und der inzwischen von Missionar Dammann getauft worden ist. Wir fuhren nach Itshelejuba, um den zuständigen Gemeindepastor Joh. Khumalo mitzunehmen.

Unterwegs stieg auch noch der alte Evangelist Joh. Dlamini in unser Auto, der jetzt im Ruhestand in der Nähe von Itshelejuba lebt. Er hat seinerzeit die Arbeit in Dwarsrand angefangen (1949) und dort viele Jahre in großer Treue und unter vielen Anfechtungen trotz schwerer Krankheitsnöte ausgehalten. Er war mir als allezeit fröhlicher Kreuzträger unvergesslich geworden.

Wir kamen zu viert – die beiden schwarzen Brüder, Missionar Tiedemann und ich – nach Manyandeni zum Kral des Häuptlings Mkunjini, der mich als alten Bekannten herzlich begrüßte und in eine seiner vielen Hütten führte. Er sprach sofort von meinem letzten Besuch vor acht Jahren und meiner damals von mir ausgesprochenen Hoffnung auf seine Taufe. „Und nun bin ich getauft."

Zusammen mit ihm und anderen von seinem Kral hielten wir eine Andacht, bei der ich an die Predigttexte meiner früheren Besuche erinnerte. 1956 saßen wir mit einer großen Gruppe von Hörern im Freien. Missionar Weber hatte Christen aus der Itshelejuba-Gemeinde mitgebracht. Außer einer Häuptlingsfrau waren auf dem großen Kral damals noch alle Frauen und Kinder Heiden. Ich predigte über Mark. 1,15: „Die Zeit ist erfüllt, und das Reich Gottes ist herbeigekommen. Tut Buße und glaubt an das Evangelium." 1966 saßen wir in einer Hütte des Häuptlings. Außer dem damaligen Itshelejuba-Missionar E. Dammann war auch sein Vorgänger W. Weber mitgekommen. Mein Text war die Zachäus-Geschichte (Luk. 19) mit dem Wort des Herrn: „Ich muss heute in deinem Hause einkehren!"

Hinterher gab es damals ein langes Gespräch mit dem Mann, dessen Frauen und Kinder inzwischen zum größten Teil getauft worden waren. Er sprach offen darüber, dass wohl auch für ihn der Tag kommen würde, an dem es ihm ginge wie Zachäus. Aber noch war es nicht soweit. Erst nach Jahr und Tag fiel seine Entscheidung unter dem Eindruck des Todes einer seiner christlichen Frauen. Und dann verging noch eine lange Zeit, bis Missionar Dammann ihn taufen konnte. Wir haben damals im Missionsblatt darüber berichtet (1972, Nr. 5, S. 109).

Diesmal wählte ich den Text Joh. 6,67–69, die Frage Jesu: „Wollt ihr auch weggehen?" und die Gegenfrage als Antwort: „Herr, wohin sollen wir gehen? Du hast Worte des ewigen Lebens ...!" Unser Gespräch betraf selbstverständlich den Fortgang der Arbeit hier. Pastor Khumalo bedient den Kral regelmäßig mit Wort und Sakrament. Aber die Hoffnung, dass dem Häuptling viele folgen werden, hat sich bisher nicht erfüllt. Er meint: „Die Menschen gehen zuerst vorwärts und stehen dann still. Dann gehen die einen zurück, einige kommen dann doch noch."

Der im Dienst am Evangelium ergraute Dlamini fügt hinzu: „Wo gesät wird, wird es wachsen." Und Pastor Khumalo gibt der Hoffnung Ausdruck, dass hier – mitten im Stamm des Häuptlings – einst noch eine Kirche gebaut werden wird. Unser weiteres Gespräch wird gehemmt durch Erwägungen über einen gerade in der Nähe eingetretenen Todesfall. Der Häuptling sagt beim Abschied: „Unser Trost ist, dass wir zusammenkommen werden mit denen, die uns vorangegangen sind."

Auf der Rückfahrt über Itshelejuba folgt der Abschied von unsern beiden Begleitern, Pastor Khumalo und Evangelist Dlamini, die mir Grüße auftragen an die in Deutschland, die früher bei ihnen gearbeitet haben und unvergessen sind: Schwester Ruth Bauseneick, Missionar Junker, Herr Wittenberg. Dlamini fügt hinzu: „Grüße an die Unbekannten drüben in Deutschland", und meint: „Wir sehen uns wohl heute zum letztenmal."

Der Abend dieses letzten Tages in Pongola (17. Sept.) brachte mir noch eine wertvolle Begegnung. Zusammen mit Missionar Tiedemann besuchte ich den Lehrer Samuweli W. Lukhele, der viele Jahre in Salem an der dortigen Schule tätig war und jetzt in Pongola im Ruhestand ein schönes Haus bewohnt, von dem er sagt: „Es ist uns von Gott geschenkt." Unser Gespräch begann mit der Erinnerung an meinen ersten Besuch 1956 in Salem, als Superintendent Johannes – damals schon siebzigjährig – noch voll in der Arbeit stand und der Lehrer mit seinen Schulkindern mir zur Begrüßung vor dem Missionarshaus Lieder sang.

Dann kamen wir sehr bald auf das Thema „Selbständigkeit der Jungen Kirche" und die damit eng verbundenen Geldfragen. Lukhele vertrat ausdrücklich die Meinung: „Denen, die uns leiten – er meinte die schwarzen Pastoren und Evangelisten – müssen die Augen geöffnet werden. Unsere Alten sagten zum Wort der Weißen einfach ‚Ja' (yebo). Es wurden von ihnen keine selbständigen Gedanken geäußert und gedacht. Was wir brauchen, ist die Anhebung des Standards der schulischen Vorbildung für die Ausbildung am Seminar in Enhlanhleni."

Lukhele führte als Beispiel eine andere Missionskirche an, in der man zuerst jedermann auch ohne besondere Vorbildung ausbildete, dann 8 Volksschuljahre verlangte, später 10 Schuljahre, bis man ein Examen verlangte, das der Mittleren Reife entspricht, und zuletzt das Abitur (Matric) zur Voraussetzung der Aufnahme ins Seminar machte. „Das nimmt Zeit, es ist aber der einzige Weg, der vorwärtsführt."

Nun folgte meine Frage, ob nach dem Urteil dieses erfahrenen Schulmannes auch in Zukunft noch weiße Missionare für den Dienst in der Kirche nötig sind. Lukhele antwortete: „Ja, wir brauchen sie, solange noch Weiße nötig sind für die leitenden Posten (wobei er sicher nicht nur an bestimmte Ämter denkt). Wir brauchen sie, weil unsere Leute die Augen noch nicht öffnen." Als Beispiel führt er den Dienst von Missionar Tiedemann an, von dessen Mitarbeitern er sagt: „Er muss mit Leuten arbeiten, die die Augen noch nicht öffnen können", und fügt dann hinzu: „Dann, wenn die Augen unserer Gemeinden und ihrer Leiter einmal wirklich geöffnet sind, brauchen wir keine weißen Missionare mehr, und auch kein Geld von Übersee. Aber noch sind wir nicht so weit."

Das war die klare Schau eines Mannes, der die zielstrebige Afrikanisierung auf dem Gebiet des Schulwesens und in der Selbstverwaltung der sogenannten schwarzen Gebiete vor Augen hat und von daher Rückschlüsse für die kirchliche Entwicklung zieht, ohne dabei zu leugnen, dass für Kirche und Gemeinde auch noch andere Wachstumsgesetze gelten und Lebenszusammenhänge bestehen, die über die Grenzen zwischen Schwarz und Weiß hinausführen. Andere haben dies stärker betont als Lukhele und den Dienst der weißen Missionare verstanden als Tatzeugnis für die Einheit der Kirche, in der es keine Rassenschranke geben darf.

Am nächsten Morgen mussten wir Pongola verlassen (Mittwoch, 18. September 1974). Unser Reiseziel war Enhlanhleni. Missionar Tiedemann brachte uns bis nach Vryheid, wo wir Missionar Stillfried Niebuhr und seine Frau trafen, der uns nach Enhlanhleni fuhr. Auch dieser Reisetag war reich an Gesprächen mit den beiden Brüdern über das in ihren Arbeitsgebieten Erlebte und manche Planung für die Zukunft. Dazu gehört u. a. auch die an Missionar Tiedemann herangetragene Frage und Aufgabe, ob er die Bitte von Europäern in Pongola um seinen seelsorgerlich-missionarischen Dienst erfüllen soll. Inzwischen hat er auch mit diesem Dienst begonnen.

Ein anderes Gesprächsthema ergab sich aus dem seit langem erwogenen Plan und Wunsch, für die Fülle der handwerklichen und bautechnischen Arbeiten einen geeigneten Mann zu gewinnen, der die Missionare wesentlich entlasten und damit für ihre eigentliche Arbeit freimachen könnte. Gerade damals konnte mir Missionar Niebuhr mitteilen, dass sein jüngerer Bruder Edgar einen Teil seiner Zeit und Kraft für diese so dringend nötige Hilfe zur Verfügung stellen wollte (So weit die Aufzeichnungen meines verehrten Lehrers Vater Friedr. Wilh. Hopf).

Vom 3. April 1975 bis 22. Januar 1976 waren wir nach 8 Jahren zum ersten Mal wieder in Deutschland zur Berichterstattung. Wo soll man anfangen, wo soll man aufhören, diese reiche Zeit zu beschreiben?

ABSCHIEDSGRUSS NACH DEM 1. DEUTSCHLAND-AUFENTHALT ZUR BERICHTERSTATTUNG

Der Missionsgemeinde in Deutschland gelten diese Zeilen, mit denen wir uns verabschieden. Die hinter uns liegenden 9 Monate sind uns eine fröhlich machende Stärkung und Hilfe gewesen. Ein langer, schöner und in jeder Beziehung wertvoller Sommer ist zu Ende, und wir sind glücklich, dass wir diese Zeit erleben durften. Ich kann es nicht anders ausdrücken. Wir sind überall, wo wir waren, von einer Welle der Liebe getragen worden, und diese herzliche Verbundenheit und Treue macht frei zu neuem Dienst.

Wir haben den Aufenthalt in Deutschland sehr genossen und freuen uns nach Hause zu kommen zu den vielen schwarzen und weißen Brüdern und Schwestern, die mit uns zusammen auf dem Wege sind. Wir werden berichten von Missionsfesten, Jugendtreffen und Missionsabenden, wir werden berichten von den Begegnungen, die uns so oft Trost und Hilfe gewesen sind, von Fragen und Gesprächen, von Anregungen und Vorschlägen, die weiterhelfen und nachdenkenswert sind. Vor allem werden wir eins sagen: Sie lieben uns, diese Deutschen! Sie lieben uns und unsere Mission! Sie lieben uns und unsere Kirche! Und sie freuen sich mit uns über das Wachsen und Fortschreiten hier in Afrika.

Gott der Herr vergelte Ihnen das und erhalte Ihnen diese Liebe. Gott der Herr segne Sie und Ihre Familien, Ihre Gemeinden und Ihre Kirche! Wir sind überaus reich beschenkt worden, und wir danken von ganzem Herzen.

Wir grüßen Sie alle in der Liebe Christi.

Kurt-Günter und Rike Tiedemann
Bleckmar 16. Januar 1976

PONGOLA, 10. FEBRUAR 1976

Liebe Eltern und Geschwister!
Wir möchten Euch von ganzem Herzen danken. Ich möchte eigentlich gar nichts anderes schreiben, weiß auch gar nichts anderes als dies: Dank für alles. Afrika hat uns wieder ganz. Ich habe am ersten Sonntag nur berichtet in der Gemeinde, und als ich meine liebe Gemeinde wiedersah, konnte ich auch plötzlich wieder fließend Zulu sprechen. Sie haben sich so gefreut uns wiederzuhaben. Ich habe ihnen gesagt, dass ich wieder zu Hause bin. Viele haben allen Ernstes nicht geglaubt, dass wir wiederkommen würden. Um so größer war ihre Freude.

Ich hatte dann gleich nach der Konferenz in Enhlanhleni eine furchtbar schwere Beerdigung zu halten. Ein 18-jähriger junger Mann aus meiner Gemeinde in Ncotshane, der seit drei Jahren nicht mehr zur Kirche gekommen und aus dem Konfirmandenunterricht fortgelaufen war, wurde sonnabends nachts beim Saufen erstochen. Und dann sitzt der Vater vor mir, den sie erst am Dienstagmorgen auf seiner Arbeitsstelle in Johannesburg anrufen konnten, und sagt mir: „Diesen Sohn habe ich am liebsten gehabt, und er ist von zu Hause weggelaufen und hat sich rumgetrieben. Ich habe mich eben, als ich nach Hause kam, mit meinen andern Kindern zusammengesetzt, und dann habe ich sie gefragt: Was lernen wir von unserem toten Sohn und Bruder? Bathula nje. Sie blieben stumm. Da habe ich ihnen das vierte Gebot aufgesagt: Yazisa uyihlo nonyoko ukuba kube kuhle kuwe, uhlale kade emhlabeni. Ehre deinen Vater und deine Mutter, auf dass es dir wohl gehe und du lange lebest auf Erden. Gott der Herr gibt seine Gebote nicht umsonst."

Das erzählt mir der Vater, den ich trösten wollte, nachdem er gerade die vier Tage alte Leiche seines erstochenen Sohnes gesehen hat. Es war eine riesige Beerdigung, und sie haben zugehört. Es war entsetzlich heiß und furchtbar still da zwischen den Gräbern, und wir waren e i n e riesige Gemeinde aus Heiden, Sekten und Christen. Hayi, es war schwer!

Im ersten Gottesdienst am zweiten Sonntag hier habe ich gleich Zwillinge getauft. Der Vater Candido hatte ein Mädchen aus meiner Gemeinde geheiratet. Er war von den Frelimo aus Moçambique verjagt worden und lebt jetzt hier bei uns. Er spricht Portugiesisch und Zulu. Es ist sehr unruhig geworden in der Grenzregion. Fast jede Nacht kommen die Frelimo-Banden über die Grenze nach Swaziland und stehlen Vieh von den Weiden, und die Swaziland-Polizei ist zu ängstlich, hinterherzugehen und für Ordnung zu sorgen. Ich habe gerade mit einem weißen Farmer Brian Blevin gesprochen, der seine Farm in Swaziland deswegen verkauft oder besser gesagt verschleudert hat. Man kann im Augenblick für wenig Geld Farmen in Swaziland kaufen, jede Menge. Auch die Farmen oben im Norden an der Grenze nach Rhodesien sind sehr günstig zu haben, komplett mit Landminen ...

Wir hatten in diesen Tagen 38° im Schatten schon morgens um 7.30 Uhr. Das ist ein bisschen viel für den Anfang. Ich mach jeden Tag ein bisschen, und jeden Tag ein bisschen mehr, und so kommt man weiter. Wir hatten allerhand Ärger mit den Kisten. Von Pretoria kam ein Brief, in dem stand, dass wir alle Waren verzollen müssen (ca. 1000–2000 Rand!), und dann haben Willem van Straaten und ich uns hingesetzt und angefangen zu telefonieren. Der Bischof hat einen Brief geschrieben, dass die meisten Sachen (Kruzifixe, Posaunen, etc.) nur für kirchliche Zwecke verwendet werden. Alles andere sind Personaleffekten. Den Rest besorgen unsere Agenten in Durban. So wird wohl alles klar gehen. Transport dafür haben wir auch schon. Ich fahre mit dem Tomatenlorry, der regelmäßig Gemüse in Durban abliefert, auch Tomaten von meinem Freund Stephan Schoeman in Candover, und auf dem Rückweg bringen wir die Kisten mit. Das Schiff sollte am Sonntag hier sein, es wird aber wohl noch dauern.

Bei unserer Landung auf dem Flughafen war „natürlich" auch schon ein Tarmstedter, Peter Wichels, um uns zu begrüßen, außerdem Ziegers und Plumeyers und Adelbert und Magdalene Meyer und Willem und Rika van Straaten von Pongola. Wir waren ganz platt. In dem Jumbo waren 490 Leute, und ich bin nicht zum Schlafen gekommen. Eine halbe Stunde nach Mitternacht zeigten sie einen Film, und um 5.00 Uhr waren wir in Nairobi. Und dann haben wir den Kilimandscharo gesehen!! Ich hatte schon so viel darüber gelesen (Robert Ruark, Mau-Mau, Hemingway etc.) Und nun haben wir ihn gesehen „in all its majesty and glory!" Unvergesslich! Es war furchtbar heiß hier. Jetzt renn' ich wieder in kurzen Hosen und Khakihemd 'rum, und die Welt ist in Ordnung.

Wir haben die Kinder erst in der zweiten Woche zur Schule gebracht und sind alle zur Konferenz nach Enhlanhleni gefahren. Rike und die Kinder waren solange bei Webers. Es war sehr schön. Nach meinem Bericht haben die schwarzen Amtsbrüder alle geklatscht. Es fühlt sich gut an, wieder zurück zu sein! Überhaupt: Die erste Nacht war wunderschön hier in Pongola, draußen die Geräusche, die es nur hier in Afrika gibt, ein paar Zulus, die sich nebenan unterhielten. Alle Fenster im Haus auf. Die Betten bezogen. Das Haus pieksauber. Essen im Kühlschrank, Trinken auch, Carling and all. Eingemachtes im Schrank. Zwei Großeinkäufe mit allem, was dazugehört, standen in der Küche. Ein neuer elektrischer Rasenmäher von Wolf (Germany) für ca. 300 Rand, alles von unsern Freunden, schwarz und weiß geregelt und geschenkt.

Am nächsten Morgen, der Garten sieht unbeschreiblich schön aus, das Gras ist gemäht, und Waldi stöbert in den Büschen. Ein Sunbird mit seinem langen Schnabel schwirrt von Blüte zu Blüte, und dann im Haus fällt mein Blick auf die Zahnbürste im Badezimmer, die sitzt voller Ameisen (Die machen die nachts immer sauber, wenn man sie abends liegen lässt). Wir waren wieder zu Hause. Als ich die Kirche in Ncotshane betrete, bleibt mir vor Staunen der Mund offen stehen. Die Jugendlichen haben die Kirche renoviert, verputzt und weiß gestrichen. Das haben die beiden reichsten Männer aus der Gemeinde bezahlt. Ich könnte immer so weiter schreiben, aber ich muss ins Bett.

Für die Kinder war der Anfang in der Schule etwas schwierig, besonders für Christina. Sie weinte, weil sie nichts verstehen konnte. Anette ist nach wie vor stets fröhlich und plappert mit der Lehrerin in Deutsch, was diese auch versteht und ein wenig sprechen kann. Unsere Kinder wurden so freundlich aufgenommen in der Schule. Die Lehrerinnen haben sie erstmal tüchtig gedrückt und abgeküsst und uns Schulkleidung geschenkt. Jetzt geht es auch mit Christina s e h r gut. Die Zwillinge haben die Nacht im Flugzeug gut geschlafen, Rike auch. Weisst, Du, Mutter, es hat mich so glücklich gemacht, dass Du beim Abschied auf dem Flughafen in Bremen so fröhlich warst. Ich kann Dir gar nicht sagen, wie froh mich das gemacht hat, dazu Dein Gebet, lieber Vater. Ich danke Euch, dass Ihr uns so tragt.

6. KAPITEL

„Gott hat unser Herz und Mut fröhlich gemacht durch seinen lieben Sohn, welchen er für uns gegeben hat zur Erlösung von Sünden, Tod und Teufel. Wer solches mit Ernst glaubt, der kann's nicht lassen, er muss fröhlich und mit Lust davon singen und sagen, dass es andere auch hören und herzukommen."

- Martin Luther -

„Denn die Mission ist nichts als die Eine Kirche Gottes in ihrer Bewegung."

- Wilhelm Löhe -

„Die christliche Kirche insgesamt und jeder Zweig derselben insbesondere muss missionieren, so wie sie ihres eigenen inneren Lebens gewiss ist, aber sie kann es nur, wenn sie dies ist; sie kann es mit Erfolg nur als Kirche, nicht als ein willkürlicher Verein einzelner Glieder; sie kann es mit Erfolg nur, wenn sie bei rechtem inneren Haushalt mit den Gaben des Heiligen Geistes gleichsam überströmt von diesen Reichtümern ... Die Mission ist ein heller und scharfer Spiegel, in welchem wir sehen können, was wir sein sollten, aber nicht sind."

- August Vilmar -

ENHLANHLENI, 2. FEBRUAR 1977

Ich sitze in der Konferenz in Enhlanhleni, und es ist gerade ziemlich langweilig. In der letzten Woche waren wir in Pretoria auf dem alljährlichen Kongress für Missiology an der Universität von Südafrika. Das war sehr wertvoll und anregend, zumal etwa 130 Vertreter (Bischöfe, Professoren, Pastoren etc.) aus allen Kirchen Südafrikas, Südwestafrikas, Lesothos, Rhodesiens etc. zugegen waren. Auch eine Reihe schwarzer Bischöfe und Theologen war gekommen, so dass sich ein sehr interessantes Programm entwickeln konnte. Es ging um das Thema: Kirche, Mission und die Befreiung der Völker. Dass so ein Kongress mit Vertretern der verschiedenen Rassen (auch Inder waren da) nach Soweto letztes Jahr mitten in Pretoria möglich war und in solch einem guten Geist gehalten wurde, dünkte uns allen wie ein Wunder, und wir sind gestärkt und getröstet ob dieser Gemeinschaft wieder nach Hause gefahren.

Ich habe dort sehr viel gelernt. Besonders zwei Leute haben mich fasziniert und elektrisiert. Der eine war David Bosch und der andere war Desmond Tutu. Als Professor David Bosch gesprochen hatte, war ich so begeistert, dass ich ihm hinterher gedankt und gesagt habe: (Er spricht auch Deutsch) „Herr Professor, Sie haben gesprochen wie ein Lutheraner!" Da guckt er mich ruhig an und sagt: „Nein, nicht wie ein Lutheraner, sondern wie ein Christ!" Das hat mich sehr nachdenklich gemacht. Ich werd das nie vergessen.

Als der Bischof Desmond Tutu nach vorne ging und den Mund aufmachte, habe ich wie damals bei den Professoren Hartmut Günther in Oberursel und Helmut Thielicke in Hamburg nach drei Sätzen alles um mich herum vergessen und ausgefiltert. Ich war – wie viele von uns – so total konzentriert und gefocused, dass ich nichts anderes mehr wahrgenommen habe. Ich danke Gott für solche charismatischen Leute. Ich habe leider nicht viel Zeit weiterzuschreiben, da die Konferenz weitergeht. Bemerkenswert auf dem Kongress war auch, dass solche gegensätzlichen Männer wie Bischof Tutu und Karel Boshoff, der rechtsaußen Gründer von Orania, friedlich nebeneinander sitzen, sich unterhalten und respektieren.

AUS DEM MISSIONSBLATT NR. 12, DEZEMBER 1977, CHRISTMAS-BLUES

In einer der bekanntesten südafrikanischen Zeitungen wurde vor einigen Jahren unter der Überschrift „Kirchen schließen sich zusammen gegen Kriminalität“ u. a. folgendes ausgeführt:

„Erschüttert von der rapide anwachsenden Kriminalitätsrate in Johannesburg hat sich eine Bruderschaft aus 40 verschiedenen Kirchen zusammengeschlossen, um am Sonntagnachmittag im Fußballstadion von Soweto ein Symposium zu halten zur Verhinderung und Verminderung von Verbrechen. Mit dem Motto ‚Christ, not crime this Christmas!‘ (Christus, keine Verbrechen an diesem Weihnachtsfest!) hoffen die Veranstalter dieses Symposiums mehr als 10 000 Leute zu erreichen in ihrem Kampf gegen Verbrecherbanden, die die Straßen im Witwatersrand-Gebiet bei Tag und Nacht verunsichern, nahezu unpassierbar und lebensgefährlich machen.“

Es ist jedes Jahr dasselbe: Zu keiner Jahreszeit wird hier bei uns so viel erschlagen, erstochen, geraubt und verletzt wie gerade zu Weihnachten. Die Krankenhäuser und Leichenhallen füllen sich, und die Gräberreihen auf den Friedhöfen werden ein gehöriges Stück länger. Schon lange vor dem Fest werden die Gräber ausgehoben. Besitzer von Trinkstuben machen Überstunden. Es scheint weithin so, als ob man das Weihnachtsfest nur mit einer gut gefüllten Bar einigermaßen überstehen kann. Das Elend zieht in die Häuser. Polizeistationen in den großen Zentren sind in Alarmbereitschaft. Wer irgendwie kann, fährt in Urlaub und verbringt die Tage möglichst im permanenten Rausch, bis die Tretmühle am 2. Januar wieder beginnt. Die Ersparnisse sind restlos draufgegangen. Man hat Schulden gemacht, und irgendwie ist man froh, dass Weihnachten vorüber ist. Das Neue Jahr fängt allgemein mit einem Riesenkater an.

Heiligabend kommen die meisten nicht zur Kirche, weil es dunkel ist und sie Angst haben, auf die Straße zu gehen. Sie schicken allenfalls ihre Kinder, und es ist für mich jedes Jahr eine große Freude, mit ihnen Weihnachten zu feiern, ihnen das Kind in der Krippe, wahr Gottes und

Marien Sohn, in die Herzen und vor die Augen zu malen. Ja, er kommt, der Friedefürst, auch und gerade nach Afrika.

Es ist doch jedesmal wieder ein Wunder, wenn man in diese Zerrissenheit und ängstliche Unsicherheit hinein Gottes Wort rufen darf: „Den Frieden lasse ich euch, meinen Frieden gebe ich euch. Nicht gebe ich euch, wie die Welt gibt. Euer Herz erschrecke nicht und fürchte sich nicht." Das hören sie sehr genau. Das Evangelium des Friedens und der Liebe wirkt Wunder an zerschlagenen, hoffnungslosen und geängsteten Herzen und Gewissen, ganz besonders am Weihnachtsfest. Für die, die zur Kirche kommen, geschieht Weihnachten im Gottesdienst. Ich habe es erlebt, dass sie gar nicht aufhören wollen zu singen, und erst dann wurde der Gottesdienst beendet, wenn auch das letzte Weihnachtslied im Gesangbuch verklungen ist.

Ich habe Leute in meinen Gemeinden, die ich nur zweimal im Jahr zu sehen bekomme, zu Ostern und am Weihnachtsfest. Ansonsten arbeiten sie irgendwo weit weg von unsern Gemeinden und Kirchen. Ihre Familien bekommen sie ebenfalls nur an diesen beiden Festen zu sehen, allenfalls noch, wenn jemand im Kral plötzlich stirbt und sie zur Beerdigung herbeieilen. So steht denn in ihren Kirchenscheinen (Tickets) für jedes Jahr ein zweimaliger Abendmahlsgang verzeichnet, und es würde ihnen nicht im Traum einfallen, sich deswegen einer anderen Kirche anzuschließen: „Kanti singaMaLutheni! Wir sind schließlich Lutheraner!"

Ich habe schon solche Leute zu Ostern oder Weihnachten konfirmiert, weil sie sonst keine Gelegenheit dazu finden und deswegen auch den Katechismus allein für sich auf der Arbeitsstelle gelesen und gelernt haben. Sie bezahlen die Gemeindebeiträge für sich und die ganze Familie jeweils zu Weihnachten vorm Gottesdienst, und dann sind sie richtig wieder zu Hause, daheim im vertrauten Gotteshaus, zusammen mit Freunden und Verwandten, Frau und Kindern. Was für sie solch ein Gottesdienst bedeutet, können wir uns wohl nicht vorstellen.

Und auch die anderen suchen Gottes Antlitz, die Verstörten und Niedergeschlagenen, die Mutlosen und Verzweifelten: Am Sonntag war ich in Louwsburg. Die Gemeindeglieder, die ich für gewöhnlich von dort mitnehme, stehen nicht an der gewohnten Stelle am Wegesrand, und ich fahre zu ihnen nach Hause. Auf der Straße schon kommt mir eine junge Frau aus der Gemeinde entgegen und heult herzzerbrechend: Sie haben meinen Bruder letzte Nacht in Johannesburg erstochen und ausgeraubt, als er mit dem Bus von der Arbeitsstelle hierher nach Hause fahren wollte. 33 Jahre alt. Nicht getauft.

Bei der weinenden Frau sind zwei Männer, die ich nicht kenne. Sie versuchen sich mühsam am Spiegel und Fenster meines Autos auf den Beinen zu halten. Ihre glasigen Augen blicken ohne Focus an mir vorbei ins Leere, und sie lallen etwas von Messer und Lokation. Mir wird leicht übel, als sie bei der großen Hitze mir säuerlich ins Auto atmen. Jeder versucht auf seine Weise mit dem Schmerz des Verlustes fertig zu werden. Diese beiden haben zum Universalmittel gegriffen und sind bereits um 8.30 Uhr morgens nicht mehr zurechnungsfähig. Aber das ist ja kein Ausweg.

Ich beschließe, den Gottesdienst gleich dort bei den Gemeindegliedern zu Hause zu halten, und es kommen noch allerhand Nachbarn dazu. Wenn man bloß mehr Mitarbeiter hätte! Der Gesang und auch die Predigt wird zu Beginn noch hin und wieder von Schluchzen unterbrochen, und dann werden sie ruhiger und hören und nehmen auf und nehmen an, das einzige, was ihnen helfen kann, das einzige, was durchdringt und zur Ruhe kommen lässt, das einzige, was sinnloses Fragen zum Verstummen bringt.

Ich reiche ihnen das Heilige Abendmahl, um das sie gebeten haben, der Mutter, die den Sohn verloren hat (der andere ist geisteskrank), und der Schwester, die ohne Bruder ist. Er liegt in irgendeiner Leichenhalle in Johannesburg, und sie erwarten die Beerdigung für Dienstag. Dann werden wir uns wiedersehen. Als ich wegfahre, danken sie mir lächelnd mit Tränen in den Augen, dass ich gekommen bin und ihnen Gottes Wort gesagt habe.

Zum zweiten Gottesdienst in Dwarsrand selbst haben sich schon einige versammelt, als eine Frau völlig außer Atem angelaufen kommt und uns mitteilt, dass eine Nachbarin soeben gestorben sei, eine nahe Verwandte meiner Gemeindeglieder, die wir alle gut kannten. Sie hat nicht auf unsere Einladung gehört und stirbt nun als Heidin. Es ist zum Erbarmen, als die 15-jährige Tochter, die ich getauft und konfirmiert habe, laut schreiend losrennt. Ich fahre an diesem Sonntag ziemlich bedrückt nach Hause, und dann muss ich an die Worte denken: ER ist auf Erden kommen arm, dass ER unser sich erbarm. Ja, Dank sei Dir, o JEsu!

MISSIONSBLATT NR. 2, FEBRUAR 1979 JUGEND BAUT MIT IN NCOTSHANE

aus einem Bericht von Helmut Straeuli:

Im Anschluss an das Posaunenfest in Lüneburg-Natal fuhren wir am 9. Juli 1978 zum Jugend-Arbeitslager und fanden uns am Abend im Caravan-Park von Pongola zusammen, eine Gruppe von 25 Jugendlichen aus verschiedenen Gemeinden. Die Leitung übernahmen das Ehepaar Edgar und Ingrid Niebuhr und Missionar K.-G. Tiedemann.

Ncotshane ist ein schwarzes Dorf und liegt etwa sieben Kilometer außerhalb von Pongola. Dort steht die Lutherische Kirche, an der wir gearbeitet haben. Geplant war, dass wir helfen sollten, den bereits begonnenen Hallenbau in den drei Arbeitstagen möglichst zum Abschluss zu bringen. Leider machte uns das regnerische Wetter einen Strich durch die Rechnung.

Zwar fingen wir am Montagmorgen mit der Arbeit an der Halle an, mussten aber bald aufhören, weil der Regen zu stark wurde. Wir zogen dann in die Kirche und rissen die Erhöhung ab, auf der Altar, Kanzel und Taufbecken standen. Mit Hilfe schwarzer Maurer wurde dann eine größere Erhöhung gebaut. Inzwischen waren die Balken auf einem großen Lastwagen angekommen, aus denen die Binder gemacht werden sollten, auf denen das Hallendach liegen wird. Weil es immer noch regnete, wurden sie in die Kirche gebracht. Am nächsten Morgen wurden die Balken dann auf Länge gesägt und zusammengenagelt. Das Zusammennageln dauerte bis Mittwoch. Mit dem Lastwagen wurden auch Steine vom Fluss geholt, wo Schwarze die Steine selbständig herstellten.

Während die jungen Männer mit diesen Arbeiten beschäftigt waren, betätigten sich die jungen Damen damit, zusammen mit Frau Tiedemann Kleiderpakete aus Deutschland auszupacken und die Kleidung auszuzeichnen. Dann wurden die Sachen mit nach Ncotshane genommen und dort verkauft. In kurzer Zeit wurde Kleidung für über 1000 Rand umgesetzt. Die jungen Damen wechselten sich auch im Kochdienst ab.

Am Dienstagnachmittag hatten wir nach der Kaffeezeit Gelegenheit, die Jugendlichen aus der Gemeinde Ncotshane zu treffen, mit ihnen zusammen zu sein und uns gegenseitig einige Lieder vorzusingen. Zum Abschluss der Arbeitstage hatten wir einen Gottesdienst vorbereitet. Er fand bei Kerzenbeleuchtung in der Kirche statt. Er wurde für uns ein unvergesslicher Gottesdienst, in dem wir uns mit unseren schwarzen Mitchristen unter Gottes Wort stellten und zum Abendmahl gingen. Missionar Tiedemann predigte in Deutsch. Ihn konnten wir verstehen. Pastor Khumalo predigte in Zulu. So hörten auch die Schwarzen eine Predigt in ihrer eigenen Sprache.

Unsere Abende verbrachten wir am Lagerfeuer. Hier konnten wir uns untereinander besser kennenlernen, die wir ja aus verschiedenen Gemeinden kamen. Diese Zeit verbrachte Missionar Tiedemann in unserer Gruppe, und so hörten wir auch manches über seine Arbeit und über die Sitten der Schwarzen. Am Donnerstag brachen wir von Pongola auf und fuhren nach Sodwana Bay, wo wir noch bis Sonnabend sehr schöne Tage verleben durften.

Diesen Bericht greift Pfr. Hopf auf und zitiert daraus in seiner Schrift: „Lutherische Mitverantwortung für das christliche Zeugnis im Südlichen Afrika“ Erlangen 1979:

„Jahrelang nach der Konstituierung selbständiger ‚schwarzer‘ Kirchen warten ihre Gemeinden vergeblich auf Tatbeweise dafür, dass sie von ihren ihnen unmittelbar benachbarten ‚weißen‘ Schwestergemeinden voll anerkannt werden. Noch immer muss ein schwarzer lutherischer Christ damit rechnen, in vielen weißen Gemeinden seines Glaubens Ablehnung, Unruhe und Empörung zu erregen, wenn er es wagen sollte, einmal einen ‚weißen‘ Gottesdienst zu besuchen. Noch immer dürfte es in gewissen Gemeinden etwa für einen aus Südafrika stammenden weißen Missionar unmöglich sein, die Ordination in seiner weißen Heimatgemeinde zu empfangen, falls dies unter der Mitwirkung schwarzer Assistenten geschehen sollte und falls der ‚weiße‘ Gemeindegottesdienst im gemeinsamen Abendmahlsempfang schwarzer und weißer Kommunikanten seinen Höhepunkt finden würde.

Ob es richtig war, die schmerzlichen und tief beschämenden Erfahrungen dieser Art in der mündlichen und gedruckten Berichterstattung der Südafrika-Missionen bisher fast immer zu verschweigen, ist höchst fraglich. Jedenfalls brechen nun in Deutschland unter Christen, die jahrzehntelang für die Missionsarbeit in Südafrika gebetet und geopfert haben, vorwurfsvolle Fragen auf: Warum hat uns darüber niemals jemand etwas gesagt?

Um so tröstlicher empfindet man folgenden Satz im Bericht des Teilnehmers an einem Arbeitslager von 25 Jugendlichen aus verschiedenen weißen Gemeinden, die einer schwarzen Gemeinde bei der Durchführung ihrer Bauvorhaben halfen: ‚Zum Abschluss der Arbeitstage ein unvergesslicher Gottesdienst, in dem wir uns mit unsern schwarzen Mitchristen unter Gottes Wort stellten und zum Abendmahl gehen konnten. Missionar Tiedemann predigte in Deutsch, damit wir ihn verstehen konnten, und Pastor Khumalo predigte in Zulu.' Man fragt sich angesichts solcher Mitteilungen: Handelt es sich um Ausnahmen, die abseits vom Gemeindeleben der Weißen von der Jugend gewagt werden? Oder um die Morgenröte eines neuen Tages? ‚Hüter ist die Nacht schier hin?'

Soviel steht jedenfalls fest: Schon längst warten schwarze afrikanische Kirchen sehnlichst, bisher geduldig, aber nun mit wachsender Ungeduld auf Tatbeweise einer voll und ganz regelmäßig und ohne Vorbehalt praktizierten kirchlichen Gemeinschaft mit ihren weißen Glaubensgenossen. Sie haben viel Geduld. Aber wie lange noch? Wie lange werden sie zu allem schweigen? Es mag sein, dass viele schwarze Pastoren, vor allem die ältere Generation, keine radikalen Forderungen stellen, keine radikalen Tendenzen vertreten, dass sie auch weiterhin weiße Missionare als Pastoren in ihrer Kirche wünschen – nicht nur ihrer Mitarbeit willen, sondern auch um der wenigstens durch ihre Präsenz verwirklichten Einheit mit Weißen willen.

Aber ob dies auch von der jüngeren Generation gilt, scheint mindestens fraglich zu sein. Und was die in den Gemeinden während der letzten Jahre heranwachsende Jugend besonders in den Städten denkt, ist – wie

man hört – nicht nur den weißen Missionaren, sondern auch ihren schwarzen Amtsbrüdern weithin verborgen. Vielleicht haben viele unter ihnen die Hoffnung auf eine so lange von den Eltern und Voreltern vergeblich erwartete Gemeinschaft mit den Weißen innerhalb und außerhalb der Kirche längst aufgegeben."
Soweit F. W. Hopf

7. KAPITEL

Prof. D. Dr. Arno Lehmann zitiert Prof. Rolf Italiaander:
„Wer, wie der Autor, jahrzehntelang zahlreiche Kolonien mit sehr offenen Augen bereist hat, weiß, dass häufig die Missionare die einzigen wirklich nützlichen Helfer unterentwickelter Völker gewesen sind und damit sogar im schwersten Gegensatz standen zu den kolonialen Verwaltungen."
(aus seinem Buch: Partisanen und Profeten, Erlangen 1972, S. 119)

„Meine Generation ist ein Produkt der Mission. Ohne die Mission und die Missionare wäre ich heute nicht hier. Ich werde niemals genügend Worte haben, um den Missionen für das zu danken, was sie für uns getan haben."
- Nelson Mandela (91) -

FROM A LETTER TO THE SOUTH COAST HERALD,

geschrieben nach der Wende

Dear Editor, racial division is once more raising its ugly head over our beautiful land. Many people are slipping back into their historically programmed paradigms and are judging by race, colour and creed. There is victim mentality hanging over our people.

The architects of apartheid are dead and gone, yet their brainwashing remains and is perpetuated by otherwise discerning people. The racists' words, spoken by separatists, are not chosen. They are the result of relentless propaganda of the past and they are the result of the new policies of separation in our land. A land which swore never again to judge people by „group".

Where we find ourselves is a result of our people not making a choice to move into tomorrow together. Their is a glibly spoken belief that the future will be secured by our children. The youth, it is said, will bring our people together as one. Without a major change in adult attitudes, there is no chance of that.

How can we expect children to change that which we daily perpetuate? How can we expect young people, or those not yet born, to fix our daily recurring failures? How, when we continuously discuss people on a group basis: „This white woman said ...", „And surprisingly, she was black ...", „Charos, bruin ous, wit ous, coon ous,", „My umlungu teacher", „The blacks".

If we have to describe people by race, let it be for a reason, when a description is necessary for a police docket. Other than that, a doctor is a doctor, a policeman is a policeman, and a wife is a wife. The truth is, if you find it necessary to describe a person by race, you are a victim of apartheid. As a victim – you either need to recognise the fact and change it – or seek professional help.

BRIAN MOORE Durban

AUS EINEM BRIEF AN DEN SOUTH COAST HERALD,

geschrieben nach der Wende

Lieber Herausgeber, die Rassentrennung erhebt wiederum ihr hässliches Haupt über unserem wunderschönen Land. Viele Leute gleiten zurück in ihre von der Geschichte programmierten Paradigmen und richten und urteilen nach Rasse, Farbe und Glaubenszugehörigkeit. So hängt die Opfermentalität über unsern Leuten.

Die Architekten der Apartheid sind tot und vergangen, aber ihre Gehirnwäsche bleibt und wird verewigt von ansonsten einsichtsvollen Leuten. Die Worte der Rassisten, die von den Separatisten gesprochen werden, werden nicht von ihnen gewählt. Sie sind das Ergebnis der unbarmherzigen Propaganda aus der Vergangenheit, und sie sind das Ergebnis einer neuen Politik der Separation in unserm Land. Eines Landes, das geschworen hat, niemals wieder die Leute nach der „Gruppenzugehörigkeit“ zu beurteilen.

Da, wo wir uns heute befinden (der heutige Zustand), ist das Ergebnis unserer Leute, die nicht die Wahl treffen, zusammen in die Zukunft (in das Morgen) zu gehen. Da ist der glatte und zungenfertig ausgesprochene Glaube, dass die Zukunft von unsern Kindern gesichert wird. Die Jugend – so wird gesagt – wird unsere Leute in eins zusammenbringen. Ohne einen bedeutenden Wechsel in der Haltung der Erwachsenen gibt es dafür keine Chance.

Wie können wir von unsern Kindern erwarten, etwas zu ändern, das wir täglich zementieren? Wie können wir erwarten, dass junge Leute, oder auch die, die noch nicht geboren sind, unser täglich sich wiederholendes Versagen in Ordnung bringen? Wie denn, wenn wir fortwährend über Menschen diskutieren auf der Gruppenbasis: „Diese weiße Frau sagte ...“, „Und erstaunlicherweise, sie war schwarz ...“, „Charos (wenig schmeichelhafte Bezeichnung der Inder), braune Subjekte, weiße Subjekte, Mischlings-Subjekte“, „Mein umlungu Lehrer“ (wenig schmeichelhafte Bezeichnung der Weißen), „Die Schwarzen“.

Wenn wir Menschen nach der Rassenzugehörigkeit beschreiben müssen, dann sollte es dafür einen Grund geben, etwa wenn eine Beschreibung notwendig wird für einen Polizeireport. Ansonsten ist ein Doktor ein Doktor, ein Polizist ein Polizist, und eine Frau ist eine Frau. Die Wahrheit ist, wenn du es für nötig hältst, eine Person nach der Rassenzugehörigkeit zu definieren, bist du ein Opfer der Apartheid. Und als Opfer – solltest du diese Tatsache anerkennen und sie ändern – oder fachmännische Hilfe suchen.
BRIAN MOORE Durban

Ich denke, wir sind alle irgendwie Opfer der Apartheid geworden, ob wir das nun wahrhaben wollen oder nicht. Ich habe im Lauf der Jahre viel von der Apartheid-Ideologie geschluckt, das lässt sich zum Teil kaum wieder rückgängig machen. Es sitzt zu tief. Wir haben das gemerkt, wenn wir nach Deutschland kamen und die Leute uns fragten. Wir haben das an ihren Augen gesehen, die manchmal ganz entsetzt und manchmal auch nur verletzt und verständnislos auf uns sahen, nachdem wir auf ihre Fragen geantwortet hatten. Viele Fragen waren schon sehr provozierend, aber auch einige der gut gemeinten Fragen waren für mich ein Affront, und so habe ich manchmal schärfer geantwortet, als ich eigentlich wollte. Ich befand mich dann in einer sehr wunderlichen Lage. Ich habe in den Gemeinden in Deutschland manchmal das politische System eines Landes verteidigt, dessen Bürger ich noch nicht einmal bin, weil die Verallgemeinerungen, die Voreingenommenheit gegen Südafrika, die Vorurteile, die Überheblichkeit so verletzend und die Unkenntnis der Verhältnisse einfach zu groß waren.

Darüber habe ich heute gemischte Gefühle, und es hat mich manchmal richtig hin- und hergerissen, ja, zerrisssen. Wenn ich dann zurückgekommen war, habe ich wieder ganz anders geredet, manchmal sogar total entgegengesetzt. Weil das Gegenüber jeweils so anders war. Da fragt mich doch tatsächlich ein Amtsbruder aus der weißen Kirche nach der Landung: „Na, Tiedemann, haben sich Deine K----- gefreut, dass Du wieder zurückgekommen bist?"

Rike und ich haben einen Beruf, der von vielen hier nicht verstanden wird. Man kann dadurch sehr einsam werden, man kann auf diese Weise gute Freunde verlieren, die sich schließlich kopfschüttelnd abwenden. Natürlich hätten wir unsern Mund viel weiter aufmachen können, um gegen das System zu rebellieren, wie andere, deren Aufenthaltsgenehmigung dann nicht verlängert wurde. Die packten dann ihre Koffer mit Leidensmine und ließen sich bei ihrer Ankunft in Deutschland als Helden und Vorkämpfer gegen die Apartheid feiern. Aber wenn wir das gemacht hätten, wären wieder ein paar Brückenbauer weniger gewesen. Das ist so. Wir haben es als schwieriger empfunden, dazubleiben (to stay put) und in Geduld den Druck und die Zwänge im Alltag auszuhalten, zusammen mit unsern geliebten Gemeinden, statt auf spektakuläre Weise den Spannungen zu entfliehen.

So konnte man wohl an einem Tag folgende Sätze hören: In Pongola bei der NLK-Korporasie, wo ich Zement für einen neuen Schulbau kaufte, vom weißen Vormann: „Tiedemann, jy is a wit K----r. Jy mors jou tyd. Gaan huis toe. Ihr macht sie viel zu schlau." Später in Ncotshane von Johannes Lerutla, Polizist am Golela Borderpost: „Mfundisi, nina niyinhlanganyelo eyodwa kulo idolobho labamhlophe. Ihr seid unser einziges Verbindungsglied zum weißen Dorf."

Die Alten hatten uns gesagt: Ein Missionar steht immer im Riss. Das ist so – auf vielfältige Weise. Wir haben sehr schwer daran gelernt, manchmal auch mit wehem Herzen und mit verletztem Gewissen. Wie oft fanden wir uns in der Situation: Wir stehen zwischen weiß und schwarz, Vertretern des Systems und den Gegnern – selbst innerhalb der Kirche, zwischen Symphatisanten verschiedener Schattierung und schließlich zwischen Welt und Kirche.

Da gab es z. B. eine Liste der gebannten Bücher, was mich furchtbar wütend gemacht hat. Mit welchem Recht wacht wer darüber, was ich lesen darf und was nicht? Ich habe mich eingeengt und bevormundet und entmündigt gefühlt, und wir sind oft über die Grenze gefahren und haben im Swaziland die Bücher gekauft, die bei uns im „Notstandsgebiet der geistigen Freiheit" verboten waren. So habe ich zum ersten Mal Bücher von schwarzen Autoren aus Afrika gelesen.

Rede- und Versammlungsfreiheit waren auch eingeschränkt. Abends ab 9.00 Uhr war Sperrstunde in Pongola, d. h. kein Schwarzer durfte mehr auf der Straße sein. Leute wurden gebannt – ohne Angabe von Gründen und ohne dass ein Prozess stattfand, d. h. die gebannte Person durfte nur von Einzelpersonen besucht werden, durfte das Haus nur unter Auflagen verlassen etc. Unsere Kinder müssen auf ein bestimmtes Klingelzeichen hin fluchtartig den Klassenraum verlassen, um sich hinter Büschen und Bäumen zu verstecken. Begründung: Das ist die Übung für den Ernstfall, wenn die Swazis und die Zulus kommen. Die standen dabei und haben den Kopf geschüttelt.

Was waren das manchmal für harte und scharfe Auseinandersetzungen auf Synoden und Konferenzen: Einige Sätze von damals habe ich mir aufgeschrieben, gelernt von Hopf, Kistner, Nürnberger, Beyers Naudé, Tutu, Bosch u. a. „Die unglückselige und verhängnisvolle Unterteilung unserer lutherischen Kirche nach rassischen Prinzipien ist – soweit ich das sehe – kein legitimes Prinzip für die Organisation einer Kirche. Organisation entlang von Sprachgrenzen sollte nicht mit ethnischer Gruppierung identifiziert werden. Was mich bewegt und seit vielen Jahren krank macht, sind nicht die punktuellen Ärgernisse, die unsern kirchlichen Alltag versauern, sondern der zähe und müde machende Immobilismus, der uns hindert zueinander zu finden. Das macht uns fertig! Wir müssen aufhören, vor den schwarzen Brüdern und Schwestern Solidarität und Loyalität zu markieren. Glauben wir denn, sie merken das nicht? Wir möchten nicht mehr von Missionsfesten zurückkommen und von unsern schwarzen Amtsbrüdern gefragt werden: ‚Was willst Du da, wo ich nicht erwünscht bin?' "

Ich hatte ein denkbar schlechtes Verhältnis zur Polizei des Landes, weil ich mich einige Male mit ihnen angelegt hatte. Sie hatten mich und meine Konfirmanden vom Strand vertrieben, das war in Richardsbay, lange bevor die Entwicklung da stattfand. Wir waren damals noch völlig allein mit einigen Krebsen und Krabben, meilenweit heller Sand, donnernde Brandung, wo der Indische Ocean unablässig heranrollt, etwa 15 Täuflinge und Konfirmanden, Jungen und Mädchen, die zum ersten Mal in ihrem Leben das Meer sehen, obwohl sie nur 150 km davon entfernt wohnen.

Da kommt von weiiiiit her eine kleine Figur am Strand auf uns zu, und als die Person nahe kommt, ist es ein Polizist, und er geht schwer im Sand. Er ist rot im Gesicht und schreit meine Kinder an. Ich stehe auf und sage ihm, dass wir eine Kirchengruppe sind und einen Ausflug machen. Da wendet er sein hassverzerrtes Gesicht zu mir und flucht mich und die Kinder vom Strand ab. Ich kann sehen, wie die Freude in den blanken Augen erlischt, der Blick stumpf wird, ergeben und resigniert, – da ist wieder dieser Gesichtsausdruck, den ich so hasse.

Bei uns zu Hause wohnte ein Junge, Albert Khumalo, der hatte keinen Vater mehr. Seine Mutter hatte uns gebeten, ihn aufzunehmen, dass er zur Schule gehen konnte. Wenn ich morgens in sein Zimmer kam, und er war nicht da, wusste ich, wo ich ihn finden würde. Ich nahm also 10 Rand und fuhr zur Polizei, um ihn wiederzuholen. Die Kaution wurde bezahlt, ein Schuldgeständnis unterschrieben: „Erwischt ohne Pass", und man konnte zum Frühstück und zur Schule gehen.

Das hatten Albert und ich ein paar Mal erlitten, und dann platzte mir schließlich der Kragen. Ich habe den ersten graublau-uniformierten Mann angebrüllt, der mir da entgegen kam (Das war ausgerechnet einer von den freundlichen und hilfsbereiten). Ich also in einer fließenden Mixture von English und Afrikaans: „Wer gibt Euch das Recht nachts auf's Grundstück zu kommen, den Gartenjungen einzulochen? Ich protestiere dagegen. Ek is gatvol! Da wo ich herkomme, achten wir die Freiheit eines Menschen. Das, was Ihr macht, ist Hausfriedensbruch. You have no right to enter our premises without a search warrant!" Antwort: „Oh, but we have e v e r y right, Mr. Tiedemann." Er blieb viel höflicher als ich, und solche Leute sind immer im Vorteil. Schließlich sagte er: „Wenn es da so schön ist, wo du herkommst, warum fährst du nicht zurück in dein schönes Deutschland? We will come and go as we please. And now take your boy and go home and stop wasting our time. Wat ons hier doen is in landsbelang." Das war das Zauberwort, was jegliche Diskussion abschnitt, jedesmal: „in landsbelang."

Das war die eine Seite, die weh gemacht hat. Da war aber auch die andere Seite, die sehr wohltuend und aufbauend war. Wir hatten und haben gute Freunde in Afrika, die uns selbstlos und selbstverständlich geholfen haben. Ich denke an sie alle in großer Dankbarkeit und Anerkennung: Willi und Gertrud Mueller, Fritz und Hilda Mueller, Fritz Schroeder, Ernst-August Schroeder, Alma Koch, Kuno und Helene Klingenberg, Herbert Klintworth, Arthur Engelbrecht, Kallie Marais, Oswald und Helga Kuhn, Ernie and Petro Manuel, Peter Frank, Gustav Böhmer, Eckart Böhmer, Lothar Böhmer, Heinrich Wiechmann, Hugo Wiechmann, Martin Wiechmann, Hans und Martha Gehrken, Betty Johannes, Hans-Heinrich und Margot Gehrken, Adalbert und Magdalene Meyer, Werner Reusch, Willem und Rika van Straaten, Johann van Rooyen, Ludolf und Angie Kohrs, Karl und Edeltraut Kohrs, Stephan und Eleonore Schoeman, Brian und Denise Blevin, Ian und Carol Goss, Dr. Siegfried und Bobby Prigge, Hugo und Phyllis Meyer, Edgar Niebuhr, Eduard Hohls, Gerald Meisegeier, Johannes und Edith Schnell, Gus Johannes, Ernst Dedekind, Henry und Agnes Bjerg, Dieter und Rosel Reusch, Hans und Wiltrud Wiesinger, Eduard Schulz, Herbert Schulz, Lotar Schulz, Edwin und Martina Klüsner, Walter und Helga Buhr, Ronnie und Anita Voigts, Gottfried und Rosalie Höfler, Erwin und Hilda Voigts, Hugo und Gerda Voigts, Friedel und Hilda Voigts, Mark und Renita Voigts, Peter und Helma Lütge, Edgar und Joan Lilje, Hugo und Rosa Meyer ... u. v. a. Ich könnte immer so weiter schreiben, und wenn ich alle Freunde, die Amtsbrüder und Verwandten in Europa und sonstwo aufschreiben wollte, müsste ich ein neues Buch anfangen. Ihnen allen sind diese Zeilen gewidmet. Sie haben unser Leben so bereichert und erleichtert, und ich muss an diesen Vers denken:

Ich rechne nicht,
was Preis hier und was Lohn war,
mir wurde dies Gestirn
durch euch bewohnbar.

- Albrecht Goes: Vierfalt, S. 100 -

Einen der ersten Sätze, die ich in der Zulusprache auswendig gelernt habe, hatte ich vom alten Dekan Amos Mdluli gehört. Der sagte: „In unserer Kirche regiert kein Weißer; in unserer Kirche regiert kein Schwarzer; in unserer Kirche regiert Jesus Christus." Ganz genau. I like it! D. h. wir arbeiten unter dem einen Geist Gottes. Der schenkt uns Einigkeit, der lehrt uns gegenseitiges Achten und Ehren, der schenkt uns herzliches Vertrauen untereinander. So können wir auch mit einer Stimme reden nach dem Pfingstlied: O Heilger Geist, kehr bei uns ein V2+3:

Du Quell, draus alle Weisheit fließt, die sich in fromme Seelen gießt: lass deinen Trost uns hören, dass wir in Glaubenseinigkeit auch können alle Christenheit dein wahres Zeugnis lehren. Höre, lehre, dass wir können Herz und Sinnen dir ergeben, dir zum Lob und uns zum Leben.

Steh uns stets bei mit deinem Rat und führ uns selbst auf rechtem Pfad, die wir den Weg nicht wissen. Gib uns Beständigkeit, dass wir getreu dir bleiben für und für, auch wenn wir leiden müssen. Schaue, baue, was zerrissen und beflissen, dich zu schauen und auf deinen Trost zu bauen.

Ich habe das von den Alten gelernt: Ukukholwa akusiyo indaba yesikhumba, kodwa kuyindaba yenhliziyo. Der Glaube ist nicht eine Sache der Hautfarbe, sondern eine Sache des Herzens. Das Evangelium bringt uns zusammen, wo immer wir sind in der weiten Völkerwelt:

SEMINARISTEN VOM LTS (Lutheran Theological Seminary) AUS TSHWANE-PRETORIA BESUCHEN UELZEN [KwaZulu/Natal], 22. SEPTEMBER 2009

Von Robert Wakiso, Student im 4. Jahr

Um 10 Uhr am Samstagmorgen starteten die Studenten mit dem Rektor und seiner Frau in Richtung Uelzen. Jerome Wamala von Uganda, der das erste Jahr des Fortgeschrittenen-Kurses hinter sich hat, leitete das Gebet zu Gott um Gnade, Schutz und eine sichere Fahrt. Nach 4 Stunden Fahrt kamen wir in Newcastle an, wo wir uns bei Wimpy stärkten. Es war sehr erfrischend mit Indern, Weißen, Schwarzen und Coloureds zu essen. Erfrischt und energiegeladen setzten wir unsere Reise nach Uelzen fort, wo der Pastor und Gemeindemitglieder uns herzlich begrüßten.

Wir spazierten über das große Areal und besichtigten das Schülerheim, welches wir zwei Tage bewohnen würden, die Kirche und den Friedhof, wo wir die Gräber der gläubigen Heiligen sahen, die unser Herr nach seinem eigenen Willen aus diesem Leben ins ewige Leben gerufen hatte. Wir sahen das größte Monument in Form eines Kreuzes nahe bei den Gräbern, dies interpretierte ich als Trost für Lebende und Tote, dass Christus Erlösung erworben hat durch seinen Tod am Kreuz.

Der Pastor führte uns in die Kirche, wo wir den beeindruckenden Altar mit dem rotem Teppich, ein hölzernes Kreuz, Taufstein, Lesepult und Kanzel betrachteten. Uns wurde gestattet unsere Abendandacht in der Kirche zu halten. Sie wurde von dem Studentenvertreter Bheki Ngobese geleitet. Wir wurden auch zum Gottesdienst am nächsten Morgen eingeladen. Es war wirklich Segen über Segen. Nach der Vesper gab es Abendessen, serviert von drei freundlichen Damen, es war ein herrliches Essen. Am Tisch waren unser Gastgeber, der Pastor der Gemeinde, dessen Frau und Kinder, unser Rektor mit seiner Frau und alle Studenten. Mit freundlicher Stimme luden uns die Frauen, die uns servierten, auch noch zum Frühstück vor dem Gottesdienst am Sonntag ein.

Am Sonntag nach einem köstlichen Frühstück gingen wir zum Gottesdienst in die Kirche, wo der Gemeindepastor den Gottesdienst hielt. Drei Studenten lasen die Lesungen, Peter Abia aus Sudan las aus dem Alten Testament, James Odoo aus Uganda las die Epistel und Phenyo Mokgaimena aus Botswana das Evangelium. Dr. Weber hielt die Predigt.

Nach dem Gottesdienst gab es ein gemeinsames Mittagessen in der Gemeindehalle. Nach einiger Zeit geselligen Zusammenseins zeigte der Rektor Bilder vom LTS und stellte das Ausbildungsprogramm für Pastoren aus Afrika vor. Das Studium besteht aus sechs Jahren, die in drei Kurse aufgeteilt werden: zwei Jahre Anfängerkurs, zwei Jahre allgemeine Theologie und weitere zwei Jahre Fortgeschrittenenkurs, der sich auf Missions- und Pastoraltheologie spezialisiert.

Danach bedankten wir uns bei der Gemeinde Uelzen für ihre Einladung und ihre großzügige Gastfreundschaft und machten uns auf den Heimweg. Nach fast 300 km Fahrt hielten wir für einen Imbiss und streckten unsere Gelenke, ehe wir die letzte Strecke zum Seminar zurücklegten. Es war ein Abenteuer für Seminaristen aus Uganda, Kenia, Sudan, Liberia und Botswana durch die Täler und über die Berge von KwaZulu/Natal zu fahren. Frau Weber war sehr gute Begleitung, da sie Gospel-Musik aussuchte und großzügig Schokolade austeilte. Wir sind unserem Rektor sehr dankbar, dass er uns diese Reise ermöglicht hat. Es hat sich allemal gelohnt.

Lob, Preis und Ehre sei Gott, für seine Güte und Gnade. Amen.

AUS EINEM BRIEF VOM 18. MAI 1979

Wir hatten eine Rieseneinweihung in Ncotshane mit über 1000 Leuten. Wir haben zwei Kühe von Karl Kohrs aufgegessen. Präses Günter Scharlach war auch da und hat ein Grußwort gesprochen im Namen der Freien Synode. Da wurde auch gleich der neue Dekan in sein Amt eingeführt und die Glocke eingeweiht. Die Heiden aus Hluhluwe waren gekommen und sagten anschließend: „Sibonile iJerusalema elisha, nathi sifuna ukuya khona. Wir haben das neue Jerusalem gesehen und wollen auch dorthin gehen." Dann hatten wir zu Ostern einen Taufgottesdienst mit acht Taufen und am folgenden Sonntag wieder zwölf Taufen (Erwachsene und Kinder). Es wurden noch andere in die Gemeinde aufgenommen.

Etwas anderes macht auch große Freude. Das ist eine Zulu-Klasse. Montagabend versammeln sich bei uns zu Hause eine ganze Reihe interessanter Leute. Es sind Hausfrauen, Frauen von Farmern, der Rektor der Schule, ein Polizist von der Grenze, eine Missionarsfamilie der Baptisten, ein Major aus der Armee, Farmer, ein Anthropologe usw., zehn Leute, die alle Zulu lernen. Ich lerne auch viel dadurch, da ich die Stunden vorbereite. Ein Grieche, Leiter der Cotton-Ginnery Magudu, kam mit etwas verkehrter Motivation: „Kurrta, you musta teacha me to sweaaar at them." I said: „Niiick, you're in de wrong class!" Rike wird auch immer besser in der Sprache, so dass ich ihr denn wohl bald eine Filiale übergeben kann. Unsere Kinder in der Schule lernen jetzt auch die Zulusprache. Das ist erst vor Kurzem eingeführt worden.

MISSIONSBLATT NR. 7, JULI 1979 EINDRÜCKE VON MEINER SÜDAFRIKAREISE

Missionsdirektor Volker Stolle:

Mit dem vollbesetzten Toyota-Bus kommen wir nur verhältnismäßig langsam voran. Außer Pastoren und Evangelisten, die vom Mitarbeitertreffen in Salem mitfahren, hat Missionar Tiedemann noch zwei mit Paketen bepackte Frauen mitgenommen, die ein Heimkommen nach dem Einkauf in Piet Retief suchen. Sandbank, Berbice, Itshelejuba. Der Bus leert sich. Wir kommen leichter über die Bergkuppen, aber die Zeit drängt auch. Verspätet kommen wir in Ncotshane an. Es dämmert bereits. Aber einige Kinder der Konfirmandenklasse spielen noch vor der Kirche. So kann sofort der Unterricht in dem Rund einer aus zusammengerollten Felsbrocken gebildeteten Sitzgruppe unter freiem Himmel in der Abendsonne beginnen. Bald trifft auch der Ev. Joseph Mathebula ein, der zwar in ein schnelleres Auto umgestiegen war, um rechtzeitig zum Unterricht da zu sein; aber das letzte Stück hat er zu Fuß zurücklegen müssen, so dass er seinen Vorsprung wieder eingebüßt hatte. Unter den Kindern sind auch einige Taufschüler. Der Kreis schließt sich durch einige Frauen, deren Taufunterricht ebenfalls abgeschlossen ist.

Der Evangelist übernimmt im Kreise der Konfirmanden die Prüfung der jungen und erwachsenen Taufschüler. In ruhiger, freundlicher Weise geht er auf Ordnung und Bedeutung der Taufe ein. In seinen Gedankengang nimmt er die Fragen Luthers im Kleinen Katechismus hinein. Die werden aufgesagt und erläutert. Währenddessen geht die Sonne zusehends unter. Erst werden einzelne Gesichtszüge durch die Schatten ausgelöscht. Dann werden die Gestalten selbst schemenhaft. Schnell wird es ganz dunkel. Als die Kinder nach dem Gebet auseinandergehen, bleiben die

Täuflinge noch. In der Sakristei notiert Missionar Tiedemann Namen und Daten im Schein einer Kerze. Die Mütter melden auch ihre Kinder mit zur Taufe an.

Die Stimmung gleicht der Osternachtsfeier: Christus, Licht der Welt. Nur elementarer und noch eindrucksvoller: Schreib meinen Nam'n aufs beste ins Buch des Lebens ein! Die Taufen werden zwei Tage später, am Sonntag Jubilate, im Gottesdienst gehalten. Doch wer in das neue Leben unter der Ostersonne gelangen will, muss vorher durch die tiefe Nacht des Todes hindurch. Christus selbst, Kerze und Sonne, begleitete die Täuflinge auf diesem Weg und führte sie vom Tode zum Leben.

PONGOLA, 15. AUGUST 1979

Es ist so schön in diesem Jahr. Ich habe endlich mehr Zeit für die eigentliche Missionsarbeit, weil viele Bauten zum Abschluss gebracht werden konnten. Jetzt sind wir noch mit zwei Schulen beschäftigt, die aber wohl bis zum Ende des Jahres fertig werden. Am 1. Juli durften wir in Hluhluwe eine neue Gemeinde gründen, ca. 135 km von hier. Und seitdem fahre ich nun jede Woche nach Jozini oben in die Berge nach Ingwavuma und in die Makhathini-Flats auf dem Weg nach Sodwana Bay, wo praktisch keine kirchliche Betreuung vorhanden ist. Es scheint so, als ob die Leute nur auf die Kirche gewartet hätten. Es ist ganz wunderbar und beschämend. Wir waren mit dem Posaunenchor oben. Am Sonnabend fahren wir wieder mit dem Chor hoch.

Die Heiden haben gestaunt, als die Posaunenklänge vom Berg hallten. Nach dem vierten Choral fingen sie an zu klatschen, das taten sie nach jedem Stück. Es bildete sich um uns eine dicke Menschentraube von überall her. Dann habe ich auf dem Marktplatz die erste Predigt gehalten. Eine Oma gab mir 27 Cent und dankte, ein junger Mann stieg aus einem großen Auto von Soweto, gab mir 50 Cent, dankte und sagte, er sei auch Lutheraner, ein anderer kam ganz verschwitzt den Berg hochgehetzt, voller Zementstaub, weil sie unten am Fluss Zementblocks machen, und rief schon von weitem: „NingamaLutheni! Nami ngingumLutheni kwaMbokojwane! Ihr seid Lutheraner. Ich bin auch ein Lutheraner vom Mahlstein

(Zuluname des alten Missionssuperintendenten Christoph Johannes). Ngiyakhumbula amacilongo. Ich kenne die Posaunen wieder!“ Chr. Johannes hatte diesen Namen bekommen, weil er so sorgfältig und anschaulich predigte, wie ein Mahlstein, der die Getreidekörner zu feinem Mehl mahlt. Unter diesem Namen kannte ihn jederman.

Ein anderer sagte, er sei vor 40 Jahren vom alten Missionar Wilh. Weber getauft und seitdem verloren gegangen. Und so ging es weiter: Es stellte sich heraus, der Besitzer der Autowerkstatt stammt aus meiner Gemeinde in Ncotshane, der Besitzer der Schlachterei ist der Sohn eines unserer verstorbenen Evangelisten. Eine alte Oma, die schlecht laufen kann, kam während der Predigt auf allen vieren auf mich zugekrochen und sagte: „Manje-ke, sengimtholile ozofihla isidumbu sami emva kokuba ngifile. Jetzt habe ich endlich den gefunden, der meinen Leichnam beerdigen wird, wenn ich gestorben bin. Ich danke dir, mein Junge, dass du gekommen bist.“ Und sie legt 20 Cent genau zwischen meine Füße. So hat dort unsere neue Gemeinde Jozini angefangen.

24. SEPTEMBER 1979

Wir sind schwer beschäftigt, in Berbice die zweite Schule fertig zu bauen. Die erste wurde gleich mit renoviert. Als wir die Mauern der neuen Schule hoch hatten und mit der Dachkonstruktion beginnen wollten, kam in der Nacht zum Freitag ein großer Sturm und warf uns zwei der Mauern einfach mit großer Gewalt ins Gebäude (Fenster- und Giebelseite), so dass wir also vor einer halben Schule standen am nächsten Morgen und wieder neu anfangen konnten, was wir denn auch unverdrossen getan haben. Nun werden wir am Donnerstag das neue Dach aufsetzen.

Nach Wasser haben wir auch gebohrt und welches gefunden, und die Pumpe wird ebenfalls am Donnerstag installiert. Edgar Niebuhr kann Wasser finden, mitten im Winter, wenn es nicht regnet und alles trocken ist. Dann nimmt er zwei Drähte und biegt einen Winkel hinein und geht damit übers Feld, und plötzlich an einer Stelle kommen die beiden Drähte in seinen Händen zusammen, und er legt da einen Stein hin. Dann kommt er von der andern Seite, und da wo die beiden Drähte in seinen Händen sich übereinander legen, legt er wieder einen Stein auf die Erde usw. Dann sagt er: „Kurt, hier, wo die Steine liegen, ist Wasser. Hier bohren wir."

Und tatsächlich ist es so. Ich habe es auch versucht, aber bei mir passiert gar nichts, auch wenn ich direkt über den Steinen stehe. Die Drähte hängen in meiner Hand und bewegen sich nicht. Da nimmt Edgar meinen Arm und fasst mich am Ellbogen, plötzlich bewegen sich die Drähte in meiner Hand ein wenig aufeinander zu, nicht so stark wie bei Edgar, aber doch so, dass man es spürt und sieht. Amazing! Entweder du hast es oder du hast es nicht. Well, ich habe es definitiv nicht. Dann folgt die zweite Schule bei Hugo Meyer auf der Farm, der mir sehr schön dabei hilft. Hier hat mir Farmer Oswald Kuhn tüchtig geholfen. Als nächste große Aufgabe haben wir vor, einige Pastoren- und Evangelistenhäuser zu bauen. Einige Amtsbrüder wohnen wirklich wie die Hühner, und das geht nicht mehr so weiter.

PONGOLA, 12. DEZEMBER 1979

Ich habe schon wieder einen lieben Mann aus meiner Gemeinde verloren, den alten Lehrer Samuweli W. Lukhele, der seit heute nachmittag in der Polizeimortuary liegt. Das ist dann die vierte Beerdigung in dieser Woche. MaMthimkhulus Oma ist auch gestorben. Sie war von zu Hause weggelaufen, und wir haben sieben Tage nach ihr gesucht, bis wir ihre Leiche fanden. Es geht im Moment ein wenig bunt. Der Evangelist ist im Urlaub, und ich sitze mit acht Gemeinden da. Vorgestern die Beerdigung hat von 10.00 Uhr bis 16.30 Uhr gedauert, da die Kameraden erst um 13.00 Uhr mit dem Grabgraben fertig waren und dann eine halbe Stunde später mit acht Brettern auftauchten, aus denen wir dann erstmal einen Sarg gezimmert haben. Als Werkzeuge hatten sie – wait for it – einen Meißel, ein Stück Säge, einen Stein, einen Schraubenzieher und einige rostige Nägel. Wir haben den Sarg aber doch noch ganz gut hingekriegt. Mir wurde ganz flau und schwummerig beim Predigen am Grab. Ich fühlte mich so schwach.

Es wird im Moment ein bisschen viel. Gottfr. Stallmann ist noch nicht richtig wieder hier. So habe ich in Piet Retief am Sonntag 38 Konfirmationen. Am letzten Sonntag hatte ich hier in Ncotshane 17 Konfirmanden. Es dauert eine ganze Zeit, bis man all die Konfirmationssprüche herausgesucht und die Scheine ausgeschrieben hat. Im nächsten Jahr wird es besser. Ich bekomme einen Pastor und einen Evangelisten dazu, d. h. der jetzige Evangelist wird ordiniert und übernimmt dann Gemeinden in Eigenverantwortung. Wir haben in den vergangenen Wochen und Monaten wieder Bauten abschließen und einweihen können. Nun sind noch einige Leute bis Weihnachten zu unterrichten, die dann getauft werden. In dieser Woche wird das Haus des neuen Dekans in Piet Retief fertig. Es ist immer ein wenig schwierig, 100 km weit weg zu bauen, aber es ging doch alles ganz gut. Wir haben im Augenblick sehr ordentliche Leute dafür.

AUS EINEM BRIEF VON SCHWESTER CHRISTA-PONGOLA, IM FEBRUAR 1980

Es regnet im Moment so wunderschön, und ich sitze hier auf der Terrasse vor dem Gästehaus. Man atmet richtig auf, denn es war in den letzten Tagen unerträglich heiß. Ich habe nicht geglaubt, dass es so heiß werden kann, so dass man zuweilen eine richtige Leere im Kopf verspürt. Kurt-Günter sagt: „Ich weiß nicht, aber ich fühle nichts mehr zwischen den Ohren!“ Ich kann jetzt gut verstehen, weshalb KG und Rike oft keine Meinung haben, einen Brief zu schrieben. Es ginge mir ebenso.

Wir waren gestern im Swaziland bei glühender Hitze (42° im Schatten). Fünf Stunden Autofahrt und drei Stunden Aufenthalt dort. Es war interessant, einmal dieses Land zu sehen, das von einem König regiert wird. Rike war auch mit, und wir haben einige Sachen eingekauft. Kurt-G. und Rike sind sehr lieb zu mir. KG freut sich unheimlich, dass ich hier bin. Er sagt mir das jeden Tag ein paar Mal. Die Kinder haben verhältnismäßig viel Unterricht bei dieser Hitze. Unsre hätten schon lange hitzefrei, aber das kennen sie hier nicht. Morgen, Sonntag, findet hier in Ncotshane Gottesdienst statt. KG nimmt im Moment Abendmahlsanmeldungen entgegen.

Heute morgen war ich mit ihm nach Dwarsrand, wo er in einer Schule Gottesdienst gehalten hat. Der Schulchor, der dort gesungen hat, war ganz große Klasse. Er hat so gut gesungen, dass mir richtig der kalte Schauer über den Rücken lief.

Später schrieb Christa ins Gästebuch: Ich hatte 13 Jahre lang Sehnsucht nach dem Land meiner Jugend. Da schenkte mir mein lieber Mann einen dreiwöchigen Urlaub bei Euch in Pongola. Es wird für mich eine unvergessliche Zeit bleiben. It was too much!! Ich durfte auch neben herrlichen Ausflügen ins Swaziland, Durban, Sodwana Bay, etc. Dein Arbeitsgebiet, lieber Bruder, kennenlernen. Es hat mich tief beeindruckt, unter welchen Umständen Ihr Eure Arbeit verrichtet. Diese unbeschreibliche Hitze! Wenn man dagegen die Freude der Heiden in Jozini über das Kommen des Missionars miterlebt hat, dann vergisst man all das Negative und ist einfach glücklich.

PONGOLA, 12. MÄRZ 1980

Ja, es war eine rundum fröhliche und glückliche Zeit, die wir miteinander hatten, das Haus war so furchtbar leer, als wir meine Schwester zum Flughafen gebracht hatten und abends gegen 22.00 Uhr wieder hier in Pongola ankamen. Wir haben gleich am Montag angefangen, eine neue Schule zu bauen, und die ist schon fast halb hoch. Es geht sehr schnell mit den großen Blocks. Und dann waren wir mit den andern Missionaren oben im Norden, links neben dem Swaziland in Fernie, wo wir ein neues Gemeindezentrum errichten, mit einer großen Kirche und Pfarrhaus. Wir müssen nun mit Hochdruck die große Synode unserer Kirche vorbereiten, die in Ncotshane stattfinden wird, Anfang Mai ca. 75 Leute unterbringen und versorgen. Wir haben schon angefangen, in der Gemeinde dafür zu sammeln.

Übrigens haben wir im vergangenen Jahr hier in Ncotshane unser Ziel erreicht: 1800 R aufzubringen. Wir können also unsern Pastor selber bezahlen. In diesem Jahr ist nun unser Ziel 2300 R, und das sieht ganz gut aus bislang, denn das erste Quartal 575 R haben wir schon erreicht. In einigen Gemeinden hier sieht es noch etwas traurig aus, aber wir arbeiten daran, und ich hoffe, dass wir hier in Osttransvaal bald so weit sind, dass wir alle unser Ziel erreichen und uns, was die Gehälter und Motorräder angeht, selbst versorgen und selbst erhalten können. Ich denke an die drei „Selbst" einer unabhängigen Kirche: Selbstausbreitung, Selbstverwaltung, Selbstfinanzierung.

PONGOLA, 6. FEBRUAR 1981

Die Synode war übrigens sehr schön. 96 Männer kamen, sogar sechs Bushmen und ein Inder waren dabei, und Swazi und Zulu, Tswana und Sotho. Und die Frauen aus der Gemeinde haben uns wunderbar versorgt und für uns in den großen Töpfen gekocht die Kuh von Karl Kohrs, die wir vorher auf seiner Farm geschossen hatten. Nur am Montag gab es Mittagessen eine halbe Stunde später, weil das Holz in der Nacht beim Regen so nass geworden war. Sonst hat alles vorzüglich geklappt. Ein Drittel der Leute war zum ersten Mal auf einer Synode, und sie haben zum Teil sehr scharfe und interessante Fragen gestellt. Es war auch ein ganz Teil junge Leute gekommen, der Chef von Radio Bantu und andere, die höhere Schulbildung hatten, und so nahmen die Dinge dann eine etwas andere Wendung als gewöhnlich.

8. KAPITEL

„Wer nicht missioniert, wird missioniert!"

- Missionsdirektor Georg F. Vicedom, Neuendettelsau -

„Missionarisch zu wirken gehört zum Kern des christlichen Selbstverständnisses. Zugespitzt gesagt: Eine Kirche muss missionarisch sein, oder sie ist keine Kirche. ‚Mission' ist ein Wort, das polarisiert. Es klingt nach Abwerbung und religiösem Zwang, nach Suggestion und Kolonisation. Alles von gestern! Unter einer missionarischen Kirche ist eine Kirche zu verstehen, die ihren Auftrag ernst nimmt, zu anderen Menschen zu gehen und von der erfahrenen Güte Gottes zu berichten, eine Kirche, die andere an ihren Zukunftshoffnungen teilhaben lässt. Mission ist Werbung statt Belagerung, Einladung statt vornehmer Zurückhaltung, Begeisterung über den eigenen Weg statt Abwertung anderer."

- Eduard Kopp in „Chrismon", Oktober 2007 -

5. FEBRUAR 1982, UMZUG UND NEUANFANG IN UMHLANGENI

P. O. Box 30 4242 IZOTSHA, (südlich von Durban bei Port Shepstone am Indischen Ocean)

Ich habe so lange nicht geschrieben, dass es schwer fällt, den richtigen Anfang zu finden. Nachdem wir unsere erste Telefonrechnung im neuen Haus bekommen haben, denken wir, dass es besser ist, Briefe zu schreiben. Wir fühlen uns so langsam in die neue Umgebung hinein. Richtig zu Hause werden wir wohl erst sein, wenn wir im nächsten Jahr von Deutschland zurückgekommen sind. Der Deutschland-Aufenthalt steht vor mir wie ein Berg. Ich müsste so viel vorbereiten dafür, aber dazu habe ich keine Zeit. Hier ist zu viel zu tun. Die beiden ersten Beerdigungen habe ich auch schon hinter mir. Jeden Tag vier Konfirmandenklassen (89), davon 20 noch nicht getauft. Ich will versuchen, sie bis zum Juni zu konfirmieren, Ostern taufen. Es gibt viele Alte, Kranke und Gemeindebesuche, damit die Leute mich kennenlernen und glauben, dass ich wieder zurückkomme.

An sich können wir jetzt gar nicht nach Deutschland kommen, aber im nächsten Jahr ist es noch genauso. So fahren wir denn von Juli bis nach Weihnachten und freuen uns sehr auf Euch. Rike hat schon die ersten Bohnen und Radieschen aus ihrem neuen Garten geholt. Zwei Glucken haben bereits 17 Küken ausgebrütet, Waldi hat sich auch schon an den großen Auslauf auf der Station gewöhnt. Zwischendurch fahre ich immer noch für ein paar Tage nach Pongola, weil dort Bauarbeiten abgeschlossen werden und wurden, die wir im letzten Jahr begonnen hatten. Nächste Woche werde ich auch wieder für 3 Tage dort sein. Hier wird ebenfalls allerhand zu bauen sein. Küche und Studierzimmer müssen noch renoviert und gebaut werden. Ich habe meine Bücher noch nicht ausgepackt.

DEUTSCHLANDAUFENTHALT 1982

Zur Beerdigung von Pfr. F. W. Hopf am 23. Juli 1982 in Hermannsburg

In unserm Herrn und Heiland Jesus Christus, liebe Brüder und Schwestern, die Lutherische Kirche im Südlichen Afrika verliert ihren Mitvater, sie verliert einen ihrer Architekten. Die LuKiSA verliert einen wichtigen Mitbegründer, und sie verliert einen großen Bruder. Umahlombe ubiziwe yiNkosi. Die große Schulter wurde vom Herrn gerufen. Sie hat vieles getragen, diese große Schulter. Usithwalile ngeminyaka emininigi. Sie hat vieles ertragen von Schwarz und Weiß. Vor allem aber hat sie vieles mitgetragen. Er hat sich an vielen Fronten für uns eingesetzt. Er hat sich an vielen Fronten für uns verwendet. Und er tat das mit brennendem Herzen. Wie nahe er uns war, zeigte sich immer dann, wenn er irgendwo predigte in vielen Kirchen, auf Konferenzen und Missionsfesten, in vielen Hütten und Häusern. Da brauchte man als Übersetzer nicht lange zu übertragen, da brauchte man nicht lange umzudenken. Das w a r Zulu, das w a r Tswana. Er dachte dann wie wir. „Cha, ungumuntu lo, ungumfowethu," hörte ich von schwarzen Amtsbrüdern. „Er ist einer von uns, ein Bruder." Ich finde immer, das ist das Schönste, was man in Afrika hören kann, nicht wahr?

Wir sind von Herzen dankbar, dass Gott der Herr uns diesen Mann geschenkt hat, denn die Mission Gottes geht weiter; sie geht voran, weil Gott uns solche Männer schenkt. „Sizobonana kwelizayo!" „Wir sehen uns im Kommenden!" heißt das. Wie oft habe ich diesen Satz übersetzt, wenn er sich bei seiner letzten Missionsreise von alten Freunden, Lehrern, Kirchenvorstehern, Pastoren und Evangelisten verabschiedete, zum letzten Mal hier auf Erden, wie alle Beteiligten in diesem Augenblick wussten. Wir sehen uns im Kommenden. Und dann hat er mit uns gesungen: „UJesu wami uyaphila, ngizakwesaba yini na? Mein Jesus lebt, was sollte ich schon fürchten?" Seht, das glauben wir in Afrika mit Euch hier in Deutschland, denn wir haben einen gemeinsamen Herrn Jesus Christus, der hat dem Tode die Macht genommen und das Leben und ein unvergängliches Wesen ans Licht gebracht durch das Evangelium. Amen.

22. NOVEMBER 1984

Wir hatten vor drei Wochen einen wunderschönen Jugendtag, zu dem zu unserer großen Überraschung ±90 Jugendliche aus meinen Gemeinden gekommen waren, im Alter von 7 bis 35. Sie schleppten ihre kleinen Geschwister „mit anne Hand“, und Rike taute ein Paket Gehacktes nach dem andern auf, so dass sie alle satt wurden. Die Frauen aus der Gemeinde Umhlangeni haben schön geholfen. Es hat allen so gut gefallen, dass wir das recht bald wiederholen wollen. Morgens haben wir mit einer Andacht begonnen, dann hielt E.-H.Schwacke einen sehr interessanten Vortrag über das sechste Gebot und fing mit den alten Zulusitten an, was vielen nicht mehr so bekannt war. Daraufhin kamen viele Fragen anonym in den Fragekasten, die wir nachmittags beantwortet haben. Nachmittags gab es Tee mit viel Zucker und Milch und dicke Scheiben brownbread. Wir hatten um 10.00 Uhr angefangen.

Der Rektor einer Hochschule, Bernard Ndimande, ein Kirchenvorsteher aus Gamalakhe, hielt einen sehr lebendigen und guten Vortrag über das Thema: Wie können wir als Jugendliche die Gemeinde des Herrn bauen? mit sehr vielen praktischen Beispielen. Dann kam der Fragekasten, und dann wurde gesungen, und sie haben ganz wunderschön gesungen. Wir haben das ganze Gesangbuch plattgesungen, aber auch vieles aus der Zulutradition, Chorusse usw. Und dann hat zum ersten mal hier auf Umhlangeni ein Posaunenchor geblasen. Schwacke war ganz gerührt. Wir hatten zwei Choräle eingeübt, die gingen auch schon ganz gut, und wir mussten sie immer wiederholen, erst den einen und dann den andern, und dann den ersten nochmal usw. Die kleinen Phondo-Zulu- und Xhosamädchen kriegten alle ganz runde Augen, und die Jungen, die da waren, wollen nun auch in den andern Gemeinden Posaunenchöre anfangen.

Ich bin sehr glücklich über diese Entwicklung. Ich denke, dass wir das nächste Mal etwas mehr Abwechslung haben, wenn wir zwei oder drei neue Chorale eingeübt haben. Ich kenn auch keine Noten, so machen wir das mit Drunterschreiben, was wir jeweils drücken müssen: 1 oder 1-2 oder 1-3 oder 2-3 oder whatever. Ich verliere nun Ende des Jahres meinen einzigen Mitarbeiter, Daniel Zakuza, der ist versetzt worden nach Pella. Ich hoffe, dass ich einen Pastor kriege, der selbständig zwei oder drei Gemeinden übernehmen kann. Das wird dauern. Also ist alle Ausbreitungsarbeit erstmal auf Sparflamme. Sonntag waren wir mit 100 Leuten in Phoenix-Durban zur Einweihung der neuen Inderkirche, was sehr schön war. Die Konfirmandenprüfungen sind alle gut verlaufen, und nun werden sie in den verschiedenen Gemeinden an den Dezembersonntagen konfirmiert.

MISSIONSBLATT NR. 10 1986, BERICHT

Als ich die Kirche in Mafu zum ersten Mal sah, wäre ich am liebsten sofort wieder umgedreht. Es war einer dieser entsetzlich kalten, regnerischen Tage, an denen es schwer fällt zu glauben, dass man in Afrika ist. Der heftige Wind fegte Wolken und Regenschauer über den großen kahlen Platz und riss mir die Autotür aus der Hand.

Im Turmeingang drängen sich fünf oder sechs graugesichtige Gemeindefrauen aneinander, ein Begrüßungskomitee für den neuen Umfundisi. Sie suchen Schutz vor dem eisigen Wind, der durch jede Kleidung geht und sich in den Knochen festsetzt. Als ich in den Turm trete, patsche ich in eine große Wasserlache, die sich dort gebildet hat. Ich habe beide Hände voll mit Abendmahlskoffer, Tasche und Talar und kann nichts absetzen, weil wir im Wasser stehen.

Die Sachen werden mir freundlicherweise abgenommen, und ich begrüße meine neuen, völlig durchnässten Gemeindeglieder. Zaghaftes, zurückhaltendes Lächeln auf beiden Seiten, während wir die landesüblichen Höflichkeiten austauschen. Dabei rieselt ein feiner Sprühregen auf uns herab, unterbrochen von besonders dicken, eisigen Tropfen, die durch meine dünnen Haupthaare direkt auf die Kopfhaut und in meinen Kragen platschen.

Ein Blick nach oben erklärt alles: Der Turm hat überhaupt kein Dach, und des Himmels Wolken regnen sehr herein. Es hängt nur eine völlig verrostete Glocke da oben, an der eine alte Fahrradkette, kombiniert mit einem Stück Draht, befestigt ist – zum Ziehen. Neugierig und etwas leichtsinnig tue ich das, und nun regnen auch noch unzählige kleine und größere Rostpartikel auf uns herab, während die Glocke – widerstrebend und in den Lagern quietschend – protestierend gellende Töne von sich gibt.

Ich lasse das sehr schnell sein und wende mich mit gemurmelten Entschuldigungen der Kirchentür zu. Die ist einmalig! In einem größeren, rohen Holzrahmen hängen einander zugeneigt zwei Türflügel, die, weil beide zu groß, sich um einen Fuß überlappen und jeweils zur Hälfte die andere überdecken. Zusammengehalten wird die ganze Geschichte durch ein Hühnerstallschloß, das sich etwa in der Mitte befindet. Und nachdem ich das auf habe, fällt der rechte Flügel herunter und klemmt fest. Angepinselt ist das alles mit dem traurigsten aller Anstriche: graue Ölfarbe.

Nachdem wir das Hindernis beseitigt haben, kommt der nächste Schock: In der Kirche ist es genauso nass wie draußen. Die meisten Fenster haben keine Scheiben, und so regnet es sozusagen quer durch. Ein großer kahler Raum, keine Bänke und kein gar nichts. Der Zementboden durchzogen von großen, breiten Rissen und garniert mit tiefen Löchern, in denen man sich die Ohren brechen kann. Vor uns eine Art Altarraum, in dem sich zwei Dinge befinden: ein schwerer Holzkasten, mit einem stockfleckigen rötlichen Tuch bespannt, auf das ein Kreuz aus weißem Linnen genäht ist, auch dieses fleckig und überall eingerissen. Kerzen, Altardecke, Blumen, Kruzifix: Fehlanzeige, dafür ist das Ding aber wieder mit dieser deprimierenden grauen Ölfarbe angestrichen, desgleichen eine Holztonne, die gleich daneben steht und in der ich nach einigen Schwierigkeiten die Kanzel erkenne. Eine Vorrichtung zum Taufen kann ich nirgendwo entdecken.

Ich sehe eine Seitentür, die mit einem großen Stück Blech fest vernagelt ist. Das Blech passt in der Farbe zu den tristen Altarmöbeln, und ich stehe in diesem Altarraum, und ich schäme mich, und das dauert eine ganze Weile, und als ich mich umdrehe, sehe ich die Gemeindefrauen, und die stehen da und schämen sich auch. Eine von ihnen versucht mit einem Stück ausgefaserter Palme den Raum zu fegen, sieht aber die Sinnlosigkeit ihrer Bemühungen bald ein und lässt es wieder.

Von den Wänden rieselt Lehm und Wasser, der Regen schägt direkt durch. Große Teile des Verputzes sind 'runtergefallen, und darunter kommen Lehm und Stacheldraht zum Vorschein. Es haben sich bereits allerhand Kräuter und Gräser in den Wänden angesiedelt. Ich erkenne Farnkraut, das mir auf der Wetterseite in Augenhöhe entgegenwächst. Es kostet mich einige Überwindung, die Abendmahlsgeräte auf den Holzkasten zu stellen. Wir verschieben mit vereinten Kräften die Holzkanzel, weil grad daneben die Fensterscheiben fehlen und der Regen direkt auf die Bibel fegt. Dabei stören wir eine Menge Kakerlaken und anderes Kleingetier, das sich unter der Tonne wohlgefühlt hatte. Und so haben wir in Mafu unseren ersten Gottesdienst gehalten ...

Ich hätte am liebsten sofort mit der Renovierung begonnen. Das ging aber nicht, weil dieses Gebäude nicht nur für gottesdienstliche, sondern auch für schulische Zwecke benutzt wurde. Während der Woche versuchte Miss Lushaba mit sehr viel Geduld ca. 60 Kindern das Einmaleins und Lesen und Schreiben beizubringen. Die einzige Schule in dem Gebiet befand sich in unserer verfallenden Kirche, und wir konnten während der Renovierungsarbeiten die Kinder nicht einfach unter einen Baum setzen.

So haben wir erst eine Schule gebaut, für die der Häuptling einen Platz zur Verfügung gestellt hatte. Ich hatte nach einem Lichtbildervortrag vom Lions-Club Hannover-Herrenhausen einen Scheck erhalten, der die Bauarbeiten an dieser Vier-Klassen-Zimmer-Schule wesentlich beschleunigte, und so konnten wir mit Hilfe der Eltern und eines indischen Ladenbesitzers aus Paddock Anfang 1985 zwei der Klassenräume in Betrieb nehmen.

Der Häuptling Mavundla hatte uns freundlicherweise eine Erweiterung des Kirchgrundes gestattet, und so haben wir zunächst einmal ums ganze Grundstück einen neuen Zaun gezogen, mit Pforten und sechs Drähten, um die Ziegen draußen zu halten. Dabei halfen uns zwei Farmer, Kirchenvorsteher, Mac Bunge und Erwin Voigts aus unserer deutschen Nachbargemeinde Shelly Beach, und legten mir die Zutaten vors Haus – geschenkt. Wir haben dann mit den Schulkindern überall Kukuyagras angepflanzt, um die Erde festzuhalten, außerdem gruben sie ca. 90 Löcher, um Bäume zu pflanzen, damit wir Schatten und Windschutz kriegen. Die Lage der Kirche ist einmalig schön, oben auf einem Hügel. Der Blick wird durch nichts aufgehalten. Man sieht die gesamte Küstenebene und dahinter die unendliche Weite des Indischen Ozeans.

Missionar Ernst-H. Schwacke hatte mit seinen Gemeindegliedern Ende der Fünfzigerjahre, durch eine Spende der Frauenkreise in Deutschland ermutigt, unter unsäglichen Mühen diesen Kirchbau geleitet und ausgeführt. Es gab damals noch keinen Weg und Steg dorthin, und sämtliches Baumaterial musste auf dem Kopf herangetragen werden. Heute kann man, wenn es nicht allzu sehr regnet, quer durch dieses Gebiet fahren. Wir hatten beide große Befürchtungen, dass wir diese Lehmkirche ganz abreißen müssten, da das Fundament ringsum so ausgespült war, dass eine Ecke schon ganz bedenklich eingerissen und abgesackt war.

Nun kommt es ja im Leben manchmal nicht so sehr darauf an, was man kann, sondern wen man kennt, besonders, wenn man nicht weiter weiß. Ich bin also mit dem Architekten Gottfried Höfler, auch ein Kirchenvorsteher aus Shelly Beach, da hinausgefahren, und er hat sich alles lange schweigend angesehen. Seine Anweisungen, die dann kamen, waren knapp und präzise und ließen mich aufatmen: Die Kirche steht. Sie ist im großen und ganzen recht solide. Wir können sie erhalten, denn ein Neubau würde sehr teuer werden.

Wir müssen nur die Mauern vor dem Wetter schützen und werden deshalb ringsum eine Halbsteinwand hochziehen, mit dicker Industrieplastik zwischen altem und neuem Mauerwerk. Dazu müssen wir das gesamte Fundament verstärken. Das Dach kann bleiben, aber der Fußboden und die Fenster kommen raus. Der Turm wird verstärkt und etwas höher, und die Stirnwand fällt, um den neuen Altarraum dranzubauen. Innen muss der Verputz abgeschlagen werden, damit die Wände gut austrocknen. Er gab mir dann auch sehr bald eine saubere Zeichnung der ganzen Renovierung mit den nötigen Materialangaben, und am 20. Mai 1985 begannen wir mit den Bauarbeiten.

Die nächsten fünf Monate haben mich dann etwa zehn Jahre meiner ohnehin befristeten Lebenserwartung gekostet. Es fing alles ganz fröhlich an. Ich hatte zwei Maurer angestellt – jedenfalls behaupteten sie, es zu sein, und jeder bekam zwei Handlanger dazu. Das geht in Afrika nicht anders. Die Frauen aus der Gemeinde schleppten in einer langen Reihe ununterbrochen Wasser auf dem Kopf herbei in den abenteuerlichsten Behältern, die früher mal Sonnenblumenöl, Zeckengift und Motoröl etc. enthielten. Bald war das neue breitere Fundament fertig. Dazu hatten die Schul- und Gemeindekinder viele, viele größere und kleinere Steine zusammen getragen, um Zement zu sparen.

Und nun begann das Desaster! Die Maurer fingen an zu mauern. Und die Handlanger fingen an zu handlangern, nachdem ich ihnen allen das nötige Werkzeug dazu gekauft hatte. Das jeweilige Tagesergebnis ihrer Bemühungen spiegelte in jedem Falle die innere Verfassung dieser Helden wider. Das Mauerwerk, das unter ihren Händen entstand, nahm die abenteuerlichsten Formen und Richtungen an, und je mehr ich ihnen das wieder einriss, desto schlimmer wurde es.

Ich habe mit höflichen, feinen Vokabeln aus der Zulusprache – sozusagen von Kralherr zu Kralherr – den Unterschied zwischen einer Wasserwaage und einer Maurerkelle zu erklären versucht. Ich habe ihnen die Geheimnisse dieser Werkzeuge und deren Zweckmäßigkeit dargelegt, und schließlich habe ich gebrüllt wie ein norddeutscher Wurstverkäufer und ihnen pauschal einen schnellen Tod angedroht. Nichts half. Like the man said: „There were no crevasses in their brainbox where any knowledge could be lodged for any length of time." Aus leicht feuchten, braunen, mehr oder weniger blutunterlaufenen Augen guckt dich ganz Afrika an, und in diesem Blick liegt soviel Verständnislosigkeit, dass man schon wieder bereit ist, sich halb und halb dafür zu entschuldigen, dass man mit Zollstock und Winkeleisen zu solch unmöglichen Forderungen und Ergebnissen kommt.

Ich habe dann einen nach dem andern nach Hause geschickt und andere angestellt, aber es wurde nicht besser – im Gegenteil. Sie schickten einfach ihre Vettern und deren Neffen, die noch weniger Ahnung hatten. Als ich dann noch sehe – und sowas merkst du immer, wenn es zu spät ist – dass sich unser Steine- und Zementvorrat dramatisch verringert, obwohl die Mauern auf derselben Höhe bleiben, schicke ich sie alle nach Hause, und der Kirchbau bleibt halbfertig stehen. Ich hatte die

Nase voll vom Bauen im Allgemeinen und vom Kirchbau in Mafu im Besonderen.

Und dann kamen Alfred und Elisabeth Prange, und das war sehr tröstlich, denn diese jungen Vikarsleute aus Deutschland haben Elan und Enthusiasmus, und so haben wir denn weitergebaut. Baumeister Höfler stellte uns zwei qualifizierte indische Maurer zur Verfügung, Perry Govender und Dan Naidoo, und die schafften an einem Tag, was alle andern „Experten" vorher in einer Woche nicht geschafft hatten. Wir fanden inzwischen auch bessere und ehrliche Handlanger, zum Teil aus der Gemeinde, so dass dann schließlich alles so nach und nach fertig wurde. Die Kirche ist sehr schön geworden, und es ist eine große Freude dort zu sonntagen (Im Zulu gibt es zum „Sonntag" auch ein Tätigkeitswort).

Am 23. Februar 1986, dem Sonntag Reminiscere, neun Monate nach Baubeginn, durften wir unter großer Beteiligung von schwarz und weiß die Kirchweih halten. Die Feierlichkeiten begannen eigentlich schon am Sonnabend, als wir mit einer toten Kuh auf dem Kirchgrundstück ankamen. Sie war uns freundlicherweise von einem deutschen Nachbarfarmer, Ronnie Voigts, noch ein Kirchenvorsteher aus Shelly Beach, geschenkt und auch gleich geschossen worden. Die Männer aus der Gemeinde erwarteten uns schon mit geschärften Messern, um das Fell abzuziehen und sie für die riesigen Dreibeintöpfe vorzubereiten.

Mafu, Bomela, Nyandezulu ist eine wilde Gegend, und es passiert sehr viel Dramatisches da oben in den Bergen. In dieser Nacht kommt es zu einem Überfall. Einige dunkle Gestalten versuchen in die Kirche einzudringen, um das Fleisch zu stehlen. Sie werden aber mit großem Geschrei von den Männern und Frauen aus der Gemeinde vertrieben, die in der Kirche Wache halten und die jetzt heldenhaft das Kirchweihessen verteidigen. Geschlafen hat in dieser Nacht niemand mehr.

Am Sonntagmorgen ist der Himmel grau und verhangen. Es ist kalt und droht zu regnen. Aber das Wetter hält sich. Die Gemeinde wächst durch die vielen Gäste so an, dass die Hälfte draußen vor den Fenstern steht. Sogar der Häuptling Mavundla erscheint mit einigen seiner Ratsleute. Der Posaunenchor der St. Johannesgemeinde Shelly Beach begleitet den Gemeindegesang. Bischof Georg Schulz nimmt die Einweihung der Kirche vor und sagt in seiner Eröffnungspredigt zu Matth. 18,20: Versammlungen im Namen Jesu stehen unter der Verheißung, dass er selber unter uns ist. Diese Verheißung gilt für alle Zeiten, auch für den heutigen Tag und diese versammelte Gemeinde.

Pastor Isashar Dube, der Dekan von Natal, predigte über Lukas 19,9: Heute ist diesem Hause Heil widerfahren. Dies Wort hat dem Zachäus geholfen. Es hat ihn gerettet, und genauso kann auch heute noch jeder von Jesus Christus erreicht werden, wenn er sich dahin begibt, wo ER zu finden ist, in Seinem Wort und in Seinen Sakramenten, in Seiner Gemeinde und in Seinem Haus. Pastor E.-H. Schwacke erinnerte uns in seiner Ansprache an die Anfänge der Gemeinde Mafu unter seinem Vater Martin Schwacke, der die ersten Fußspuren auf den Bergen und Hügeln Mafus hinterließ. Abschließend grüßte der neue Pastor der Gemeinde Shelly Beach, Siegfried Köhne, die große Versammlung mit den Worten aus Ps. 92,2–3, und er tat das zur allgemeinen Freude auch in der Zulusprache. Auch der Häuptling war mit einem Wort, wie es in Zulu heißt.

Nach dem langen Abendmahlsgottesdienst strömen die Leute nach draußen, und es gibt ein großes Begrüßen. Drinnen singt der Schulchor unermüdlich weiter, auch nach drei Stunden Gottesdienst. Jeder freut sich über die schöne Kirche, über den würdigen Altarraum mit der feinen Altarbekleidung, die gerade noch rechtzeitig von Erna Dittmer aus der Gemeinde Tarmstedt eingetroffen ist. Dann werden die vielen Gäste von nah und fern bewirtet, und die fleißigen Frauen der Gemeinde haben alle Hände voll zu tun. Die Kuh wird total aufgegessen, und alle werden satt, auch die Zaungäste aus der heidnischen Nachbarschaft. Als die letzten Gäste sich auf den Heimweg machen, fängt es an zu regnen ...

**Wir danken Gott für diesen wunderschönen Tag.
Wir danken Gott für unsere neue Kirche in Mafu.
Wir danken Gott für Seine Kirche und Mission.**

UMHLANGENI, 16. AUGUST 1986

Gestern morgen wollte ich den Brief schon schreiben, aber da mussten wir schnell zwei Bienenschwärme einfangen, und das geht ganz gut. Wir haben neue Nachbarn. Friedemann Lauterbach, der ist auch Imker, und so helfen wir uns gegenseitig. Ich habe jetzt sechs Kästen Bienen, und die sind sehr fleißig. Es sind große starke Schwärme. Wir haben wunderschönen Honig rausgeholt, und ich wünschte, ihr könntet den probieren. Wunderbar würzig und voller Aroma, die ganze Blütenpracht Afrikas ist da drin. Leider haben die Bienen unsere Hühner totgestochen. Es sind Chinese Silkies, die sind etwas dösig. Statt dass sie sich unter den Bougainvillea verstecken, bleiben sie einfach im Freien stehen und klagen vor sich hin: Gaaaawwwwk ... Gaaawwk ... Wir hätten sie vorher zusperren sollen. Ihre Köpfe sahen aus wie Nadelkissen voller Stacheln.

Ich konnte neulich nicht zur Konfirmandenstunde fahren, weil eine Biene hat mich durch die Haube mitten auf die Nase gestochen, und die wurde derbe groß. Unsere Kinder haben sich gekugelt vor Lachen, so konnte ich nicht aus dem Haus fahren. Ich bin jetzt allein mit acht Filialen, an denen regelmäßig Gottesdienste gehalten werden, jeweils am Sonnabend/Sonntag. Wir setzen junge Männer aus meinen ersten Konfirmandenklassen ein, d. h. wir lernen, wie man einen Gottesdienst hält. Die Reaktion der Gemeinde ist positiv, auch wenn sie noch oft Weihnachts- und Beerdigungslieder singen lassen, weil sie die am besten können und am liebsten mögen. Vier Jünglinge wechseln sich ab. Am 1. Mai habe ich eine neue Tauf- und Konfirmandenklasse in Mafu angefangen, zusammen mit denen aus Umhlangeni. Es werden dort jetzt jeden Tag 36 Leute unterrichtet im Alter von 10 bis 73 Jahren. Das ist eine große Freude, und es kommen immer noch welche dazu.

Die neue Kirche in Mvutshini/Fascadale haben wir noch nicht angefangen, weil uns noch das nötige Kleingeld dazu fehlt. Wir sind mehr oder weniger fleißig am Sammeln in den Gemeinden. Jeder Kral soll 50 Rand aufbringen, das haben wir so beschlossen, und bislang haben wir 1700 Rand zuammen. Das große Problem ist, dass wir wenig Männer in den Gemeinden haben. Sie sind weithin Heiden geblieben, schicken ihre

Frauen und Kinder zur Kirche. Und nun ist es so, diese Heiden sehen nicht ein, warum sie ihr Geld nicht lieber versaufen sollen, wenn ihre christlichen Frauen am Sonntagmorgen kommen und um den Kirchbeitrag bitten.

Unser nächstes Projekt ist ein festes Haus aus Blocksteinen für unsern alten Pastor Simon Zikhali, der inzwischen 87 Jahre alt ist. Er hat fünf Kinder zu Hause, von denen zwei noch nicht konfirmiert sind. Er hatte sehr spät nochmal geheiratet. Sie leben in einem Hühnerstall, der am Zusammenfallen ist, anders kann man die Hütte nicht beschreiben, wenn es regnet – und das wird es nun bald wieder – dann liegt der arme, alte Mann im Wasser. Das habe ich selbst gesehen, und das geht alles nicht mehr. Die Lehmwände stehen nach allen Richtungen hin und werden weggespült, und so haben wir eine Aktion gestartet: Jeder kauft einen Blockstein für Zikhalis Haus für einen Rand, und 112 Steine haben wir schon, und 1500 bis 1700 brauchen wir. Wir werden versuchen, das Haus in den Juliferien zu bauen mit allen Jugendlichen aus der Gemeinde, die dann helfen können.

9. KAPITEL

Mission ist Gabe Gottes, der uns erlaubt, an seiner Rettungsaktion für die Welt mitzuwirken. Wir selber leben von Gottes Barmherzigkeit, auf die wir angewiesen sind. Wir kommen nicht als die Reichen, die andern etwas bringen wollen, sondern wir teilen in der Mission den Glauben, den Gott uns gibt, mit andern Menschen, die ihn auch brauchen. Auf diese Weise ist Mission nicht nur eine Sache der großen Heidenapostel; vielmehr haben auch die kleinen Leute, die Armen und alle, die am Rande stehen, ihren Platz in der Sendung Gottes.

\- Hans Jürgen Becken -

Nur der ist rechter Bote, der in Buße steht und aus tiefer Mitschuld das Evangelium verkündigt.

\- Joh. Albr. Bengel „Miserikordia destitutus et amore" -

Erst wenn wir die Vergebung zur Grundlage der Mission machen, bekommen wir das rechte Verhältnis zu den Menschen, denen wir das Evangelium bringen.

\- Georg F. Vicedom -

MISSIONSBLATT 2 1987
EIN ALTER MANN UND SEIN HAUS

Ernst-Heinrich Schwacke:

Wenn ich gegen Abend nach einem Fußmarsch von 15 Kilometern endlich wieder am Umhlangenifluß war, blieb nur noch eine Steigung von einem Kilometer. 300 Meter bis zur Höhe, wo ich mich dann verschnaufen konnte. Ich wusste, dass Zikhali mich immer gegen Abend dort in seinem Haus erwartete. MaKhomo, seine Frau, hatte immer etwas Schmackhaftes gekocht. Obwohl ich dann nur noch drei Kilometer bis zur Missionsstation zu gehen brauchte, ließ ich mir nie das nach Zuluart zubereitete Essen entgehen. Das war vor 20 Jahren. MaKhomo lebt nicht mehr. Zikhali heiratete wieder, und seine zweite Frau gebar ihm vier Söhne und eine Tochter. Inzwischen sind drei der Kinder auch konfirmiert, aber Zikhali ist wieder Witwer. Heute, 87 Jahre alt, geht er gebückt und spricht sehr langsam.

Zikhalis altes Haus würden wir eine Bruchbude nennen. Jedoch haben die massiven, aus Erdsoden gebauten Wände und das Wellblechdach manchem Sturm und Tropenregen getrotzt. Immer wieder wurden die Wände geflickt, wenn, wie schon so oft, ganze Mauerteile weggewaschen waren. Als Südafrikaner hat man sich an diesen Baustil der Schwarzen gewöhnt, aber es musste wohl erst ein jüngerer Missionar kommen, der bei jedem starken Regenguss Alpträume bekam, wenn er nachts an Zikhalis in ihrer baufälligen Hütte dachte.

Kurt-G. Tiedemann hatte nur noch eins im Sinn: Wir müssen für Zikhalis ein neues Haus bauen, damit er wenigstens im Trockenen sterben kann. Wie schon bei der Renovierung der Kirche auf Mafu, zog er Herrn Gottfried Höfler zu Rate, Architekt und Baumeister der Kirche, der Halle, des Pfarrhauses der St. Johannes-Gemeinde Shelly Beach. Irgendwoher hatte Missionar Tiedemann einen Hausplan, den er ihm vorlegte. Er schaute sich den Plan einige Minuten an, griff zu einem Lineal und zog einen dicken Strich mitten durch die Hauszeichnung mit den Worten: „So, die Hälfte können wir für 7000 Rand bauen!“

Woher sollte das Geld kommen? Kleiderverkauf! Bausteine in den Gemeinden verkaufen! Sein Anliegen sprach sich herum, und es kamen Spenden von weiß und schwarz. Ich freute mich über jede Erfolgsmeldung: „Den Bauplatz hat Edwin ‚Smiley' Klüsner geebnet, ein Nachbarfarmer und Mitglied der St. Johannesgemeinde." „Die Bausteine sind angekommen!" „Sonnabend hilft mir die Jugend das Fundament zu gießen." „Die Mauern sind hoch, jetzt nur noch das Dach." Diese Arbeit erstreckte sich über einige Monate unseres Winters und unserer Trockenzeit. In der Tat, das Haus war vor unserm ersten großen Frühlingsregen fertig.

Am 8. Nov. war Hausweihe. Viele Gemeindeglieder, sogar von Mvutshini, 25 km entfernt im Süden, waren gekommen. Wir hatten auch einen Bläserchor, den Frau Rike Tiedemann und P. Köhne mit ihren Instrumenten kräftig unterstützten. Die Bläser schielten mit einem Auge nach den regenträchtigen Wolken. Bevor es regnete, hatte der Baumeister den Hauschlüssel überreicht, und Kurt-Günter schloss das Haus auf. In der großen Wohnstube war erstaunlich viel Platz, und der vielstimmige Gesang hallte von den Wänden wider. Die Hausweihpredigt hielt der Schreiber dieses Berichtes. Zum Schluss stand der alte Zikhali gebückt vor der Hausgemeinde. Heute ein Greis von wenigen Worten, jeder Satz genau überlegt, dazwischen lange Pausen.

„Ich bin alt und krank. – Ich bin nicht mehr der Zikhali, den ihr gekannt habt, auch wenn ich noch Zikhali bin. – Ich lebe noch, auch wenn ich schon absterbe. – Ich bin dankbar. – Arbeiten kann ich nicht mehr. – Predigen kann ich auch nicht mehr. – Was habe ich getan in meinem Leben? – Den Katechismus habe ich unterrichtet. – Den Katechismus von Dr. Martin Luther. – Dr. Martin Luthers Katechismus enthält alles. – Mehr will ich nicht sagen: In Jesu Namen. Amen."

Die Zulu singen gerne. So wurde nun ein Choral nach dem andern angestimmt, während die Frauen draußen in riesigen gußeisernen Dreibein-Töpfen das Essen zubereiteten. Eine solche Mahlzeit ist sehr schmackhaft und mir immer ein missionarisches Festessen. Hühnerfleisch, Weißkohl, Reis, eine kräftige Brühe. Vom grünen Emailleteller wird mit dem Löffel aber auch das letzte Körnchen Reis verputzt.

Zikhali hat Gott sei Dank jetzt ein wetterfestes Haus. Für Inventar wird noch gesorgt. Das Ferienhaus „Bleckmar" stellt einige Möbel ab. Andere geben einen Teppich. Einer schenkt einen Schrank. Jemand hat noch einen gemütlichen Stuhl. Tiedemann kann nachts wieder ruhig schlafen, wenn die Sturzregen übers Land gehen. Das alte Haus soll noch als Kochhaus dienen, wurde mir erklärt, als ich vergeblich nach einem Schornstein auf dem neuen Haus Ausschau hielt. Es stehen zwei sehr geräumige Schlafzimmer zur Verfügung, und die Küche wird geteilt, so dass auch noch ein Waschraum entsteht.

Die nächsten Baupläne zielen auf eine Gemeindehalle in Umhlangeni hin. Die Gemeinde hat dafür bereits 15 000 Rand auf der Sparkasse. Wie mir Missionar Tiedemann mitteilte, reicht das noch nicht. Aber der Wunsch anderer Gemeinden, besonders der Jugend, doch endlich auch am Indischen Ozean Freizeiten halten zu können, geht – so Gott will – bald in Erfüllung. „Die feste Burg" ist fast fertig. Das ist der neue Glokkenturm auf Umhlangeni, dessen Eisengerüst mit massiven Feldsteinen ummauert wurde. Dann kommt auch Mvutshini an die Reihe. Diese rege Südfiliale muss unbedingt bald eine Kirche haben auf dem Grundstück, das uns der Chief Xolo zugewiesen hat. Bei uns im Süden ist also allerlei los.

MISSIONSBLATT NR. 4/5, 1987
QEEWUU! QEEWUU! QEEWUU!

Ernst-Heinrich Schwacke

Die obigen Worte geben in der Zulusprache genau den Ton der Glocke wieder. Der Zulu hat ein feines Gehör, und ein kindliches „BimBam" sagt ihm daher gar nichts. Ihr lieben deutschen Leser könnt diese Worte natürlich nicht nachsprechen. Der Schnalzlaut „Q" gibt genau den Glockenschlag wieder, und dann hört der Zulu Obertöne und Untertöne, die er mit dem langgezogenen „e" und einem langgezogenen „u" nachahmt. Es breche sich also keiner die Zunge ab, jedoch kann unser Missionsdirektor Junker „auf Zulu läuten". Bei Gelegenheit könnt Ihr ihn bitten, einen echt musikalischen Glockenton mündlich auf Zulu wiederzugeben.

Die bedeutungsvolle Rolle der Glocke hat wohl Schiller zur Genüge geschildert. Weltweit sind immer noch Glocken der helle Ruf zum Gottesdienst, und auch Afrika entdeckte die Glocke, die mit den ersten Missionaren ins Land kam. Dem Teufel ist die Glocke das am meisten gehasste Instrument auf Erden. Am liebsten hängt er sich selbst an den Strang, um Glocken zum Zerschellen zu bringen. Welch Freude in der Hölle, wenn zu Kriegszeiten die Glocken eingeschmolzen und in todbringende Granaten umgegossen wurden. Jede Gemeinde kann, was die Anschaffung, das Aufhängen und Einläuten betrifft, ihr eigenes Glokkenlied singen. So auch die Gemeinde Umhlangeni.

Die erste Glocke kam auf einem Ochsenwagen im vorigen Jahrhundert auf der neugegründeten Missionsstation Umhlangeni an. Pastor Stoppel hatte sie von Marburg bei Port Shepstone mitgebracht. Es gab Streit! Um des Friedens willen ließ er die Glocke mit dem Ochsenwagen nach Marburg zurückbringen. Sie wurde in einem neuen Kirchlein aufgehängt. Beim ersten Läuten purzelte sie von ihrem Stuhl herunter und zerbrach. Das verursachte eisiges Schweigen.

Umhlangeni erhielt eine neue Glocke, die auf einem festen Glockenstuhl aus Harthölzern aus dem Urwald der Missionsstation aufgerichtet wurde. Viele Jahrzehnte drang der klare, helle Ton in die weite Landschaft. Wind und Wetter und auch Termiten verursachten dann das Malheur! Auch diese Glocke stürzte – jedoch unbeschadet – zu Boden und wurde provisorisch auf einem niedrigen, aus Bausteinen aufgerichteten Glockenstuhl gesetzt. So läutet mein Küster Makhanya treu weiterhin die Glocke, aber eines Tages leider mit einem Hammer! Ein tellergroßes Stück der Glocke fiel zu Boden, und das vorige helle „Qeewuu" war nur noch ein klägliches, abgehacktes „Cheeee -" Auf Dias führte ich 1964 mancherorts in Deutschland dieses Trauergeläut vor die Augen unserer Missionsfreunde.

Dann erfreute mich ein Brief aus Düsseldorf. Ein Missionsfreund verriet mir, mit welchem Stab man die gesprungene Glocke auf Umhlangeni schweißen könnte. Vor unserer nächsten Reise nach Deutschland war die reparierte Glocke auf einem neuen festbetonierten Glockenstuhl aufgehängt, aber es blieb bei dem „Cheeee -"! Während der zweiten Reise nach Deutschland im Jahre 1972 erlebten wir eine weitere Freude. Der Missionsfreund aus Düsseldorf hatte irgendwo bei einem Altmetallhändler eine Glocke entdeckt. Als ich sie im Volkswagen auf den Hintersitz lud – fragt bitte nicht, was die Sprungfedern des Autositzes dazu sagten – stand der Missionsfreund daneben mit dem Arm in der Schlinge. Mit Stahlbürsten hatte er sich an die Glocke herangemacht. Sie blitzte nun auch wirklich in alter bronzener Wärme. Seine Mühe wurde allerdings mit einem verstauchten Arm belohnt. Ich konnte jedoch die neue Glocke meinem Nachfolger auf Umhlangeni freudig überreichen.

Bei dem mehrfachen Personalwechsel auf Umhlangeni kam die neue Glocke abhanden. Es dauerte viele Monate, bis sie wieder zum Vorschein kam. Dieser Glocke diente nun ein Jakarandabaum mit Hilfe einiger Querbalken als Glockenstuhl. Gegen Ende der Baumblüte rieselte es bei jedem Läuten nur so lila vom Himmel herunter. Diese Glocke wurde jedoch wieder aus dem Baum geholt und ist nun für eine Filiale vorgesehen, denn Missionar Tiedemann brachte eine noch größere und schönere Glocke nach seinem letzten Heimaturlaub aus Deutschland mit, die von der Gemeinde Oberursel gespendet wurde.

Nun wurde Ernst gemacht. Es musste ein sturmfester Glockenstuhl her. Es wurde wieder einmal Herr Höfler zu Rate gezogen. Ich staunte nur über die vier Mal ein Meter tiefen Schächte, in welche das Eisengerüst im Beton verankert werden sollte. Mr. Howard-Tripp von Margate Engineering hatte die Berechnungen mit der Fliehkraft usw. für die 255 kg schwere Glocke gemacht und eiserne Telefonpfähle zusammengeschweißt. Dieser neue Glockenstuhl wurde nun am Berg in der Nähe des Missionshauses errichtet. Nur eins störte uns alle. Das Eisengerüst war zwar solide, aber ästhetisch nicht vereinbar mit dem schönen klaren „Qeewuu". Es wurden Felssteine herangeschafft, und ein geschickter Zulu, Gadiza Mthembu, mauerte das Eisengerüst ein. Und siehe da, aus dem Glockenturm wurde eine Glockenburg, wie Ihr auf dem Bild erkennen könnt.

Wir erleben also den reinsten Glockensegen. Die Glocke aus Balhorn, die Pastor Rathje der Gemeinde Mafu schenkte, hängt gesäubert und mit neuen Lagern versehen wohlgeborgen im Turm der renovierten Kirche. Umhlangeni hat jetzt als Muttergemeinde die schönste Glockenburg. Eine Glocke wartet noch auf ihre Diensteinstellung, womöglich auf Mvutshini. Umzumbe muss noch etwas Geduld haben. Dort erklingt noch ein demütiges „Chä-!“ eines Glöckleins, das der Schreiber dieses Berichtes im Mistberg eines Hühnerfarmers einst entdeckte. Es fehlte zwar ein herausgebrochenes Stück in dieser alten Farmglocke, aber auch ihr heiserer Ton ermahnt und ruft am Umzumbefluss, dass nun gesonntagt wird.

Vier Glocken also, bei denen das „Cheeee -“ und „Chä -!“ inzwischen übertönt wird von einem wohlklingenden und hellklaren „Qheewuu! Qheewuu! Qheewuu!“

AUS RIKES BRIEF VOM 22. FEBRUAR 1987

Es ist Sonntagmittag, und ich bin ganz allein zu Hause, eine schöne Gelegenheit zum Briefeschreiben. Kurt-Günter ist noch nicht zurück von Mafu, Anette, Christian und Mareike sind beim Jugendtreffen in Shelly Beach. Christina ist seit Mittwoch wieder in Pietermaritzburg, und wie sie mir eben am Telefon berichtete, geht es ihr ausgezeichnet. Sie wird in diesem Jahr wohl nicht so oft nach Hause kommen, aber das macht ihr nichts aus, sie fühlt sich wohl in PM. Ihr erstes Jahr dort hat sie gut geschafft in allen vier Sprachen: Afrikaans/Holländisch und Zulu 83%, Englisch 66% und Deutsch 57%, als sie ihre Zensuren bekam, meinte sie, sie wäre das glücklichste Mädchen auf der Welt.

In den Ferien hat sie ihren Führerschein gemacht, und nun ist Anette dran mit dem Autofahrenlernen. Leider bin ich eine sehr ängstliche und ungeduldige Fahrlehrerin, aber irgendwie werden Anette und ich es auch überstehen. Sie ist sehr beschäftigt in der Schule und mit ihren Schulaufgaben. Sie macht ja Ende des Jahres ihr Matrik. Christian und Mareike sind jetzt in der 10. Klasse. Christian nimmt alles sehr genau, für Mareike ist es wichtig, dass sie viele Freundinnen hat, mit denen sie sich gut versteht. Dann ist die Schule auch ok.

Unsere Kapreise Ende Dezember/Anfang Januar war wunderschön. Wir haben viel gesehen, und es hat uns allen gut gefallen. Wir haben es tatsächlich bis Kapstadt geschafft, 2000 km von uns entfernt. Jede Nacht waren wir auf einem andern Campingplatz, und nach dem dritten Mal Auf- und Abbauen unseres zusammenklappbaren Caravans lief alles wie am Schnürchen. In diesem Jahr verbringen wir unsern Urlaub in Deutschland, darauf freuen wir uns schon tüchtig. Kurti wird drei Monate bleiben, Christina vier Wochen, Anette, Mareike, Christian und ich bleiben sechs Wochen.

Kurt-G. hilft jeden Tag mit bei unserm Gemeindesaalbau. Sogar heute morgen ist er früh aufgewacht und wollte noch so halb im Schlaf die Schubkarren zum Bau runterbringen, bis er dann doch merkte, dass es Sonntag ist. In dieser Woche, spätestens in der nächsten Woche, soll die Halle und die Renovierung der Kirche fertig sein. Die Halle ist sehr schön und groß, mit einer Küche und einem Abstellraum. Die Kirche ist durch den Anbau eines Altarraumes größer und geräumiger geworden.

MISSIONSBLATT NR. 7, 1987

Ernst-Heinrich Schwacke: IHOLO. Was ist das? Eine HALLE. Auf Englisch HALL, woraus die Zulu dann IHOLO machten. Obwohl den Zulu ursprünglich große Gemeinschaftsräume völlig fremd waren, ist IHOLO jetzt ein fester Begriff.

Wie gestalteten die Zulu ihre Feste? Unter freiem Himmel wurde gefeiert. Rinder, Schafe und Ziegen wurden im Freien geschlachtet und für die Feste vorbereitet. Auch Gerichtsverhandlungen fanden unter schattigen Bäumen im Freien statt. Bei großen Verhandlungen spricht man auch von „Indaba“. Wie einst die Germanen ihr „Thing“ unter freiem Himmel hielten, so auch die Zulu ihr „Indaba“. Auch sonstige Versammlungen, Hochzeiten, Trauerfeiern – alles spielte sich unter freiem Himmel ab. Und wenn dann ein Gewitter aufstieg und der Regen kam, stoben sie alle auseinander und flüchteten in die Hütten oder wurden pitschnass. Natürlich war bei der spärlichen Bekleidung nicht viel am Körper, das nass werden konnte. Fellröcke und Fellschurz konnten ja auch schon etwas vertragen. Die Fleischtöpfe jedoch erkalteten, da der Regen das Feuer löschte.

Das sollte bald anders werden. Mit dem Kommen der Missionare erschienen zum ersten Mal „izindlu zamagumbi". Häuser mit Ecken. Missionskirchen mit ihren eigenartigen „imibhoshongo" (vertikale Gegenstände, sprich „Türme", mit dem durchdringenden Ruf eines „Qeewuu, qeewuu" boten sich den neugierigen Blicken der ersten Heiden). Man gewöhnte sich an diese Versammlungsräume der Christen. In solchen Räumen konnte man sich ungeachtet des Regens oder Gewitters versammeln.

Für Afrika war das zunächst eine völlig neue Errungenschaft. Die allmähliche Verstädterung der schwarzen Bevölkerung brachte etwas Neues. Amaholo-Hallen: Bierhallen, Kinohallen, Markthallen, Stadthallen, Schulhallen eilten der kirchlichen Entwicklung voraus. Noch genügte es, auf den Missionsfeldern eine Kirche zu bauen. Man versammelte sich ja nur sonntags zum Gottesdienst und hatte keine Veranlassung, auch während der Woche zusammenzukommen.

Auch das änderte sich in dem Maße, als die Funktion der Gemeinde sich nicht nur auf Gottesdienste beschränkte. Es ist schon lange nichts Seltenes mehr, dass wir Männerkreise, Frauenkreise, Jugendkreise, Posaunen- und Chorveranstaltungen haben, zu deren Gestaltung ein Gottesdienstraum allein kaum ausreicht. In den Großstädten ist man schon längst dazu übergegangen, sogenannte „Community Centres" (Mehrzweckhallen) zu bauen, wo dann Feste und Versammlungen stattfinden.

Als Missionar wäre ich nie auf den Gedanken gekommen, eine Halle zu bauen. Dazu gehört schon die Kühnheit einer mit der Zeit gehenden Generation. Als also von einer Halle gesprochen wurde, war ich zunächst sprachlos. Es dauerte eine Weile, bis ich den Sinn und die Notwendigkeit eines mit einer Halle versehenen Gemeindezentrums einsah. Dieses Mal war es nicht der Architekt Gottfr. Höfler, der sich der Planung eines solchen Projektes widmete, sondern seine Tochter Sonja Höfler, eine junge Architekturstudentin. Damit eine Halle in mehrfacher Hinsicht dienen kann, plante sie einen Anbau an die Westwand der Kirche. Der Altarraum wurde in den Eingangsvorbau an das Ostende verlegt. Ein vorsichtiger Durchbruch durch die Westwand erlaubte eine große Erweiterung der Sitzgelegenheiten für die großen Festtage.

Sehr geschickt und praktisch sind die neuen Nord- und Südeingänge zum ganzen Gebäude. Eine Küche mit Durchreiche wurde miteingeplant, und sogar eine Bühne ist vorhanden, und das Allerschönste sind die Fenster der Kirche. Ursprünglich hatten die Fenster Spitzbögen. Diese wurden im Lauf der Zeit durch stilfremde viereckige Stahlfensterrahmen ersetzt. Für die junge Architektin war das einfach ein „Eyesore", das ist ein Schmerz im Auge. Es musste der ursprüngliche Stil wiederhergestellt werden, und in mir erwachen bei dem Anblick der Kirchenfenster im ursprünglichen Stil freundliche Kindheitserinnerungen. Der Bau wurde in zwei Monaten vollendet, 19. Januar–18. März 87.

Zur Einweihung der Halle und der „Glockenburg" und zur Neuweihe der Kirche erschienen Bischof G. Schulz, Pastor P. Lubede aus Durban, Pastor S. Köhne von der St. Johannesgemeinde und Schreiber dieses Berichtes als Festprediger. Auch Pastor em. Heinrich Lütge war erschienen, wie auch viele Gemeindeglieder der weißen Schwestergemeinde, und zur besonderen Freude der Festgemeinde auch der Posaunenchor. Die Halle diente sogleich ihrem bestimmten Zweck. Alle hatten Platz und konnten den langen fröhlichen Gottesdienst drinnen miterleben. Es war nun auch mehr Stimmaufwand notwendig, um sich bis in die Halle hinein verständlich zu machen. Ein wahrer leiblicher Segen ist die Küche mit Durchreiche.

Nach dem langen fröhlichen Gottesdienst teilten die Frauen stolz das Essen aus, und wir konnten Schlange stehen, wie sich das gehört, und was meint Ihr, liebe Leser? Es gab wieder herrlichen Reis, schmackhaftes Huhn, Kohl, Kürbis und die kräftige Brühe dazu.

Gleich am nächsten Sonntag standen in der Halle eine ganze Reihe Notenständer für das wöchentliche Üben der jungen Bläser. Es meldete sich auch bereits der Hospizverein mit der Bitte, in der Halle eine Frauenversammlung veranstalten zu dürfen. „Hospice" wurden von Frauen gegründet, die sich der Pflege der Todkranken widmen. Sie halten Vorträge und veranstalten Schulungskurse für Frauenvereine christlicher Gemeinden. Wichtig ist die Halle für die Jugendarbeit. So können nun Jugendfreizeiten unter Dach stattfinden, geschützt vor Regen und Wind. Auch Konferenzen und Synodalversammlungen haben Umhlangeni bereits als gelegentlichen Versammlungsort vorgesehen.

Die Kirche in Mafu wurde renoviert und nimmt unter den verschiedenen Projekten auf Umhlangeni ihren würdigen Platz ein. P. Zikhali wohnt in seinem neuen Haus, ohne Furcht vor dem nächsten Sturm. Die neue „Glockenburg“ ist wirklich eine Zierde der Missionsstation Umhlangeni. IHOLO, die Halle, ist fertig und wird eine wichtige Rolle spielen. Als nächstes ist Mvutshini an der Reihe. Die Gemeinde dort wartet schon ungeduldig darauf, dass mit dem Kirchbau begonnen wird. Keine Haufrau hält das auf Dauer aus, wenn ihre Hütte jeden Sonntag für Gottesdienstzwecke benutzt wird. Stillstand gibt es nicht beim Bau des Reiches Gottes. Möge der äußerliche Fortschritt nun auch dem inneren Aufbau dienen!

10. KAPITEL

„Just tell the people what the Lord did in your life.
No one can argue with that, – no one.“
„Erzähl den Leuten einfach, was der Herr in deinem Leben getan hat.
Niemand kann dagegen argumentieren – niemand.“

- Lester Gierach, Canada -

Von Dr. Kurt Bergter gelernt:

Denk Du in mir, Herr Jesus, dann denk' ich licht und klar.
Sprich Du durch mich, Herr Jesus, dann sprech' ich mild und wahr.
Wirk Du durch mich, Herr Jesus, gerecht ist dann mein Tun,
geheiligt meine Arbeit, geheiligt auch mein Ruhn.
Erfüll mein ganzes Wesen, durchdring mein ganzes Sein,
dass man aus mir kann lesen die große Liebe Dein. Amen.

DEUTSCHLANDAUFENTHALT MIT DEKAN PHILEMON MASIMULA, MISSIONSBLATT NR. 10 1987

„... und wir dachten, er redet von Apartheid“

Dekan Philemon Masimula aus Piet Retief erzählte in seinem Grußwort am Jugendmissionsfest auf dem Erichshof bei Hannover folgende Fabel. Wir waren gerade angekommen. Er wirft einen Blick auf die große Schar junger Leute, fängt an zu reden, und ich beginne zu übersetzen:

Eine Maus war unterwegs und wollte nach etwas Nahrung suchen. Ein Frosch ebenso. Plötzlich trafen sie sich. Zuerst waren sie erschrocken voreinander. Doch bald kamen sie ins Gespräch nach dem Woher und Wohin. Sie fanden, dass sie ihr gemeinsames Ziel besser erreichen könnten, wenn sie zusammenblieben und die Aufgabe gemeinsam bewältigten.

Sie wollten aber ihre Freundschaft befestigen. Sie hatten Angst, dass sie wieder zerbrechen könnte. Deshalb banden sie sich am Arm fest aneinander und versprachen sich, diese Verbindung nicht mehr zu lösen, komme, was da wolle.

So machten sie sich auf den Weg. Da sagte die Maus: „Du, wenn du so weiter machst, kann ich nicht mehr, bei solchen Sprüngen komme ich nicht mit.“ „Gut“, sagte der Frosch, „ich kann ja vielleicht ebenso laufen wie du.“

Und so trippelten sie nebeneinander her. Da beschlossen sie dann bald, sich gegenseitig zuhause zu besuchen. Nach einer Zeit kamen sie an ein schwarzes Loch.

„Komm mit“, sagte die Maus.

„Niemals kriegst du mich da hinein“, antwortete der Frosch.

„Du hast aber gesagt, du wolltest mich zuhause besuchen. Hier wohne ich.“

„Dann gut“, seufzte der Frosch, überwand sich und ging mit in das Loch hinein.

Danach gingen sie weiter und kamen zu übereinander getürmten Steinen im Wasser.

„Das ist meine Wohnung“, sagte der Frosch. Der Maus gruselte.

„Niemals kriegst du mich dahin“, sagte sie, „bei all unserer Freundschaft nicht.“

„Ich habe mich schließlich auch überwunden und bin mit in dein finsteres Loch gestiegen“, antwortete der Frosch.

„Das ist richtig“, dachte die Maus, „und wir wollen ja zusammenbleiben.“

So riß sie der Frosch mit ins Wasser, tauchte lange und tief unter, und die Maus kam in lebensbedrohende Schwierigkeiten. Sie waren eben zu verschiedene ungleiche Partner.

Liebe Jugend! Ich habe gesehen, dass zwischen einigen von Euch Freundschaften bestehen. Ihr müsst schon aufpassen, dass sich nicht in erster Begeisterung ungleiche Partner finden, die schließlich in große Schwierigkeiten geraten.

Missionsblatt 12, 1987 Abschiedsbrief „Macht weiter, ihr guten Lutheraner!“

Dekan Philemon Masimula

Am 22. Aug. 1987 reiste ich nach Deutschland. Das machte mich froh, denn ich begehrte mit eigenen Augen das Land zu sehen, aus dem die Missionare der Gemeinde Gottes, der Lutheraner, kamen. Bei meiner Ankunft in Bremen wurde ich abgeholt durch den verehrten Missionsdirektor J. Junker. Dann traf ich auch mit Missionar K.-G. Tiedemann zusammen. Er war es auch, der mich mehr als 30 Gemeinden der Lutherischen Kirche sehen ließ, die wir besuchten.

Diese Besuche vermittelten mir viel Anregung und Begeisterung. Dass ich eine solche Anzahl von Gemeinden kennenlernte, war für mich eine besondere Stärkung. Es hat mich ferner davon überzeugt, dass Gott in der Lutherischen Kirche gewirkt hat. Ich habe viele Gottesdienste besucht, in denen Missionsfeste gefeiert wurden. Ich habe Gebete erlebt, Predigten und Abendmahlsfeiern und habe gemerkt, dass da kein Unterschied ist zu denen bei uns in Südafrika.

Das, was mich ferner froh gestimmt hat, sind die vielen Chöre, die der Alten und die der Jungen und die Posaunenchöre. Es hat mich beeindruckt zu sehen, dass noch ehrwürdige Kralherren und ehrwürdige Mütter im Chor singen und auch noch alte Männer in den Chören blasen, so dass ich Euch zurufen möchte: Macht weiter, Ihr guten Lutheraner!

Weiter ist mir aufgefallen, wie fleißig die Mütter sind, den Kindern den christlichen Weg im Kindergottesdienst zu zeigen. Dann habe ich in vielen Gemeinden junge Menschen gesehen, die gewohnt waren, an Abenden zusammenzutreffen. Sie möchten Gott dienen, und auch hier sage ich: Macht weiter, Ihr guten Lutheraner!

Ich habe auch große Städte besucht, Kralherren höherer Ämter, Beamte und weise Doktoren, die uns mit beiden Händen begrüßten und uns Gottes Segen wünschten. Ich kann meinen Mund nicht verschließen über die Pastoren und ihre Liebe, mit der wir überall angenommen wurden, wenn wir in ihre Gemeinden kamen. Ferner kann ich nicht meinen Mund verschließen denen gegenüber, die uns ein Nachtquartier gaben. Ach, sie haben uns wunderbar versorgt, so dass ich auch hier sage: Macht weiter so, Brüder!

Ferner habe ich mich gefreut, mit der Missionsleitung zusammenzutreffen in Bleckmar. Als ich zum zweiten Mal dorthin kam, traf ich den verehrten Missionsdir. Junker, der mich mit beiden Händen willkommen hieß und mir den ganzen Bleckmarer Kral zeigte. Ich danke sehr dafür. Ferner habe ich auch die Theologische Hochschule in Oberursel gesehen. Auch dafür danke ich. Dann war ich auf dem Pastorenkonvent in Göttingen. Als wir von dort zurückkehrten, sah ich auch die Kirchenzentrale. Am 24. September 1987 freuten wir uns, als wir vom hochwürdigen Bischof Dr. J. Schöne, D.D. besucht wurden. Auch er wünschte uns einen guten Weg, wenn wir nach Südafrika zurückkehren. Auch hier sage ich: Ich danke, macht weiter so, Ihr guten Lutheraner.

Das Land selbst habe ich als besonders schön empfunden, es gibt viel Wasser, es gibt Felder und Wälder. Nur eins nicht: Ich habe nicht viel Sonne gesehen. Ansonsten habe ich sehr viele Menschen gesehen und

schrecklich viele Autos, viel mehr als bei uns in Südafrika. Und so viele verschiedene Ortschaften. Jetzt schließe ich hier ab. Bleibt zurück in der Gnade des Herrn.
Es grüßt Euch Dekan Ph. Masimula

UMHLANGENI, 30. OKTOBER 1987 RÜCKKEHR NACH SÜDAFRIKA

Ja, Dekan Masimula und ich hatten eine unvergesslich schöne Zeit zusammen. Wir saßen in Amsterdam auf dem Flughafen, nachdem das Flugzeug nur mit uns beiden dort gelandet war, und haben uns die Bilder angesehen, die Ihr Masimula geschenkt habt. Er zeigte auf zwei Bilder von Elisabeth und Christa und sagte: „Ngiyawahlonipha lawomakhosikazi, kakhulu!" Ich konnte nur von ganzem Herzen zustimmen. „Ich verehre diese beiden Frauen, sehr." Ich soll mich noch mal ganz herzlich bedanken. Der restliche lange Flug verlief so ganz gut, bis auf wenig Schlaf, aber das ist immer so, und dann sahen wir über Südafrika schon, dass irgendwas passiert sein musste, denn überall waren große Seen voller Wasser, und es war schnatterkalt, als wir ausstiegen in Johannesburg. Es goss in Strömen. Durch den Zoll ging's ohne Schwierigkeiten, war ich glücklich!

Und dann standen da Gottfr. Stallmann, Stillfr. Niebuhr, Alfred Prange und Frau Masimula und alle seine Kinder und viele, viele Gemeindeglieder aus seiner großen Gemeinde Piet Retief. Die waren extra den weiten Weg gefahren, über 400 km, um ihn abzuholen. Gottfried sagte mir: „Einen schönen Gruß von Rike, und du kannst von Durban aus nicht weiter, weil alle Brücken weggerissen sind. Rike kann nicht durchkommen. Du kannst mit uns zur Konferenz fahren, die hier in Johannesburg stattfindet, und übermorgen mit uns die 860 km zurückfahren oder aber versuchen mit dem Flugzeug nach Durban zu kommen."

Ich war ziemlich alle, aber ich dachte: Es ist besser, ich flieg erstmal bis nach Durban, dann bin ich nur noch 130 km von zu Hause weg, und da lässt sich eher was organisieren als von hier in Johannesburg. Ich hab auch noch versucht, mit einer kleinen Maschine bis nach Margate zu fliegen, aber da sagten sie mir, das geht gar nicht, Margate ist zu, aber wir hoffen, dass Durban aufmacht. Dann haben wir dagesessen, ein Rugbyplayer, eine Nonne und ich, von 13.00 Uhr bis 17.30 Uhr. Mal hat der eine Kaffee geholt, dann der andere. Es waren sehr gute, interessante Gespräche zwischen uns, und die Zeit verging wie im Fluge. Nachdem ein Flugzeug von Durban gelandet war, wussten wir, jetzt geht es wieder.

Ich konnte Rike nicht anrufen. Die Telefone waren alle down. Und so gegen 19.00 Uhr landeten wir dann sicher und wohlbehalten mit dem großen Airbus voller Leute. Der Wind hatte sich gedreht und die Wolken ins Inland getrieben, so wurde der Flughafen trocken. Unterwegs flogen wir in dieses unbeschreibliche Unwetter hinein, und ich musste an die Schöpfung denken, weil die Wolkenmassen so unvorstellbar gewaltig und so unglaublich hoch waren, dass ich mir ganz klein und unbedeutend vorkam, auch wenn wir in diesem Riesenflugzeug saßen. Das sah aus wie eine Streichholzschachtel dagegen.

Der Pilot flog lange drum herum, und dann ging es nicht mehr, und plötzlich war es finstere Nacht, und dann rissen die Wolken wieder auf, und dann war es wieder Tag. Es war gut, die beruhigende Stimme des erfahrenen Piloten zu hören, und dann zeigte er uns, was da unten alles passiert war. Er kippte das Flugzeug, so dass wir besser sehen konnten, was da unten alles nicht mehr war. Hier fehlten Riesenbrücken, dort stand ein Bus bis ans Dach im Wasser usw. Ich hatte mir in Johannesburg alle Zeitungen angesehen, die zu kriegen waren, aber da stand auch nicht viel drin über die Südküste. Ich hatte noch geschafft Hecklaus anzurufen, damit ich irgendwo bleiben konnte, wenn es nicht weitergeht. Sie sagten: „Wir wissen nicht, ob die Umgeni-Brücke noch da ist und wie lange die noch hält (sie war tatsächlich weg), sonst musst du zu Behns fahren."

Es war schwül aber trocken in Durban, und die Lautsprecher gingen ununterbrochen und warnten die Leute, dass diese Riesenstadt nur Wasservorrat für 24 Stunden hätte, da alle Dämme und Zufuhrleitungen weggerissen waren. Da traf ich Leute aus Zimbabwe, die waren gerade von der Südküste gekommen, um ihre Eltern abzuholen, aber sie hatten keinen Platz mehr. Sie sagten, sie würden Rike Bescheid sagen, und dann habe ich die Telefonzellen alle durchprobiert, bis ich endlich die schönste Stimme auf der Welt hörte, meine liebe Frau Rike auf Umhlangeni, und dann sind sie auch ganz tapfer losgefahren.

Sie waren völlig allein auf der Autobahn, nur an einer gefährlichen Stelle stand ein einsamer Polizist. Der winkte, und Rike hielt an, aber statt dass er sich höflich nach ihrem Woher und Wohin erkundigt, schreit er: „Sit jou fokking ligte af!" Die blendeten ihn wohl. Nun zitterte sie noch mehr und die Kinder. Aber sie haben es geschafft, und um 20.30 Uhr fing das große Umarmen auf dem Louis Botha Airport an. Wir waren so froh und dankbar, dass wir einander wieder hatten, und so gegen 22.00 Uhr waren wir überglücklich und furchtbar müde alle wieder zu Hause. Ich konnte auch mit Christina sprechen am Telefon, wenige Tage später konnte sie auch durchkommen, weil die Army inzwischen Notbrücken gebaut hatte.

In meinen Gemeinden ist niemand zu Schaden gekommen, aber viele Häuser sind weggespült, das hat mich ziemlich beschäftigt gehalten und tut es noch. Die Leute kamen und fragten nach Baumaterial usw. Unsere Gemeinde in Shongweni von Pastor Lubede aus Durban ist am schlimmsten betroffen. Dort sind ca. 70 Krale verschwunden und auch Leute weggespült und umgekommen. Unsere deutsche Gemeinde und die Inder in Durban haben ein Hilfsprogramm organisiert und helfen dort, soviel sie können.

Ich bin viel in Hospitälern und hatte schon wieder zwei Beerdigungen. Ein 24-jähriges Mädchen, Tochter von guten Freunden aus Pongola, die verunglückt war, und eine 108-jährige Oma aus der Gemeinde in Gamalakhe. Wir hatten ein großes Frauentreffen. Viele wollen jetzt zu Weihnachten heiraten. Der Kirchbau in Mvutshini geht weiter, obwohl es viel regnet und wir oft aufhören müssen. Es war schön bei Euch, aber es ist auch sehr schön wieder hier zu sein. In den Gemeinden haben wir uns jedesmal sehr gefreut, wenn wir uns nun wiedersahen: „Mfundisi," sagen die Omas, „wir haben so hart für dich gebetet ..."

9. DECEMBER 1987

P. O. Box 683, 2380 Piet Retief

Dear Mr. Reinhard Tiedemann

I greet you together with your churchmembers. I can be very much happy if all alive. Here in South Africa I am alive together with my children.

In this letter I thank your kindness which you welcomed me about, and you took me with care by washing my clothes. It was always clean and you gave me many gifts. I say thanks God bless you.

Our journey was very excellent, the day of our departure from Germany to South Africa. I found that rain was raining heavily in such a way, that in the area of Natal people, houses and cattle was carried away by flood.
I was thinking of writing soon but I didn't get chance.
Give my regards to all at home.
So remain with kindness from Jesus Christ.

Ich grüße Sie zusammen mit den Kirchgliedern. Es würde mich freuen, wenn alle noch leben. Hier in Südafrika lebe ich zusammen mit meinen Kindern.
In diesem Brief danke ich Ihnen für Ihre Freundlichkeit, mit der Sie mich willkommen geheißen haben, und Sie haben sich gut um mich gekümmert und mein Zeug gewaschen. So war es immer sauber, und Sie gaben mir viele Geschenke. Ich sage, Gott segne Sie. Unsere Reise verlief sehr gut, vom Tag unsers Abschieds von Deutschland nach Südafrika. Ich fand, dass der Regen so heftig fiel, dass hier in Natal Leute, Häuser und Kühe von den Fluten weggetragen wurden.
Ich gedachte, früher zu schreiben, hatte aber keine Gelegenheit dazu.
Grüßen Sie von mir alle dort zu Hause.
Und bleiben Sie wohl mit Freundlichkeit von Jesus Christus
from Rev. M. P. Masimula

FLUTKATASTROPHE IN NATAL UND ZULULAND - CYCLONE DEMOINA

Die größte Naturkatastophe in Südafrika seit Menschengedenken hat in Natal und Zululand bisher mehr als 300 Menschenleben gekostet. 150 Personen sind noch vermisst, und etwa eine halbe Million Menschen sind ohne Behausung. Die am härtesten betroffenen Gebiete sind die Gebiete KwaMashu und andere Stadtteile von Durban, Nord- und Südküste. Ebenfalls hart betroffen sind die Siedlungen im Tal der Tausend Hügel. Versicherungsgesellschaften beziffern den Schaden mit ca. 600 Millionen Rand. Die Mission hat einen Betrag von 10 000,– DM für Betroffene aus der Katastrophenhilfe zur Verfügung gestellt.

MISSIONSBLATT NR. 12, 1987, SENZENI? ODER MASENZENJANI?

E.-H. Schwacke

Bei einem plötzlichen Todesfall oder furchtbaren Unglück, bei ernster Krankheit, wenn anhaltende Dürre ganze Bevölkerungsteile trifft, angesichts großer Naturkatastrophen, ist der „Weiße" geneigt „Warum?" zu fragen. „Warum?" ist unpersönlich. Diese Frage steht neutral im Raum des rätselhaften Geschehens.

Der Zulu denkt ganz anders. Jedes Unglück sieht er in persönlicher Beziehung zu sich und den Seinen. Deshalb wird ein Zulu niemals so unpersönlich fragen. Ein „ngani" – „warum" ist vollkommen unpersönlich und ohne Beziehung zur Person, die von einem Unglück betroffen wurde. Wie fragen die Zulu? Sie fragen sich: „Senzeni?" –

Was haben wir getan? Oder er fragt in der Einzahl: „Ngenzeni?" – Was habe ich getan? Jedes Unheil erweckt die Angst, dass er gestraft wird. Jeder Erfolg erweckt das Vertrauen, dass ihm das Schicksal wohlgesonnen ist. Aber auch da kommt sofort die schleichende Angst vor dem Neid der anderen.

Nach der kürzlich erlebten Naturkatastrophe in Natal – viele Tote, Vermisste, riesige Brücken zerstört, ganze Häuser von der reißenden Flut hinweggerissen, Ländereien verwüstet, 500 000 in Durban ohne Trinkwasser, die Flüsse haben völlig neue ungeheuer weite Flussbetten gegraben, bei uns an der Küste kilometerweit an den Stränden angespülte Baumriesen, Gestrüpp, Gerümpel, Gebrauchsgegenstände – gar nicht aufzuzählen, was dort viele Meter hoch herumliegt, – hängt überall bei den Zulu die Frage in der Luft: „Senzeni?" – Was haben wir getan?

Man kann ihnen diese Frage vom Gesicht ablesen. Im nahegelegenen Einkaufszentrum von Shelly Beach treffe ich so manchen Zulu, und wir sind gleich im Gespräch. „Ich weiß, was ihr denkt, Joel", spreche ich den mir seit meiner Kindheit bekannten Enkel des zu Vaters Zeiten wirkenden Evangelisten Thimothi Mthethwa an. Joel guckt mich an und sagt prompt: „Senzeni?" –

Was haben wir getan? In der Hand hält er die Ogwini, eine Tageszeitung. Am schauerlichsten sind die Bilder von den Särgen, die auf dem Umgenifluss bei Durban in den Ozean geschwemmt wurden. Selbst Tote wurden in ihrer Ruhe gestört.

„Senzeni?" wird nun schnell im Gespräch personifiziert. Dazu ist die Zulusprache wunderbar geeignet. Deswegen gibt es auch kaum eine bessere Übersetzung von Joh. 1,1–3 als in der Zulusprache. Luther übersetzt: „Im Anfang war das Wort." Nicht so der Zulu, sondern: „Im Anfang war d e r Wort uLizwi", und beim Lesen ist es dem Zulu undenkbar, dass uLizwi keine Person ist.

Also sage ich: „uSenzeni (der Was-haben-wir-getan?)" nützt gar nichts. Außerdem bringt er nichts zustande. Mit uSenzeni kommen wir überhaupt nicht weiter, sage ich zu Joel. Deine Frage muss lauten: Masenzenjani? – Was sollen wir tun? Womit kommen wir am besten weiter? Mit u-Senzani oder mit u-Masenzenjani?

Joel und die um ihn herum versammelt sind, wägen die beiden Worte ab. Ach so, sagt Maphumulo, das gibt der Katastrophe einen ganz andern Sinn, eine andere Blickrichtung. Es gibt nun eine interessante Auseinandersetzung mit dem Satz, dass Wasser nicht wählerisch ist. Wasser macht keinen Unterschied zwischen schwarz und weiß. Habt ihr je erlebt, dass der Regen nur die einen vor den andern bevorzugt? Macht eine Flutkatastrophe plötzlich Halt vor dem Haus eines Weißen, um sich nur über eure Häuser zu ergießen? Und die Brücken, die wir zusammen gebaut haben, wo sind die?

Eifriges Kopfnicken und zustimmendes Gemurmel sind das Echo auf meine Fragen. Was nützt es, wenn zwei Nachbarn sich streiten, die von Hunger und Durst geplagt werden? Ist es nicht besser, wenn sie sich zusammensetzen und fragen: „Masenzenjani ukuba siphile?“ – „Was sollen wir tun, damit wir am Leben bleiben?“

„Außerdem hat uns die furchtbare Flut noch etwas anderes gebracht: eine zweite Flut. Aus Transvaal, aus dem Freistaat und aus der Kapkolonie ergoß sich eine unglaubliche Flut der Hilfsbereitschaft über Natal. Decken und Kleidung, Medizinen und Mehl, Brot und Milchpulver. Tausende von Tonnen wurden mit Hubschraubern eingeflogen.“ „Ngiyabona – Jetzt versteh ich,“ sagt einer der Umstehenden, „u-Masenzenjani uvukile. – Der Was-sollen-wir-tun ist erwacht. Der Weiße ohne den Schwarzen stirbt. Der Schwarze ohne den Weißen geht unter. Unser Natal geht zugrunde, wenn wir nicht miteinander und füreinander arbeiten.“ Ich ging im Einkaufszentrum meinem Einkaufsziel nach, während ich eine Gruppe von lebhaft sich unterhaltenden Zulu zurückließ.

UMHLANGENI MISSION, 16. AUG. 1988

Ich werde am 27. August auf dem Missionsfest der Hermannsburger Nachbargemeinde Izotsha predigen und anschließend einen Lichtbildervortrag über unsere Arbeit halten. Der Kirchenvorstand der Gemeinde hatte mich freundlich eingeladen. Die Farmer aus der Gemeinde haben mir schon sehr bei der Arbeit geholfen, bei Kirchbauten etc.

Ein anderer Farmer aus unserer Gemeinde Shelly Beach, Edgar Lilje, hat uns angeboten, eine Kirche für uns zu bauen, was wir sehr schön finden. Das ist in Hibberdene, etwa 40 km von uns entfernt. Dann sind wir auch am Verhandeln über einen neuen Bauplatz für eine große Kirche in Gamalakhe. Das ist eine schnellwachsende Stadt, etwa 5 km von der Missionsstation entfernt. Wir können sie von uns aus sehen. Ich habe eigentlich noch keine Lust wieder zu bauen; denn ich habe überall viele Klassen angefangen. Das ist eine ganz große Freude, denn sie lernen gut, und sie lernen gerne.

Am Sonntag nachmittag waren wir alle in Durban im riesigen Addington Hospital. Da kannst du dich verlaufen. Dort habe ich ein junges Mädchen getauft, die krebskrank ist. Rike und einige aus dem Frauenkreis waren mitgefahren. Wir haben gesungen, und es war sehr schön, wir haben immer weiter gesungen. Da haben die andern Patienten nach und nach alle ihre Fernseher abgestellt und zugehört, obwohl sie nichts verstanden haben. Da liegen nun die Krebskranken, Weiße, Schwarze, Mischlinge, und die Schwestern sprechen kein Wort Zulu, deshalb haben sie sich so gefreut, dass wir Sibongile besucht haben. Dann haben sie alle mitgeheult, weil Sibongile gestern das Bein abgenommen werden musste, und sie ist erst 14. Deswegen haben wir sie vorher getauft, weil ihre Mutter lernt in der Taufklasse.

Und hinterher haben die Leute eine Kollekte gemacht für Sibongile (ihr Name heißt: Wir sind dankbar), und die weißen schwerkranken alten Leute in den Nachbarbetten haben auch Geld rübergereicht. Es war ein sehr schöner Sonntag. Auf dem Rückweg sind wir noch am Flughafen vorbeigefahren, wo Rike den Frauen die großen Flugzeuge gezeigt hat. Die hatten sie noch nie gesehen, und da überwältigt uns immer wieder so ein wenig die eigenartig sehnsüchtige Atmosphäre, und wir denken an Euch und an alles ... Christina fliegt am 30. November für ca. 2 ½ Monate nach Deutschland. Austausch-Studenten.

UMHLANGENI MISSION STATION, 8. DECEMBER 1988

Wir hatten vor kurzem ein großes Frauentreffen, zu dem African Mamas aus den Natal Gemeinden angereist kamen. Sie haben hier an zwei Tagen über 4000,– Rand eingesammelt für die Arbeit in der Kirche. Als der Gottesdienst zu Ende ging, hörten wir durch die offenen Fenster nahe der Kochstelle den Ruf: „Inyoka, inyoka!!! Schlange, Schlange!!!“ Ich habe nach dem Segen meinen Talar ausgezogen, und Christian und ich haben uns die Sache angesehen. Die Kochfrauen waren außer sich vor Angst, und wirklich oben im Salignabaum lag die größte grüne Mamba meines Lebens, so dick wie mein Arm, direkt über der Feuerstelle.

Die Frauen sagten: „Wenn die nicht wegkommt, gibt's heute nichts zu essen." Also haben Christian und ich uns zugenickt und unsere Shotguns geholt. Christian 12 bore und ich 16 bore Drilling. Wir beide im schwarzen Anzug haben die Gewehre geladen mit birdshot und buckshot und haben sie geblastet. Nichts. Sie bleib einfach liegen und war wütend. Da haben wir nochmal geschossen, und jetzt fielen die ersten Teile runter. Flap, flap. Das Vorderteil blieb aber oben. Da haben Männer und Frauen aus der Gemeinde Stöcke und Steine geworfen, und dann fiel sie ganz runter zu unsern Füßen. Wir wollten die Teile noch aneinander legen, um zu sehen, wie lang sie war, aber die Teile waren schon in der Menge verschwunden, um daraus Medizin zu machen – frag mich nicht wogegen.

Anschließend fand hier unser alljährlicher Jugendtag statt, zu dem zum ersten Mal 100 junge Leute aus meinen Gemeinden gekommen waren. Wir hatten einen sehr schönen Tag mit fröhlichem Singen, mit excellenten Vorträgen von P. Gabela und Ntuli, mit vielen Fragen – auf Zetteln anonym im Fragekasten, ganz egal was, sie werden alle beantwortet – zum Teil furchtbar lustig und zum Teil auch herzerreißend ernst und bewegend. In der Mittagspause sitzen wir Pastoren alle im Schatten unterm großen Jacaranda und besprechen die Antworten. Fragekasten ist sehr beliebt, weil wirklich alles beantwortet wird, was sie zu Hause nicht fragen dürfen oder mögen.

Nun halten wir am 15. Dezember unser großes Altentreffen, bei dem alle weißen Haare (izinwele ezimhlophe) zusammenkommen. Wir beginnen mit einem Abendmahlsgottesdienst in der Kirche, und anschließend gibt es quadratmeterweise Rike's Butterkuchen mit Tee und viel Zucker. Dann singen wir gewöhnlich das ganze Gesangbuch platt, weil jeder darf sein Lieblingslied anstimmen. Am letzten Sonntag haben wir von 10.00–13.30 Uhr gesonntagt. Da waren fünf Taufen (drei Erwachsene und zwei Kinder) und 16 Konfirmationen oben in den Bergen bei Mafu. Wir haben dort einen neuen Posaunenchor angefangen. Da ist ein Student aus der Gemeinde in den Ferien. Er studiert Theologie in

Enhlanhleni und hat das Posaunenblasen am Seminar gelernt. Das vermittelt er jetzt weiter. Sie haben mit großer Begeisterung angefangen. Ich muss heute noch mehr Instrumente hinbringen.

MISSIONSBLATT 8/9, 1988
KIRCHWEIHE BEIM FLUSSPFERD

Ernst-Heinrich Schwacke

Um Umhlangeni war das Erscheinen des ersten VW damals eine sensationelle Sache. Vorher gab es nur das Pferd, oder man ging zu Fuß. Zum ersten Mal konnte nun ein Vorstoß in wenigen Stunden in alle vier Windrichtungen vorgenommen werden. So kam es, dass Gabriel Thembe mich bat, mit ihm in die Xolo-Lokation zu fahren. Noch mussten wir das Auto in der Nähe beim Farmer stehen lassen und begaben uns dann zu Fuß weiter zum nahegelegenen Kral des Philip Luthuli.

Er war Lutheraner, hatte aber sieben Jahre lang keine Verbindung mehr zur Lutherischen Kirche gehabt. Es war einfach zu weit. So wurde nun „Mvutshini" – „beim Flußpferd" – 1954 ein Predigtort mit monatlicher Bedienung. Das war vor 34 Jahren. Den langen Werdegang dieser Filiale in allen Einzelheiten zu schildern bis hin zur festen Gemeinde mit einer eigenen Kirche wäre zu weitläufig. Gottlob ist das Ziel, trotz mancher Krise gerade dieser Filiale, erreicht.

Wir durften am Sonntag Jubilate, 24. April 1988, die neue Kirche einweihen, die Philip Luthuli und Gadiza Mthembu entscheidend mit gebaut haben. Die beiden haben stundenlang in der Sonne gesessen und Steine behauen, dass sie in die Panele der Mauern passten. Was dieser Einweihung eine missionsgeschichtliche Denkwürdigkeit verleiht, war das Kommen der Tochter des verstorbenen Sup. Jakob Böttcher.

1925 schenkte der Missionssuperintendent Jakob Böttcher auf einer Visitationsreise dem Schreiber dieses Berichtes, dankbares Missionarskind, auf der Treppe des Missionshauses auf Umhlangeni die sagenhafte Summe von einem Shilling! Aus dem einen Schilling wurden am 80. Geburtstag seiner Tochter Käthe Böttcher 10 000,– DM für die Kirche auf

Mvutshini (Sie hatte viele Leute zu ihrem 80. Geburtstag eingeladen und ihnen gesagt: „Bitte, bringt keine Geschenke mit. Ich hab schon alles. Aber bringt schön viel Geld mit. Wir bauen eine Kirche in Afrika," und das haben sie dann auch getan). Frau Böttcher war das lebendige Glied zwischen den Missionarsgenerationen. Eine besondere Überraschung war der Besuch von KG Tiedemanns Schwager, P. Hermann Otto, und Tochter Dorothea, die mit Frau Böttcher ihre Afrikareise zur Einweihung der Kirche geplant hatten. Denkwürdig ist auch die Tatsache, dass Bischof G. Schulz seine 50. Kirchweihe vornahm.

Die Festpredigten und Begrüßungsworte aus Deutschland, der Schwestergemeinde und andern Gemeinden gewannen dadurch besonderes Gewicht, dass der Ortshäuptling Chief Xolo, der in der KwaZulu-Regierung in Ulundi, Zululand, einen wichtigen Posten bekleidet, die große Gemeinde in seinem Gebiet begrüßte und willkommen hieß. uxolo heißt auf Deutsch Verzeihung, Friede, Vergebung. Nachdem wir das Lieblingslied des Häuptlings gesungen hatten, „Die Sach ist Dein, Herr Jesu Christ", meldete er sich zu Wort: Auf zweierlei möchte ich heute aufmerksam machen:

1. „Es ist vorbei mit der Not jener Hausfrauen, die ihre Häuser jeweils für die Filialgottesdienste herrichteten. Es ist nicht leicht, die Möbel wegzuschieben und dann wieder einzuräumen, und sich dann noch den kritischen Augen anderer Hausfrauen aus der Gemeinde zu stellen. Ihr lieben Leute auf Mvutshini habt nun einen eigenen Versammlungsort."

2. „Zum ersten Mal kann euer Umfundisi Kurt-Günter Tiedemann hier in einer Kirche sitzen, wo sich Gemeindeglieder bei ihm aussprechen können. Sie können mit ihm unter vier Augen von der Versöhnung sprechen. Darum geht es ja in diesem Raum. Er soll der Versöhnung durch das Evangelium dienen. Diese Kirche ist kein politischer Versammlungsraum. Ich bin im Parlament Ulundi. Ich höre viel Politik. Lasst euch das von mir sagen: Politik bringt die Leute auseinander! Das Evangelium bringt die Leute zusammen."

Missionar Tiedemann nahm das auf, und wir antworteten mit dem gemeinsam gesungenen Vers des Gloria in Excelsis, in dem Uxolo besungen wird: Zulugesangbuch 2,1:

UNkulunkulu oyedwa makadunyiswe njalo.
Ngomusa wasibonela, wasichithel' uvalo.
Uthando lusezulwini, uxolo lusebantwini,
akusekh' ukwalana.

Das Missionsgebiet Umhlangeni hat nun drei schöne Kirchen. Es wird mit Gottes Hilfe noch mehr gebaut werden, denn Gott hat es versprochen, Jesaja 55,10–11: Denn gleichwie der Regen und Schnee vom Himmel fällt und nicht wieder dahin kommt, sondern feuchtet die Erde und macht sie fruchtbar und wachsend, dass sie gibt Samen zu säen und Brot zu essen: Also soll das Wort, so aus meinem Munde geht, auch sein. Es soll nicht wieder zu mir leer kommen, sondern tun, was mir gefällt, und soll ihm gelingen, dazu ich es sende.

UMHLANGENI MISSION, 13. FEBR. 1989

Die Arbeit breitet sich sehr aus. Wir halten jetzt an einer neuen Stelle regelmäßig Gottesdienste. Es sind viele Klassen zu unterrichten. Gestern kam die Vorsitzende des Frauenkreises hier und sagte: „Ich habe elf Erwachsene, die getauft werden wollen. Wann kannst du mit dem Unterricht beginnen?" Ich brauche unbedingt einen Mitarbeiter, der mir drei Gemeinden abnimmt, aber oben in der Kirchenleitung rührt sich nichts. Am Sonnabend hatte ich zwei Beerdigungen an einem Tag an weit auseinander liegenden Stellen. Da musste ich vorher den Gottesdienst absagen, der für den Tag angesetzt war, und sowas geht auf die Dauer nicht gut. In einer Woche haben sich drei Paare zur Trauung angemeldet, und so geht es.

Es hat sich rumgesprochen. EH Schwacke macht den amtlichen Teil, denn er ist Marriage Officer, und ich mach die kirchliche Trauung. „Bayashadisa kahle," sagen sie von uns beiden. „Sie verheiraten einen so schön," und nun kommen immer mehr. Das ist ja so in unserm Beruf: Je mehr du tust, desto mehr musst du tun und desto mehr wird das alles, und es ist wunderschön.

Es kommen jetzt auch einige Krale zurück, die damals mit dem Vorgänger gegangen sind. Es ist mein großer Wunsch und Gebet, dass wir bald wieder Einheit haben können. In Mvutshini, in Mafu und in Mfazazane ist es schon geschehen, das ist schön und ein ruhiges Arbeiten. Ich merke jetzt manchmal, dass ich nicht mehr so kann wie vor 20 Jahren, und das macht mich nachdenklich. Wir versuchen einen neuen Kirchbauplatz zu bekommen in der Nachbargemeinde, die unbedingt ein eigenes Gebäude braucht.

UMHLANGENI, 19. MAI 1989

Vorgestern rief eine Inderin an, die bei der First National Bank in Port Shepstone arbeitet, und teilte mir mit, dass 1970,– Rand auf unser Gemeindekonto überwiesen worden sind. Emma Stenschke hat uns so oft geholfen, und sie sagte mir in ihrem wunderbaren ostpreußischen Dialekt: „Ach, Herr Missionaaar, die Mission ist doch für mich immer noch die scheeenste Sparkasse jewesen." Ich habe ihr gestern einen Dankesbrief geschrieben und ihr gesagt, wie sehr wir uns gefreut haben. –

So weit war ich vor drei Monaten gekommen, dann brauchten die Kinder die Schreibmaschine, und dann wurden alle möglichen Dinge aktuell, und dann kam Euer nächster Brief, der 14 Tage unterwegs war. Wir haben den Eindruck, dass es mit der Post immer langsamer wird. Ein Brief an Christina in Johbg dauert oft 1 ½ Wochen.

Heute haben wir den 13. August, Sonntag abend. Heute hatten wir hier in Umhlangeni ein wunderschönes Missionsfest, zu dem die Pastoren S. Ndwalane und A. Ntuli kamen. Sie haben gepredigt. Außerdem sprachen noch zwei ortsbekannte junge Männer, die gerade von Dierkiesdorp zurückgekehrt waren, vom „Dry-cleaning", wie sie das nennen. Sie hatten vorher furchtbar getrunken, und was sie zu sagen hatten, hat einen nachhaltigen Eindruck bei uns allen hinterlassen. Sie freuen sich sehr, dass sie nun trocken geworden sind, und versuchen Bekannte und Freunde auch ins Alkoholikerzentrum zu bringen.

Wir sind dabei, neue Kirchbauplätze zu erwerben. Da sind viele zeitraubende Verhandlungen mit den zuständigen Behörden und Häuptlingen. In Mfazazane haben wir die Möglichkeit, einen ganzen Kral zu kaufen, mit einem modernen 3-Schlafzimmerhaus, das sehr gut und solide gebaut ist, für Rand 32 000,–. Außerdem ist das Grundstück so groß, dass man Kirche und Gemeindesaal darauf bauen könnte. Die Genehmigung hat uns der Häuptling freundlicherweise sofort gegeben. Das Großartige an der ganzen Sache ist, dass dieses Grundstück zum Meer hin liegt, einmalig gelegen. Du predigst sozusagen gegen die Brandung an, die unten gegen die Felsen donnert. Ich komm richtig ins Schwärmen. In dem Haus hat vorher ein Mr. Mbambo gewohnt, seine Frau MaNene war Gemeindeglied. Die sind verzogen nach Durban und haben deshalb ihr Anwesen verkauft. Die andern Gemeindeglieder wohnen alle ringsumher in der Nähe, und wir sind sehr glücklich über diese unerwartete Entwicklung.

Im Augenblick wohnen in dem Haus Herman Nkosana Hlophe (siehe, das ist nun das erste Mal, dass ich einen Schwarzen kenne, der den Namen unseres Vaters trägt) und seine indische Frau Yogavelli Tantony (d. h.: bright shining star). Das ist nicht sehr oft, dass ein Zulu eine Inderin heiratet. Ich habe angefangen, die beiden zu unterrichten, denn sie wollen getauft und konfirmiert werden. Hlophe war in Dierkiesdorp, wo er losgekommen ist vom Alkohol, und will nun dort in Mfazazane ein Nachsorge-Zentrum aufbauen. Seine Frau ist vom Staat angestellte Sozialfürsorgerin für Kinder in Port Shepstone. Das ist nun eine neue Entwicklung in eine andere Richtung, die mich in letzter Zeit ziemlich in Atem gehalten hat. Ich werde aber in der Sozialarbeit möglichst nicht involviert sein, weil ich genug in meinen 6 Gemeinden zu tun habe und meine eigentliche Arbeit auch viel lieber tue. Später kann in dem Haus vielleicht mal ein schwarzer Pastor wohnen.

UMHLANGENI, 22. MÄRZ 1990

Hier im Lande ist alles sehr unruhig geworden, und es wird wohl noch erst schlimmer werden, bevor es besser wird. Die Leute morden sich hier gegenseitig aus, sie brennen sich auf mit großer Verbissenheit, dass Gott erbarm ... Ganze Großfamilien kommen hier mit Sack und Pack, suchen Zuflucht in Kirche und Gemeindesaal. Wenn es sich dann etwas beruhigt hat, ziehen sie wieder zurück in ihre unsicheren Wohngebiete. Ich hab normalerweise eine Beerdigung durchschnittlich im Monat. Jetzt hatte ich schon sieben. Aids wird auch immer schlimmer, und dann vergiften sie sich mit vielen bösen Mitteln. Es ist alles sehr gefährlich geworden.

Sie stehlen auch so viel und haben im letzten Jahr sechs Mal bei uns eingebrochen, auch Sonntagsmorgens, wenn sie wissen, dass wir in der Kirche sind. Wenn wir dann Sonntagsmittags nach Hause kommen, steht alles sperrangelweit offen, Türen, Fenster kaputtgebrochen, und wir können unsere Sachen wieder zusammensuchen, die noch vorhanden sind und weit verstreut bis unten im Bush liegen. Es ist nicht mehr schön. Dann haben sie zwischen Weihnachten und Neujahr unsern geliebten Corgyhund Charles totgestochen und ein Riesenfeuer gemacht vor meinen Bienenkästen, sie umgerissen, Rahmen und Waben verbrannt, das war nachts, als der Bischof hier eingehütet hat, während wir in Capetown waren.

Da ist dann meine Geduld zu Ende gegangen. Wir haben seitdem einen zwei Meter hohen Zaun um das ganze Grundstück gezogen, dann an der Innenseite ringsum Sisal gepflanzt, viele Dornenbüsche und -bäume. Nun warten wir geduldig, dass alles hochwächst und sich mit den Bougainvillea ineinander verschlingt und zu einer schützenden Hecke wird. Ich bin tieftraurig über diese Entwicklung, weil es gegen alles geht, wofür wir stehen: offenes Haus, offenes Herz. Es ist auch viel Liebe und Freudigkeit in mir gestorben.

Vorgestern haben jugendliche Banden, die so mit ca. 200 Mann die Gegend terrorisieren, den hiesigen Häuptling aufgebrannt, als er aus einer Versammlung kam. Er war ein freundlicher Mann, ich habe ihn gut gekannt. Nun wird das Chaos noch größer werden. Gestern haben die Banden mich vor brennenden Barrikaden aus alten Autos und Reifen aufgehalten. Ich wollte einer alten Frau oben in den Bergen das Heilige Abendmahl reichen. Sie haben mich nicht durchgelassen. Als die Menge anfing auf mich loszustürmen, bin ich umgedreht und nach Hause gefahren. Das war ein km von unserm Haus, und es war das erste Mal, dass ich hier in Afrika an der Ausübung meiner Arbeit gehindert worden bin. Wir brauchen einen langen Atem und sehr viel Geduld für die nächste Zeit. Und vor allem brauchen wir Eure Fürbitte ...

UMHLANGENI, 14. AUGUST 1990

Es hat uns sehr getröstet, dass Ihr so mit uns fühlt, und wir freuen uns sehr, dass Ihr an uns denkt. Wir haben den Eindruck, dass sich so langsam vieles wieder normalisiert, aber wir haben ein paar wilde, gefährliche Monate hinter uns. Es ist aber alles ruhiger geworden. Ich hatte schon wochenlang keine Beerdigungen mehr. Das ist ein gutes Zeichen. Wir denken weiterhin, dass eine friedliche Lösung der Probleme möglich ist und dass Gott der Herr im Regimente ist, wie bei Euch und dem Mauerwunder, so auch hier in Afrika. Wir sind dabei, für unsere schwarzen Nachbarn die Wasserversorgung zu regeln und auszubauen. Es ist gedeihliches Zusammenarbeiten möglich, wenn wir von radikalisierten Elementen in Ruhe gelassen werden. Die Jugendlichen kommen auch wieder zur Kirche, und das freut mich sehr. Ich dachte, ich hätte sie alle verloren. Ich danke Gott, der die Herzen lenkt wie Wasserbäche.

Sonntag waren wir alle in Durban zum Missionsfest in der deutsch-englischen Gemeinde von meinem Mitkonfirmanden P. Helmut Neddens. Das war ein sehr schöner relaxter Sonntag. Es waren Inder in der Kirche, also habe ich Englisch gepredigt, dann waren da auch Zulus in der Kirche, also habe ich in Zulu gebetet, und weil Besucher aus Deutschland da waren, habe ich einiges in Deutsch wiederholt. Es war alles so schön ungezwungen, ungewollt und ungequält, so richtig schön normal. Anschließend ging wer wollte zum Heiligen Abendmahl, und wir waren eins im Herrn Jesus Christus, sowas habe ich mir seit 23 Jahren schon immer gewünscht. Es macht mich sehr glücklich, dass es möglich ist.

UMHLANGENI, 10. DEZEMBER 1990

Hier bei uns im Lande ist es ruhiger geworden, obwohl die alllgemeine Situation weiterhin gespannt und explosiv bleibt. Wir machen aber unsere Arbeit weiter wie bisher. Vieles hat sich normalisiert, nur die Beerdigungen sind mehr geworden, jetzt auch, weil die Leute an Aids sterben. Das geht ganz rapide, erschreckend schnell. Am Sonnabend hatten wir eine Jugend-Freizeit aller Gemeinden. Donnerstag kommen alle alten Leute hier zusammen. Sonntag ist der große Konfirmationssonntag für die diesjährige Klasse, die wegen der Unruhen erst am 3. September angefangen hatte zu lernen. Insgesamt hatten sich 33 gemeldet, im Alter von 10–64 Jahren. Sechs Erwachsene werden Sonntag erst noch getauft. Zu Weihnachten kommen traditionell alle Gemeinden hier auf Umhlangeni zusammen.

Ich habe nun eine ganz neue Arbeit angefangen hier im Gefängnis in Port Shepstone. Es sind etwa 450 Insassen, und ich halte jeden Freitag Andachten dort. Sie freuen sich darüber, weil es sonst niemanden gibt, der sich um sie kümmert. Das ist ein sogenanntes Durchgangsgefängnis. Die Leute bleiben nicht lange. Nach ihrer Verurteilung werden sie weitergeschickt zu den großen Gefängnissen in Durban und Pietermaritzburg, wo ich auch schon gewesen bin. Der einzige junge Mann, der aus meiner Gemeinde dort vor mir saß unter all den andern, hatte gerade zehn Jahre Gefängnisstrafe bekommen für seinen zweiten Mord. Sowas geschieht hier leider häufig. Er hatte vor einigen Jahren jemanden erstochen und war nach drei Wochen wieder freigekommen, weil das nach seinen Stammesgesetzen abgehandelt worden war. Nun hat er zum zweiten Mal zugestochen, den Freund seiner Freundin.

Dann sitzen sie da vor dir, alle so im Alter von 20–35 Jahren, und kucken dich an, erwartungsvoll oder hasserfüllt oder resigniert oder voller Heimweh und Herzeleid. Aber sie hören alle zu, weil es kann ja auch keiner weglaufen. Ich merke von Woche zu Woche, dass wir zusammenwachsen. Sie singen jetzt schon immer, bevor ich in die Zellen gehe. Die Gefängnisverwaltung hatte mich gebeten, das zu machen, weil sonst niemand hier in Zulu predigt, und ich muss sagen, dass es dabei zu ganz starken Begegnungen kommt, dass mir diese Arbeit tiefe Freude macht und dass sie sinnvoll ist. In den Gemeinden geht es auch langsam wieder bergauf. Sechs junge Männer haben sich die Blasinstrumente wieder hergeholt. Zwei neue habe ich unterrichtet, wie man einen Gottesdienst hält. Mal sehen, wie im nächsten Jahr alles wird.

9. DEZEMBER 1991

Uns geht es allen sehr gut. Es ist in unserer Gegend viel ruhiger geworden. Ich habe drei neue Tauf- und Konfirmandenklassen jeden Tag unterrichtet, sogar eine Klasse für Erwachsene nach Dunkelwerden, wenn die Leute von der Arbeit nach Hause gekommen sind. Für uns ist das eine große Freude, denn das wäre vor ein paar Monaten überhaupt nicht möglich gewesen. Damals mussten wir ein Missionsfest absagen, weil es zu unruhig war und der Bus nicht heil durch gekommen wäre. Es haben sich nun über 40 Leute zum Unterricht gemeldet, alt und jung, und das macht mich und uns alle sehr glücklich. Gott sei Lob und Dank, dass die Arbeit weitergehen kann.

Die Kirche ist an manchen Sonntagen so choc-a-bloc voll gewesen wie zu Weihnachten. Am letzten Sonnabend, 7. Dezember, hatten wir hier einen großen Jugendtag, zu dem 100 Leute aus meinen Gemeinden und von außerhalb gekommen waren. Es war wieder alles so schön normal wie früher, und ich denke, die haben sich alle sehr gefreut. Wir bitten Gott den Herrn, dass er uns den Frieden erhält. „Das ist meine Freude, dass ich mich zu Gott halte und meine Zuversicht setze auf Gott den Herrn, dass ich verkündige all dein Tun.“ Wir haben dies aus Psalm 73 gelernt und lernen es noch stets, und es ist eine gute Erfahrung.

BILDER

„Umuntu ungumuntu ngumuntu."

„Der Mensch ist Mensch durch den Menschen."

LEHRER UND AMTSBRÜDER (siehe Missionsblatt 3, April/Mai 2010)

CHRISTOPH JOHANNES

MOSES THWALA

JOHANNES KHUMALO

GOTTFRIED STALLMANN

GEORG SCHULZ

FARMER FRITZ MUELLER UND
JOHANNES SCHROEDER

WILHELM WEBER

PETROS LUBEDE

JONA KHUMALO

AARON NTULI

AMOS MDLULI

ZULULAND
ZOELOELAND
NKUNZANA RIVER

ITSHELEJUBA
MISSION HOSPITAL

XLT

ISUZU

NPS
30604

11. KAPITEL

**Es gibt im Leben des Christen Stunden trostloser Betrübnis ...
Das sind die Stunden der Prüfung des Glaubens, der Hoffnung, der
Liebe und der Geduld des Christen.**

\- Johannes von Kronstadt -

**Je mehr ausharrende, tragende Geduld, desto mehr Erprobung;
da bewährt sich unser Glaube, dass er nicht Einbildung und
Phantasterei ist, sondern ein ernsthaftes Halten und Hängen an Gott.**

UMHLANGENI, IM JAHRE 1992

Hier bei uns in der Gegend ist es wieder sehr unruhig und undurchsichtig geworden. Es ist gefährlich, hier zu leben. Der Stressfaktor ist so hoch geworden, dass man kaum mehr andere Belastungen aushalten kann, eine Gedulds- und Glaubensprobe, weil die Lage immer bedrohlicher wird. Die Versicherungen haben uns ausgesteuert und uns eingestuft: High Risk Area. Hohes Risiko-Gebiet. Sie weigern sich jetzt, uns anzunehmen. Der Friede, der vor Weihnachten in unserm Gebiet geschlossen wurde, ist gebrochen und vergessen. Und nun morden sie wieder; und nun sterben sie wieder – und keiner weiß warum. Es ist ein Elend, das vielfältig zum Himmel schreit. Die meisten Menschen sterben namenlos und unbekannt. Diese totale Sinnlosigkeit ist am wenigsten zu begreifen und am allerschwersten zu tragen. Es ist zum Weinen.

Das beeinflusst die Arbeit, das bedrückt und bedroht unser Zusammenleben, das vergiftet die ganze Atmosphäre um uns herum. Misstrauen, Hass, Angst und Dummheit machen sich breit und erschweren meine Arbeit. Ich kann nicht mehr alles machen, was ich will. Ich kann nicht mehr überall hinfahren, wo ich will. Meine Unterrichtsarbeit wird so wiederholt unterbrochen und zieht sich in die Länge. Meine Hautfarbe ist angeblich gegen mich. Gemeindeglieder sind besorgt um mich. Sie rufen mich an und warnen mich, nicht zu kommen, lieber zu Hause zu bleiben für ein paar Tage, bis es sich wieder beruhigt hat. „Kuyabedabeda lapha." Es ist alles durcheinander.

Die Übergriffe auf umliegende Farmen nehmen zu, drei in der letzten Woche im Umkreis von einem km. Und dann fährt man schließlich doch wieder los und munzelt sich durch die Aufstandsgebiete hindurch. Du kriegst ein Gefühl für die Stimmung, die vorherrscht. Du kriegst im Lauf der Zeit ein Gespür und weißt ungefähr, wohin du fahren kannst und wo du besser wegbleibst. Dicke Steine liegen im Weg, und ich freue mich, dass mein Wagen (Toyota Doublecab) so hochbeinig ist. So fahr ich einfach drüber weg. Da liegen noch die ausgebrannten Autowracks und halb verkohlte Gummireifen, mit denen die Straßen gesperrt waren.

Diese Barrikaden sind notdürftig beiseite geschoben, damit die Leute wieder zur Arbeit und zum Einkaufen fahren können.

Und dann biegst du um eine Ecke und gerätst plötzlich ohne Vorwarnung in einen großen Pulk von marschierenden, aufrührerischen Jugendlichen, und auf deiner Zunge sammelt sich der gefürchtete widerlich warme Geschmack nach Messing. Das ist schiere Angst, die so schmeckt. Du zwingst dich mit einem Stoßgebet langsam weiterzufahren, weil zurück kannst du nicht mehr, und da! zwischen all den erhobenen drohenden schwarzen Fäusten zeigt sich plötzlich eine helle Handfläche zum Gruß erhoben, und jemand ruft laut „Mfuuundisi" oder „Titiemaaani," und zögernd und zäh – wie in Zeitlupe – aber stetig öffnet sich eine schmale Gasse in den hasserfüllten Gesichtern, und sie lassen mich schrittweise durchfahren.

Das ist nochmal gut gegangen! Ich atme ganz tiiief und furchtbar erleichtert auf, und es dauert ein wenig, bis mein Gesicht im Spiegel die aschen-fahle unnatürliche Blässe verliert. Bislang hat mich immer jemand erkannt, im letzten Augenblick. Sie kennen mich von der Arbeit im Gefängnis, oder sie haben mich auf einer Hochzeit gesehen – ich hatte viele Trauungen – oder wir waren auf der letzten Beerdigung zusammen. Durch die Unruhen hab ich mehr Beerdigungen als sonst, und in meinem Totenregister steht unter Todesursache: Petrol, poison und bullets. Benzin, Gift und Kugeln, daran sterben unsere Leute hier.

UMHLANGENI MISSION, 28. JULY 1993

„Unsere Stimmung hier im Lande pendelt zwischen tiefster Verzweiflung und vorsichtiger Hoffnung", diesen Satz von TIME-Korrespondent Peter Hawthorne kann ich gut verstehen. Es gibt rabenschwarze Tage, die sind voller Plage, voller Klage, wo du denkst, es geht nicht mehr. Es geht wirklich nicht mehr. Wie soll das bloß werden? Was muss denn noch alles geschehen? Wieviel mehr kann dieses zerrissene Land aushalten?

„Mfundisi, jeden Abend bete ich mich ruhig, und dann schlafe ich ein. Und wenn ich am nächsten Morgen aufwache, freue ich mich, dass ich noch da bin. Und dann bete ich mich mutig für den Tag. Und so leben wir hier zu Hause von einem Tag zum anderen." Ein älterer Mann aus einer meiner Gemeinden, Seni Dlamini, spricht auf diese Weise sich und mir Gottvertrauen aus.

Mathilda Luthuli MmaKhusi hat Schwierigkeiten hochzukommen, weil sie so einen mächtigen Leib hat. Sie steht auf ihren Knien vor dem Stuhl, auf dem die aufgeschlagene Bibel liegt. Ich schaue durch die offene Küchentür zu ihr hinein. Sie dreht sich um zu mir, und ihr Gesichtsausdruck tut mir wohl, angelic face. Sie lächelt glücklich und sagt: „Gerade bin ich fertig mit meinem Gebet für dich, Mfundisi, dass du behütet bleibst auf deinen gefährlichen Wegen. Ich hab gefühlt, dass du kommst."

Es tut gut bei dem vielen Pessimismus und all der Hoffnunglosigkeit im Lande, solche Stimmen zu hören. Diese und ähnliche Begegnungen in unseren Gemeinden, im Einkaufszentrum oder auf der Straße bauen dich wieder auf, wenn du verzagt und mutlos geworden bist. Ich denke manchmal, die Tatsache, dass in unserm Land über 70 Prozent der Menschen Christen sind, ist der Grund dafür, dass uns die ganze Gegenwartsgeschichte nicht schon längst um die Ohren geflogen ist. Es gibt sehr viel verborgene Treue. Es gibt sehr viel verborgene Frömmigkeit. Es gibt sehr viel verborgene Fürsorge und Fürbitte – viel mehr als wir ahnen. Das bringt Ängste zur Ruhe. Das lässt Verzweiflung gegenstandslos werden. Frustrationen werden zunichte. Beklemmung und Panik verfliegen, und das Leben in diesem zerquälten Land wird trotz aller Schrecken erträglich.

„Living on the edge", nennt man das hier, „Leben auf Messers Schneide", oder „Leben am Abgrund". Unsere Autoren bezeichnen Südafrika als Mordland (Rian Malan), und Breyten Breytenbach ist der Überzeugung: „The only shared culture in this country is the culture of killing", „die einzige Kultur in diesem Land, die uns verbindet, ist die Kultur des Mordens". Das stimmt nicht! Gott sei Dank, stimmt das nicht. Es gibt mehr und Besseres, was uns verbindet.

Das ist die Verbindung nach oben. Das sind die Gebete in all den vielen verschiedenen Sprachen. Das ist die Verbindung mit unserem Schöpfer. Das ist die Verbindung mit seinem Sohn Jesus Christus, dessen Leiden das einzig Sinnvolle und Tröstliche bleibt angesichts all der Sinnlosigkeit und Trostlosigkeit um uns her. Du lernst so wieder, dich auf das Wesentliche zu konzentrieren. „Dass uns werde klein das Kleine, und das Große groß erscheine."

Wir befürchten alle eine Eskalation der Gewalttätigkeiten und wissen doch zugleich, dass das nicht sein darf. Wir hoffen, eigentlich wider besseres Wissen, dass ein Ende des täglichen Blutvergießens kommt. Die Gefahr besteht ja wirklich, dass diese Gewalttätigkeit eine Eigengesetzlichkeit entwickelt, die dann über sich selbst hinausrollt und alles mit sich reißt. Dieser rasende, satanische Strudel hat eine entsetzliche Sogwirkung, die das ganze Land mit all seinen Menschen ins Chaos stürzen will. „Life is cheap", „Leben ist sehr billig" geworden hier, die reinste Schleuderware. Das ist erschreckend und bedrückend.

Um so wohltuender sind positive Stimmen und Erlebnisse, nach denen man schon richtig hungert und die man dankbar aufnimmt: Nach einer abendlichen Nachrichtensendung, die ausschließlich von Mord und Totschlag in allen Bevölkerungsgruppen berichtet, sagt die junge, hübsche Xhosa-Nachrichten-Sprecherin Noxolo Grootboom schlicht und sichtbar bewegt: „Ngingathi-ni? Was kann ich sagen? Ich wünsche allen Leidtragenden, von denen ich heute berichten musste, den Trost Gottes und eine ruhige Nacht unter seinem Schutz. Nkosi, sihawukele." Ja, Herr, erbarme Dich über uns hier in Südafrika. Kyrie eleison.

20 Fragen der Missionsblatt-Redaktion an Missionar Kurt-Günter Tiedemann, geboren am 13. Juli 1942 in Uelzen, wurde am 30. April 1967 in Nettelkamp nach Südafrika ausgesandt. In den 26 Jahren Missionsarbeit dort wirkte er in Enhlanhleni, Pongola, Itshelejuba und Umhlangeni.

1. **Warum studierten Sie Theologie und wurden Missionar?**
   Allerhand Abenteuerlust und Fernweh und entscheidender Einfluss durch mein Elternhaus, durch Paten und meinen Konfirmator Pastor Heinz Schätzel.
2. **Welche biblischen Vorbilder spielten in Ihrem Dienst eine Rolle?**
   David und Petrus.

3. **Welche Männer und Frauen der Kirchengeschichte haben Sie mitgeprägt?**
Thomas à Kempis, Paul Gerhardt, Søren Kierkegaard, Louis Harms ...
4. **Was ficht Sie besonders in der Kirche an, in der Sie Dienst tun?**
Ein unterschiedliches (sehr gebrochenes) Verhältnis zur Zeit und zur Wahrheit.
5. **Was erwarten Sie von der Kirche, aus der Sie stammen?**
Fürbitte und Verständnis.
6. **Was sind Aufgaben, denen nach Ihrer Meinung die Missionsleitung mehr und besser nachkommen soll?**
Geistliche Begleitung.
7. **Was würden Sie anders machen, wenn Sie nochmal ganz von Neuem beginnen könnten?**
Besser Zulu lernen und von Anfang an mehr zuhören als reden.
8. **Welches Buch lesen Sie gerade?**
Luise Rinser: Mit wem reden.
9. **Was schätzen Sie an ihren Mitarbeitern am meisten?**
Verschwiegenheit und Mittragen.
10. **Welche Verhaltensweisen stören Sie an anderen Leuten am meisten?**
Überheblichkeit und Oberflächlichkeit.
11. **Welche Musik hören Sie am liebsten?**
Kommt darauf an, von Dire Straits bis Johann Sebastian Bach.
12. **Welche Autoren lesen Sie am meisten?**
Wilh. Stählin, H. Thielicke, H. Bezzel, A. Goes, M. Doerne, G. Voigt, H. J. Iwand ...
13. **Was wünschen Sie sich am meisten?**
Regen und Frieden (und einen Büffel in Moçambique oder Kenia).
14. **Zu welchen politischen/sozialen Fragen in Ihrem Land sollte die einheimische Kirche etwas sagen?**
Einschüchterung und Gewalt.
15. **Mit welchen Taten würden Sie Ihre Verkündigung begleiten, wenn Sie dazu die nötige Zeit und aureichende Mittel besäßen?**
Intensive Arbeitsbeschaffungsprogramme einleiten.

16. **Wann, glauben Sie, ist Ihr gegenwärtiger Dienst zu Ende?**
    Schwer zu beantworten! Wohl in absehbarer Zeit.
17. **Welche theologischen Themen sind Ihnen gerade wichtig?**
    Praktische Themen sind mir wichtiger.
18. **Was würden Sie im Bereich der Öffentlichkeitsarbeit Ihrer Mission verbessern?**
    Die Jugend für die Mission begeistern (Leser der Jugendzeitschrift „Bottich"), Gemeinden und Leute aktivieren, die bisher noch nicht beteiligt sind.
19. **Inwiefern hilft Ihnen Ihre Frau im Dienst Ihrer Kirche?**
    Ohne meine liebe Hausehre würde ich es hier nicht aushalten.
20. **Worauf freuen Sie sich am meisten?**
    Wenn die nächste Tauf- und Konfirmandenklasse vorm Altar kniet.

UMHLANGENI, 14. SEPT. 1994

(zum ersten Mal geschrieben mit Apple Macintosh)

Das ist immer einer der schmerzlichsten Verzichte und shortcomings in all den Jahren gewesen – und ist es noch – dass die family, die nächsten Verwandten, so schrecklich weit weg sind. Wir denken jetzt, wo wir älter werden, öfter und mehr an Euch als früher und wünschten manchmal, man könnte mal so eben 'rüberkommen, um irgendetwas zu besprechen oder auch nur zum Klönen. Jedenfalls war es wunderschön, Eure Kinder hier zu haben, und wir hoffen, dass sie bald wieder kommen und ihre Eltern mitbringen.

Wir sind in der Familie ganz froh, dass sich unsere Zukunft einigermaßen geklärt hat. Ich hatte Anfang des Jahres einen Brief an die Kirchenleitung geschrieben und gebeten, versetzt zu werden. Vor allem wollte ich zwei Dinge wissen: 1. Braucht die Kirche uns noch? und 2. Wollen die Gemeinden unsern Dienst? Daraufhin bekam ich letzten Monat einen Brief mit einer Berufung der Kirchenleitung an das Seminar in Enhlanhleni, um dort praktische Theologie zu unterrichten.

Das hätte ich wohl gekonnt und auch ganz gerne getan, weil wir hier schon 13 Jahre an derselben Stelle sind, und weil ich gern noch mal gewechselt hätte, zum letzten Mal vor der Pensionierung im Jahre 2007. Man bloß, dort in Enhlanhleni hätte ich keine Gemeinde gehabt, und ohne Gemeinde kann ich mir ein Leben nicht gut vorstellen, Rike auch nicht. Ich denke auch, praktische Theologie ohne Praxis geht nicht so gut. Außerdem wäre es privat, besonders auch für Rike, dort sehr einsam geworden.

So kam der große Visitationssonntag mit Bishop Tswaedi, die erste Visitation meines Lebens. Die Gemeinden waren alle gekommen, Kirche und Gemeindesaal waren choc-a-bloc voll Menschenkinder, und es war wie eine große Welle der Liebe, die aus der Gemeinde heraus über uns zusammenschlug, ein wunderschöner Gottesdienst. Rike und ich sind dann gegangen, und dann hat jede Gemeinde gesprochen, und sie haben mit einer Stimme gesprochen und gesagt: „Asifuni ukuba bahambe. Wir wollen nicht, dass sie gehen." Nach etwa 40 Minuten war die Visitation vorbei, eine von meinen Omas kam nach oben und kuckt mich diebisch verschmitzt lächelnd an. Sie wackelt mit dem Zeigefinder vor meiner Nase und sagt fast triumphierend. „Awuyi 'ndawo! Du gehst nirgendwo hin! Du bleibst net hier." Kurze Zeit später kommt der Bischof auch nach oben, kuckt mich an und sagt nur zwei Worte: „You stay!" „Ihr bleibt!"

Und so wird es denn wohl sein, und wir haben uns damit abgefunden und sind es nun auch zufrieden, zumal wir einen Mitarbeiter bekommen, einen Zulupastor, der mit seiner family in Gamalakhe wohnen soll und die Gemeinden Gamalakhe, Mvutshini und Mafu in Eigenverantwortung übernehmen wird. Das bedeutet, dass wir in Gamalakhe eine neue Kirche bauen werden und ein Haus für den kommenden Pastor. Gottfried Höfler und ich sind schon hingefahren. Ich hab ihm Kirchbauplätze gezeigt, die in Frage kommen könnten, und ein Lehrer aus meiner Gemeinde Ndovela sucht nach einem geeigneten Pfarrhaus, was wir eventuell fertig kaufen können.

Ich behalte dann die Gemeinde hier am Ort Umhlangeni und die Predigtsstelle in Umzumbe, sowie die neue Gemeinde in Mfazazane. Außerdem will ich versuchen, neue Predigtstellen zu bekommen in Sezela und Scottburgh, damit wir den Anschluss nach Durban bekommen. Oder wenn es möglich ist, gehen wir in die Transkei, was ein jahrelanger Traum von mir ist. Man kann aber schlecht etwas Neues anfangen, wenn man sechs Gemeinden hat, und dann war es dort auch sehr unruhig. In Mfazazane hat ein befreundeter Farmer, Edgar Lilje, auf seiner Farm zusammen mit seinem Induna eine Kirche gebaut, wo das Sonntagen große Freude macht. Wir haben diese Kirche am 20. März 1994 eingeweiht, ich schicke einige Bilder vom Einweihungsgottesdienst. So geht es weiter. Gott sei Lob und Dank.

Wir bleiben also – so Gott will – in Südafrika, auch wenn wir vielleicht nicht alle 13 Jahre bis zur Pensionierung hier in Umhlangeni sein werden, das wären dann insgesamt 26 (!) Jahre an einer Stelle. Aber vorläufig geht es so weiter, und wir sind froh, dass nach dem vielen Hin und Her wieder Ruhe und Beständigkeit in unser Leben eingekehrt ist. Wir haben nun so gesagt: Bis zur Pensionierung machen wir, was ich sage, und nach der Pensionierung machen wir, was Rike sagt, obwohl wir – im Geheimen und unter uns gesagt – schon lange das machen, was Riken sagt. Sela.

UMHLANGENI MISSION, 8. DEC. 1994

Ansonsten gibt es nicht viel zu berichten, dazu ist es auch viel zu heiß. Es ist ENTSETZLICH heiß heute und sehr, sehr trocken. Der lang anhaltende und so sehr ersehnte Regen ist bisher ausgeblieben, die Leute sind bekümmert. Wir machen nur das allernötigste an solchen Tagen. Es ist so warm, dass einem immer leicht übel ist. So warten wir auf den Abend. Dann wird es erträglicher, und ich fahre nach Mafu, wo sich die Tauf- und Konfirmandenklassen jeden Tag treffen.

Das sind alles Erwachsene, die dann von der Arbeit kommen. Sie sind aus den beiden Gemeinden Umhlangeni und Mafu, über 30 insgesamt, sie werden zu Weihnachten getauft und konfirmiert. Das geht jetzt im Sommer am besten, weil im Winter die Tage so kurz sind. Dann ist es um 6.00 Uhr schon stickenduster, niemand wagt sich so recht mehr aus dem Haus. Im Winter machen Rike und ich Hausbesuche, besuchen die Gemeindeglieder ein bei ein, bis wir sie alle gesehen haben, und dann fangen wir wieder von vorne an.

Jetzt im Sommer ist es um 7.00 Uhr noch hell, wir haben etwa 1 ½ Stunden Zeit zum Unterrichten, jeden Tag, sogar sonnabends und sonntags, weil es Leute gibt, die nur am Wochenende zu Hause sein können. Die Klassen wachsen ständig, wenn du erstmal sowas angefangen hast, kommen stets neue Leute dazu. Ich kann das manchmal kaum glauben. Ich habe schon gedacht, vielleicht müsste ich diese Klassen als permanente Einrichtung einfach weiterlaufen lassen und immer die, die alles gehört und gelernt haben, taufen bzw. konfirmieren und dann jeweils immer wieder von vorn anfangen. Jedenfalls macht mich das sehr glücklich, wir haben gute Gespräche miteinander, und es ist eine große Freude. Und wenn ich mal down bin, brauch ich nur in die Klassen zu fahren, dann werde ich wieder fröhlich.

Wir hatten Ende November ein Jugendtreffen hier zu Hause, zu dem 70 Jugendliche aus den Gemeinden gekommen waren. Leider fanden an dem Tag auch Beerdigungen statt, so dass viele der jungen Leute verhindert waren. Pastoren aus der Nachbarschaft und die Lehrer und Lehrerinnen aus den Gemeinden haben mir dabei geholfen, so war es ein schöner Tag. Jeder hatte sein eigenes Essen mitgebracht, „bring and share“, das haben wir alles auf einen großen Tisch gestellt, und alle sind satt geworden.

Es gibt in diesem Jahr ziemlich viele Schlangen. Wir haben uns angewöhnt, sie leben zu lassen, zumal viele von ihnen nicht oder nicht so sehr giftig sind und fast alle eigentlich immer das Weite suchen, wenn du sie siehst. Es gibt aber eine Ausnahme, und das sind Mambas, grüne oder schwarze, weil da ist man dem Tod immer sehr nahe. Letzte Woche kamen zwei Männer aus meiner Gemeinde ganz aufgeregt angerannt: Inyoka! Mamba! Ich war auch schon aufmerksam geworden, denn die Vögel im hohen Umthombobaum machten einen sagenhaften Lärm und flogen in großer Aufregung auf und nieder und hin und her und durcheinander. Und mitten drin in dieser Aufregung eine ziemlich irritierte dicke grüne Mamba. Sie lag etwa 10 m hoch auf einem Ast.

Ich bin gelaufen und habe die 12 bore Shotgun geholt und sie aus dem Baum geblastet. Sie war an drei Stellen durchschossen und fiel schwer ins Gras vor unsre Füße. Sie war 2 m lang. Wir haben Aufnahmen gemacht, dann haben die Männer sie mitgenommen, um Medizin draus zu machen. Frag nicht, was das für Medizin wird und wogegen die hilft. We'll never know. Wir werden das nie erfahren. Sonst ist das Leben hier aber nicht so aufregend und wesentlich ruhiger geworden. Das liegt auch mit an unserm zunehmenden Alter. Uns geht es aber gut, und wir sind glücklich und zufrieden in Haus und Beruf.

BERICHT 1994

Angefangen hat das alles vor etwa vier Jahren. Ich war damals an sich fertig mit Afrika, oder wie man hier sagt: Ich war allergic geworden. Oft, wenn mich jemand ansprach oder anbettelte, wurde ich wütend. Manchmal kriegte ich auch schon die Wut, wenn mich jemand schief ankuckte. Ich verstand vieles verkehrt, weil ich vieles verkehrt verstehen wollte. Ich wurde zynisch und verletzend, und mein ironischer Vokabelschatz in der Zulusprache nahm täglich zu. Meine Frau sagt: „Wir müssen hier weg. Du machst alles kaputt." Ich weiß, ich funktioniere nicht mehr. Ein Missionar hat seinen Heiland lieb. Da hab ich in letzter Zeit ziemliche Lücken, und ein Missionar hat die Leute lieb, die er zum Herrn Christus führen möchte. Da ist bei mir kaum noch was, eigentlich nur ein langer Gedankenstrich -----

Ich hab mich dann eines Sonntags vor die Gemeinde gestellt und ihnen gesagt: „Wir können nicht mehr. Sie haben jetzt über 20 Mal bei uns eingebrochen. Ich will nicht mehr. Ihr wisst genau, wer das immer macht, aber ihr schweigt. Wir hängen wahrlich nicht an unsern Brocken. Meinetwegen können sie den Rest auch noch haben. Wir brauchen diese Sachen nicht. Es macht uns nichts aus, was sie rauschleppen aus dem Haus. Aber was uns fertigmacht, ist, dass Ihr dazu schweigt. Durch euer Schweigen helft ihr diesen bösen Leuten. Durch euer Schweigen verachtet ihr uns. Durch euer Schweigen vertreibt ihr uns. Wenn ihr möchtet, dass wir gehen, dann sagt es bitte offen, und wir tun das morgen schon." Die Leute sind sehr betreten, ich seh das an den Gesichtern.

Wir beenden den Gottesdienst mit dem Segen, und jeder geht bedrückt nach Hause. Beim Verabschieden höre ich: „Mfundisi, es ist gefährlich zu reden, lebensgefährlich." Ich weiß das nur zu gut ... Ich weiß, dass die Einbrecher schwer bewaffnet sind. Wir haben einige dieser selbstgemachten, schrecklichen Mordwerkzeuge gefunden, die sie zurückgelassen haben.

Am nächsten Sonntag ist die Kirche choc-a-bloc voll wie zu Weihnachten. Sie sind fast alle gekommen. Wir haben uns nur angelächelt, und plötzlich war das alte Vertrauensverhältnis wieder da. Wir haben kein Wort gesagt und auch später nie wieder darüber gesprochen. Wir haben das aber als Bestätigung genommen weiterzumachen, und es war gut so.

Während dieser Tage, die zu den dunkelsten Tagen unserer Afrikazeit gehören, meldet sich hier der Natal-Chef der Südafrikanischen Gefängnisse, Abteilung: Religiöse Versorgung der Gefangenen aus Pietermaritzburg. Er sucht jemanden, der Zulu spricht und im Port Shepstone Prison regelmäßig Andachten hält. Ich muss ihn wohl ziemlich entgeistert angekuckt haben, denn er wiederholt seine Bitte: „Won't you please come with me? I'll show you around. Komm mit, ich zeig dir alles."

Ich hab nur den Kopf geschüttelt und gesagt: „Du suchst jemanden, der anders ist als ich. Ich bin der denkbar schlechteste und am wenigsten geeignete Kandidat für diese Aufgabe. Wenn du wüßtest, wie das in mir aussieht, und was für eine Wut ich auf diese Leute im Gefängnis habe, würdest du nicht gefragt haben. Versuch das mal woanders. Vielleicht findest du ja einen." Antwort: „Das ist es ja gerade. Es ist so schwierig jemanden zu finden."

Wir haben dann schweigend Kaffee getrunken, und dann habe ich angefangen zu erzählen, was hier so läuft, und was wir alles so erleben. Er hat sich das in Ruhe angehört und sagte dann nach ein paar höflichen Geräuschen: „Give it a try, brother. Please. Only once. Und wenn du es dann nach dem einen Versuch überhaupt nicht aushalten kannst ..."

Und so bin ich denn gegangen. An einem Freitagmorgen stehe ich vor dem soliden Stahltor des Port Shepstone Prison. Ich habe Bibel und Gesangbuch mitgenommen, und in der Bibel liegt die schärfste Bußpredigt, die ich in meiner Sammlung finden konnte. Und ich dachte, wenn sie die abkönnen, werden wir weiter sehen. Ich werde freundlich empfangen, schreibe meinen Namen ins Besucherbuch und werde ins Innere geführt. Hinter mir schließt sich eine Tür nach der andern, insgesamt 7 (!), und dann stehe ich schließlich völlig allein mit meiner Bibel in einer großen Zelle, mit sehr engen Stahlfenstern, nicht mal ein Kopf paßt da durch. UND ALLE DREISSIG ODER MEHR INSASSEN KUCKEN MICH AN.

Der große Raum ist total kahl, kein Tisch, kein Stuhl, kein Bett, kein gar nichts. Jeder hat eine dünne graue Filzunterlage, zwei graue Decken, ein blaues Handtuch, Zahnpasta, Seife und fertig. Mehr ist da nicht. Einige haben ihre Decken zusammengerollt und sitzen darauf. Andere schlafen noch oder tun wenigstens so. Hinten links in der Ecke spielen sie Mlabalaba, wir nennen das Mühle/Dame-Spiel. Sie spielen das mit verschiedenfarbigen Deckeln von Zahnpastatuben.

Einer hat seine Decke übers Gesicht gezogen und die Außenwelt ausgeschlossen. Da vorn sitzt einer und starrt vor sich hin, der andere stiert gegen die Wand. Einer sieht mich frech und herausfordernd an. Er grüßt mit einer spöttisch verstellten hohen Stimme: „Ich sehe dich, du Pastörchen." Einer dreht sich ostentativ zur Wand. Wieder ein andrer dreht einen kleinen Fetzen Papier um und liest die Rückseite (zum wievielten Male schon?), nur um mir zu zeigen, wie uninteressant ich für ihn bin.

Ich sehe in verschlagene Gesichter, mit tückischen Augen. Und ich sehe in andere Gesichter, die einfach stumpf sind. Einer in meiner Nähe raucht und bläst die volle Lunge herausfordernd in meine Richtung. Zwei oder drei sind darunter, die haben das heulende Elend. Ich lerne das später. Die müssen eine schwere Nacht hinter sich haben. Andere haben einfach Heimweh oder Sehnsucht nach frischer Luft oder wonach man sonst so Sehnsucht hat, wenn man zugeschlossen ist und die Bewegungsfreiheit eingeschränkt.

Es gibt aber auch andere Gesichter, aufgeschlossen, aufgeweckt und gespannt, erwartungsvoll und freundlich. Ich fühle instinktiv, die gehören hier gar nicht her, die passen hier nicht rein. Und dann sehe ich ein Gemeindeglied. Ich weiß auch sofort, warum er hier ist. Er hat zum zweiten Mal gemordet. Seine Mutter war neulich bei mir ... Aber was mich wirklich tief betroffen macht, ist die Tatsache, dass sie alle so furchtbar jung sind. Das sind Jungs, die sollten irgendwo in der Ausbildung sein, auf Hochschulen, Technikons, Universitäten, an Berufsschulen und Ausbildungsstätten. Stattdessen liegen sie hier wochen-, monate- und jahrelang in den total überfüllten Zellen.

Ich stelle mich also mit klopfendem Herzen vor, sage ihnen, wo ich herkomme und was ich will; und während ich rede, ändert sich die eisige Atmosphäre kaum merklich und macht so etwas wie freundlichem Interesse Platz. Sie haben wohl nicht erwartet, dass ich Zulu sprechen würde. Einige stoßen sich zwischendurch feixend mit dem Ellbogen in die Rippen und ziehen die Augenbrauen hoch, wenn ich irgendein Wort mit meinem deutschen Akzent unmöglich ausgesprochen oder verkehrt angewendet habe.

Als ich darum bitte, dass einer mit einem Chorus, den wir alle kennen, bitte die Andacht einleiten möge, fängt jemand auch sofort an zu singen, und die meisten fallen ein. Es klingt wunderschön. Ich beginne mit einem kurzen Gebet und lese Psalm 130: „Aus der Tiefe rufe ich, Herr, zu dir ..." Während der Ansprache verändert sich die Haltung der Gefangenen. Das geht bis in die Körperhaltung hinein. Aus dem anfänglichen Interesse, das mein exotisches Zulu hervorruft, wird genuines Zuhören. Neben mir zieht einer verstohlen und halb verschämt seine Rastamütze vom Kopf und legt sie auf sein Knie.

Hinten im Raum drücken sie die Zigaretten aus. Und der eine Verdeckte hebt seine graue Wolldecke über seinen Kopf und legt sie sich in den Nacken. Er lässt seinen Blick nicht mehr von mir bis zum Amen. Diejenigen, die sich so herausfordernd wie möglich hingeflegelt hatten, geben sich gleichsam einen Ruck und setzen sich auf. Einer, der das nicht tut, wird von den andern neben ihm dazu gebracht eine etwas angemessenere Haltung einzunehmen. Er tut das widerwillig genug, aber er tut es.

„Herr, höre meine Stimme, lass deine Ohren merken auf die Stimme meines Flehens." Sie hören wirklich zu. Einige sind mit ihren Gedanken weit weg. Ich kann das sehen, sie sind nicht mehr „inside". Andere hören mit einer Intensität zu, dass ich ganz beschämt bin. „So du willst, Herr, Sünden zurechnen, Herr, wer wird bestehen?" Wir merken beide, sie und ich, es geht um die Existenzfrage. Ich sehe hier und da denselben Gesichtsausdruck, den ich von Missionsfesten oder Sonntagsgottesdiensten her kenne, wenn Menschen ganz konzentriert sind.

Und es kommt zu einem Dialog. Gott redet zu uns aus seinem Wort, und wir hören, was uns weiterhilft im Leben und im Sterben. „Denn bei dir ist die Vergebung, dass man dich fürchte." Ich habe den Eindruck, dass das, was sie hier hören, völlig neu und furchtbar wichtig für sie ist. Diese zum Teil sehr verlebten und verhauenen Gesichter hören auf zu grinsen. Sie werden ernst und hören zu. „Ich harre des Herrn; meine Seele harret, und ich hoffe auf sein Wort ... bis: ... und er wird Israel erlösen aus allen seinen Sünden." Wir schließen mit einem längeren Gebet, mit Glaubensbekenntnis und gemeinsamen Vaterunser, das tatsächlich einige mitbeten. Am Schluß wieder einer dieser unvergleichlichen Chorusse.

Ich bedanke und verabschiede mich, als hinten aus der Ecke die Frage kommt: „Mfundisi, kennst du den Mbatha?" Ich frage zurück: „Meinst du den Pastor Mbatha?" Er bejaht das. Ich sage: „Ja, den kenne ich gut. Ich werde ihn morgen am Sonnabend auf der Beerdigung sehen, wenn wir seine Mutter beerdigen, die letzte Woche gestorben ist. Sie war unser Gemeindeglied." „Mfundisi, ich bin der Sohn von Pastor Mbatha. Sag ihm bitte, wo ich bin. Er weiß das nicht." Von der gegenüberliegenden Wand kommt eine andere Stimme und sagt: „Mfundisi njengoba uyasibona khona lapho sinjengabafileyo. Wie du uns hier so siehst, sind wir wie Gestorbene. Der Schlüssel wird rumgedreht, und dann vergessen sie uns." Und mehrere sagen zum Abschied: „Komm wieder." Wir rufen den Wärter, und die schweren Gittertüren und auch die soliden Eisentüren öffnen sich für mich eine nach der andern.

Und dann stehe ich plötzlich wieder draußen im hellen Sonnenschein, total durchgeschwitzt und sehr glücklich. Ich habe heute als Missionar funktioniert, wie früher vor der Krise. Gott hat mir eine völlig neue Arbeitsstelle gezeigt, von der ich keine Ahnung hatte. Ich atme sehr tief durch, und da fällt mir mit einmal auf: Ich habe nicht ein einziges Mal sowas wie Hassgefühle oder Abneigung und Wutanfälle oder auch nur leichten Widerwillen verspürt, nichts von alledem, absolut nichts. Alles, was ich sehe, ist die himmelschreiende Not in diesen verwüsteten Gesichtern. Ich bin davon „gefangen". Und werde am nächsten Freitag wieder hingehen.

Eines der größten Probleme im Gefängnis ist die Langeweile, absolute und totale Langeweile. Da ist überhaupt nichts zu tun. Wenige dürfen raus zum Arbeiten, aber da ist nicht genug Arbeit. So stehen einige und polieren die Vorhängeschlösser aus Messing mit Brasso. Diese Dinger sind aber schon so oft poliert worden, dass man die Schrift darauf kaum noch lesen kann. Und so steht vor fast jeder Tür einer und versucht beschäftigt auszusehen. Ich erwähne das auf der großen Regionalkonferenz, die wenig später in der Provinzhauptstadt stattfindet, und man sagt mir: Port Shepstone ist ein Durchgangsgefängnis. Regelmäßige Ausbildung und Arbeitsstellen gibt es nur in den großen Gefängnissen in Durban und Pietermaritzburg. Da können die länger Inhaftierten dann auch zur Schule gehen, einen Beruf erlernen und Fortbildungskurse machen.

Ich kann nun auch verstehen, warum die Gefangenen Interesse an meinem Besuch haben. Jede Abwechslung in dem langweiligen Tagesablauf ist willkommen, und doch ist das nicht alles. Und doch ist da mehr. Ich merke das immer wieder. Es gibt Leute, die lieber ihren täglichen Ausgang in der Sonne abbrechen und zur Andacht kommen. Als ich in der Folgezeit wieder ins Gefängnis gehe, höre ich, wie sie einen Kirchenchorus singen, noch bevor ich in die Zelle gehe. Sie fangen schon vor der Andacht an zu singen.

Und dann passiert eines Tages etwas, das mich sehr anrührt. In einer großen Zelle sind alle Decken und Filzunterlagen an der Stirnseite ganz militärisch exact aufgestapelt mit scharfen Ecken, und oben drauf ist eine weitere einzelne Decke so zusammen gefaltet wie eine Silberhochzeitsserviette, und davor liegt die aufgeschlagene Bibel, die ich ihnen das letzte Mal mitgebracht hatte. Die Jungs haben aus ihren Decken einen Altar gebaut! Ich wünschte manches Mal, dass andere das sehen und hören könnten, was ich dort drinnen erlebe.

Sie lassen mich jetzt auch zu den Schwerverbrechern. Da ist ein Lärm und ein Krach und ein Durcheinander, dass ich kaum dazu komme, ihnen mein Kommen zu erklären; und dann wird es langsam ruhiger, und dann werden sie ganz still, wenn ich anfange, die Passionsgeschichte zu lesen. Und als ich an die Stelle komme: „Juda, uyayikhaphela iNdodana yomuntu ngokuyanga na? Judas, verrätst du des Menschen Sohn mit einem Kuss?", da kannst du eine Stecknadel fallen hören. So totenstill ist es geworden.

Sie wollen mir hinterher alle die Hand geben, und das dauert eine ganze Zeit, weil jeder mit dem traditionellen Wechselgriff abwechselnd meinen Daumen, dann wieder die Finger der Hand ergreift. Und dann singen diese Schwerverbrecher vielstimmig, wie es das nur in Afrika gibt, diesen wunderschönen Chorus: „Shumayela, shumayela, shumayela ivangeli! Predige, predige, predige das Evangelium!" Ich kann das manchmal gar nicht glauben, was ich da erlebe.

Einer hält mich mit respektvoll halberhobenem Arm fest: „Ngicela isikhashana! Ich bitte um ein Augenblickchen! Mir geht es miserabel, Mfundisi. Mir geht es ausgesprochen schlecht. Kannst du mich bitte special segnen?" Und als ich das tue, habe ich den Eindruck, dass diese uralten Segensworte ganz tief in seine gequälte Seele fallen. Er geht mit Dank wieder zurück und nimmt seinen Platz ein in dem Halbkreis, den die Gefangenen im Schatten des betonierten Innenhofes gebildet hatten. Wenn ich draußen vorbeigehe, um zur Magistratur zu kommen, rufen sie mich aus dem Gefängnis an: „We, Tiedemann, ngena, siyakuswela lapha phakathi. We, Mfundisi, woza, siyakudinga wena. Komm rein, wir brauchen dich hier drin."

Letzte Woche habe ich im Gefängnis Römer 12 gelesen, wo es heißt: „Vergeltet niemand Böses mit Bösem. Befleißigt euch der Ehrbarkeit gegen jedermann. Ist es möglich, soviel an euch ist, so habt mit allen Menschen Frieden. Rächet euch selber nicht ... Haltet euch nicht selbst für klug. Lass dich nicht vom Bösen überwinden, sondern überwinde das Böse mit Gutem." Schon während ich das lese, spüre ich heftige, nur mühsam unterdrückte Reaktionen. Du hast in Afrika immer sofort Kontakt zu deinen Zuhörern. Das ist so. Kaum habe ich fertig gelesen, stürmen zwei oder drei der jungen Insassen aus der großen Zelle in den Vorraum, wo die Toiletten und Waschbecken sind, rumoren da draußen rum und kommen auch nicht wieder. Der Rest wird ruhiger und hört zu.

Nach Predigt und Gebet geschieht etwas Überraschendes. Als ich mich verabschiede, kommt ein junger, ziemlich wild aussehender Mann auf mich zu und geht so halb in die Kniee, beugt seinen Kopf nach vorn und murmelt: „Ungibusise Baba. Segne mich, Vater." Als ich das tue, gehen noch andere fünf oder sechs Gefangene auf die Kniee und bewegen sich auf uns zu: „Sicela isibusiso. Wir bitten um den Segen." Es bildet sich eine Schlange von rauhen Jungens, die auf ihren Knieen stehen und die alle den Kopf hinhalten und gesegnet werden wollen. Ich hatte das noch nie erlebt. Ich bin sehr bewegt und auch beschämt, als ich mich zum Gehen wende.

Da steht noch jemand auf. Es ist der einzige weiße Gefangene in der Zelle. Man kann sehen, dass der allerhand hinter sich hat. „Father can you please pray with me? I'm going to court tomorrow. Bitte bete mit mir. Ich gehe morgen zum Gerichtssaal." Er bedankt sich herzlich, und auch die andern heben ihre Hände über den Kopf. „Siyabonga. Wir danken." Draußen im Vorraum, wo die offenen Toiletten und Duschen sind, sitzen die „Stürmer" an der Erde und erheben sich sehr höflich und zuvorkommend. Sie haben natürlich alles mitangehört durch die dünne Tür. Sie rufen den Gefängniswärter für mich, dass er mir die schwere Gittertür zum Innenhof öffnet. „Ubuye, Mfundisi", höre ich beim Rausgehen. „Komm wieder ..."

Kuck, so ist es gekommen, dass ich wieder gern meine Arbeit tue; und so arbeitet Gott manchmal, dass er ganz weit ausholt, um dich wieder zurückzurufen. Ich bin IHM von Herzen dankbar dafür.

Bei einem der nächsten Besuche: Heute stimmt irgendetwas nicht. Hier ist groß Fusch, wie wir sagen. Irgendwas ist furchtbar verkehrt. Ich merke das sofort beim Reinkommen. Die vibrations sind alle anders, alle verkehrt. Als ich durchs letzte Gitter gehe, sehe ich, dass der große Innenhof leer ist, nur mehr Wärter als sonst stehen da herum, ziemlich tense. Die Geräusche aus den Zellen sind wütend, wie bei einem Bienenschwarm, wenn du den Deckel zu schnell und ungeschickt hochhebst. Sonst klingen die Geräusche mehr gemütlich, gutmütig-geduldig. Dies hier ist anders.

Aus einigen Zellen sehen Gesichter durch die engen hohen Fenster. „Mfundisi! We Tiedemann! Woza, ngena! Komm rein! Letha ukudla kwezindlebe! Bring das Essen der Ohren." So nennen sie die Predigt, und ich muss an das Wort Ohrenschmaus denken. Als ich mich vor die beiden dicken Eisentüren stelle, um anzudeuten, dass ich hineingehen will, sagt der Wächter mit den Schlüsseln: „Ngeke ungene lapha namuhla! Nie im Leben gehst Du da heute rein! Es ist zu gefährlich. Wir haben einen Aufstand, prison riot." Ich erwidere: „Aber sie rufen mich." „Vergiss es," sagt er. „Du wirst da nicht reingehen. Das sind criminals, Mfundisi! Die sind gefährlich! Wir können heute nicht für Deine Sicherheit garantieren."

Also gehe ich von Zelle zu Zelle und spreche mit denen, die am Fenster stehen. Ich sage ihnen, dass es heute nicht geht, dass die Zellen heute nicht geöffnet werden und dass ich wiederkomme am nächsten Freitag. In den Nachrichten höre ich später, dass es auch bei andern Gefängnissen zu Auflehnung und Aufruhr gekommen ist, dass sie Geiseln genommen, dass sie Betten in Brand gesteckt haben, dass es Tote gegeben hat. Ich bin nicht überängstlich, aber ich bin auch nicht lebensmüde. Und so gehe ich an diesem Tag unverrichteter Dinge wieder nach Hause. Ich muss an meinen väterlichen Freund und Bruder Gottfried Stallmann denken. Der sagte bei solchen Gelegenheiten, wenn wir lange in der Hitze den Berg hochgegangen waren und dann nach längerem Warten gesagt bekamen: „Niemand ist heute hier. Niemand wird heute kommen. Sie sind alle beim Bier daaa hinten im Nxumalo-Kral." Da machen wir uns auf den Rückweg, und Gottfried sagt ganz ruhig: „Das Evangelium war heute hier, aber die Leute waren es nicht."

Es ist ganz eigenartig, wie verschieden die Belegschaft der einzelnen Zellen ist, je nachdem, wer da ist. Du kommst z. B. in eine Zelle, und da schlagen dir die Herzen entgegen. Und dann kommst du in eine andere Zelle, und du spürst die Antiphathie fast körperlich. Sie sind alle gegen dich, und es wird auch nicht richtig ruhig. Sie laufen dauernd raus und rein, dieselben Leute gehen während der Andacht drei-viermal raus und rein und rumoren herum. Dann gibt es das auch, dass sie einer nach dem andern rausgehen und du schließlich nur noch mit zwei oder drei Leuten da bist, der harte Kern, der entweder zu höflich oder zu faul ist, rauszugehen, oder auch genuines Interesse hat. Wer kann das schon sagen? Wer kann den Leuten ins Herz sehen? Es ist jedenfalls nicht ganz leicht, die Andacht und Ansprache fortzusetzen, wenn sie fast alle rauslaufen. Das ist eine ernste Anfrage an deine Predigttätigkeit.

Dann kommst du manchmal in eine Zelle, wo dich das Böse anspringt wie ein wildes Tier. Ich kann das nicht beschreiben, und sie singen diesen schönen Chorus: Jerusalem, Jerusalem mit hoher, albern verstellter Falsettostimme, bringen auch andere dadurch zum Lachen und krähen und blöken das schöne Lied auch in dieser aufreizenden Weise zu Ende. So fängt die Andacht an, und wenn sie zu Ende ist, schämen sich die Betreffenden gründlich, dass sie sich so vorbeibenommen haben. „Banamahloni. Sie sind mit Scham." Man sieht das an den Mienen, und man hört das an ihrem Gesang, der nun viel besser, von Herzen kommend gesungen wird.

Heute hab ich etwas gesehen, was mich ungeheuer aufgeregt hat. Zwischen den einzelnen Abteilungen befinden sich eiserne Gittertüren, durch die man in den nächsten Innenhof sehen und gehen kann. Sie sind immer alle geschlossen, und man muss geduldig auf einen Wärter warten, der mit seinem großen Schlüsselbund kommt, an dem diese riesigen alten Schlüssel hängen, um aufzuschließen. Diese Wärter, schwarz und weiß, sind sehr unterschiedlich in ihrer Haltung, ihrem Temperament und in ihrer Ausdrucksweise. Einige sind beliebter als andere. Ich denke aber, man kann unumwunden sagen, dass die meisten von ihnen ein weites Herz für ihre „Schutzbefohlenen" haben, sehr viel dedication and compassion. Einige sind schon im Dienst ergraut und alt geworden. Sie haben sehr viel erlebt und durchgemacht, und sie haben viel Geduld. Wir grüßen uns höflich und freundlich.

Als ich um die Ecke komme, sehe ich einen neuen weißen Wärter, der sich die Schuhe putzen lässt. Er steht auf der einen Seite des Eisengitters und hat seinen Fuß unten durch die Stäbe gesteckt. Auf der andern Seite kniet ein schwarzer Häftling und wienert seinen Schuh. Ich denk, ich seh nicht richtig. Ich warte, bis er fertig ist und mir dann aufschließt, damit ich durchgehen kann. Und als ich zurückkomme nach der Andacht, gehe ich auf ihn zu und rede mit ihm, ganz privat von Mann zu Mann. Ich rede mit ihm unter vier Augen, weil ich nicht will, dass er sein Gesicht verliert.

Ich sage, dass es nicht gut ist, wenn ein Mensch sein Selbstwertgefühl verliert, und das geschieht, wenn jemand so erniedrigt wird. Er solle mal versuchen, sich die Situation umgekehrt vorzustellen. Er wird gezwungen jemand anderem die Schuhe im Knien zu putzen, so wie jetzt eben. Niemand soll einen andern Menschen so erniedrigen und beleidigen. Niemand soll seine Machtstellung ausnutzen und mißbrauchen, dass der andere 'runtergemacht und sein Menschsein nicht mehr ernst genommen wird. Der blutjunge Wärter murmelt Entschuldigungen. Er wird ganz rot und schämt sich. Ich kann das sehen. Wir verstehen uns heute sehr gut.

Neulich spricht mich im Vorbeigehen einer der Schwerverbrecher an. Ich grüße ihn, und er zieht meine Hand und meinen ganzen Arm durch die Gitter, so weit es gehen will, und in seinen Augen flackert der ganze Jammer einer verpfuschten Existenz. Wir schließen die Augen zum Gebet. Kontakt habe ich trotzdem zu ihm durch die Reaktion seiner Hände, die manchmal etwas zittern, dann auch wieder heftig drücken.

Jemand gab mir 50,– Rand, die habe ich so verwendet, dass ich dafür Bibeln gekauft habe, Neues Testament zum Teil auch mit Psalmen in Zulu und Xhosa. Diese Bücher sind sehr beliebt, und ich werde immer wieder danach gefragt. Ich gebe sie nur an Leute, die mich darum gebeten haben. Man muss wohl trotzdem damit rechnen, dass einige die Bibelblätter zum Zigarettendrehen mißbrauchen werden. Da bin ich ganz illusionslos geworden. Ich nehme ihnen aber jeweils das altbewährte seelsorgerliche Versprechen ab, wenigstens beide Seiten vorher durchzulesen, bevor sie den Tabak hineinrollen und sie in den Mund stecken. Das versprechen sie dann auch mit gutmütigem Humor. Ich sehe dann in der Folgezeit manchmal mit wehem Herzen, dass eine von den Bibeln schwindsüchtig wird und schließlich nur noch die Deckel daliegen. Ich sehe aber auch das andere, dass jemand seine Bibel wie einen kostbaren Schatz hütet und sie sogar mit einem Schutzumschlag aus irgendwelchen wilden Magazinen versehen hat.

Es kommt manches Mal dazu, dass zwei, die zufällig nebeneinander sitzen, nach dem Gebet die Augen aufschlagen und sich halb ungläubig, etwas staunend und freudig überrascht ansehen, so als wollten sie sagen: „Ich wußte nicht, dass du auch Christ bist." Sie haben soeben das Heilige Vaterunser gemeinsam gesprochen, und das war gleichsam das gegenseitige Erkennungszeichen, als denken sie: „Ich hätte nicht gedacht, dass du beten würdest. Von dir hätte ich es nie erwartet, von dir am allerwenigsten. Gut. Jetzt bin ich nicht mehr allein in diesem hellhole." Mancher grinst auch so halb verschämt, verstohlen, fast entschuldigend, als wollte er sagen: „Eigentlich habe ich ja nicht viel übrig für diesen Kirchenkram, aber es ist trotzdem schön zusammen zu beten."

Wir beten für alle unsere Lieben, für alle unsere Angehörigen, die wir da draußen – wo immer – zurückgelassen haben. Wir gedenken vor Dir, Herr, heute morgen unserer Eltern, und wir beten für Vater und Mutter. Da entringt sich einem der Häftlinge hinten im Raum ein stöhnender, dumpfer Schrei, der durch und durch geht, so als ob jemand furchtbare Schmerzen hat in seiner Seele ...

Es ist jetzt etwas schwieriger geworden, die Andachten zu halten. Viele von den Zellen haben Betten bekommen, und nun steht man sozusagen in einem Wald von zweistöckigen Betten, die die Sicht versperren, und ich kann die Gesichter nicht mehr sehen, wenn ich predige. Ich sehe immer nur einen Teil der Leute. Aber die, die wirklich zuhören, stehen auf und stellen sich in den Mittelgang und hören die ganze Andacht stehend. Da füllen sich auch verschiedene Durchblicke mit Gesichtern, die sehen wollen, wer denn da solch eigenartiges Zulu spricht.

Naomi Campbell kuckt mich mit ihren großen Mandelaugen von einem Riesenplakat an der gegenüberliegenden Wand unentwegt ausdruckslos an. Sie wirbt für das bißchen, was sie ihr in der Werbeagentur angezogen haben. Außerdem steht da noch der stählerne Gemeinschaftsspind, der sieht so aus wie die Schließfächer am Airport. Darauf steht der Fernseher, aus dem rieselt auch Amerikanisches: Bold and Beautiful. Wiederholung vom Abend vorher. Die Reichen und die Schönen, links von meinem Kopf. Oben auf dem Bett direkt vor mir liegt ein junger Mann mit breiten Schultern, der mir irgendwie bekannt vorkommt. Er lächelt spöttisch auf mich herab und liest dann weiter in einem beliebten Bilderstorymagazin: True romance in pictures or something, d. h. zu lesen ist da eigentlich nie sehr viel in diesen Machwerken: wenig Text und wenig Textilien, genau das Richtige für den Tschukki, wie das südafrikanische Gefängnis allgemein genannt wird.

„Ngokuba uNkulunkulu kasimiselanga ulaka, kepha ukuba sizuze ukusindiswa ngeNkosi yethu uJesu Kristu owasifelayo …" dringt an sein Ohr: „denn Gott hat uns nicht gesetzt zum Zorn, sondern die Seligkeit zu besitzen durch unsern Herrn Jesus Christus, der für uns gestorben ist …" Zorn gebiert Zorn. Wut erzeugt Wut. Hass schafft Hass. Eine Sünde gebiert die andere. Zorn, Zank, Hass, Neid und Streit regieren in unserm Land. Wir hassen einander. Wir verhexen einander. Wir riechen einander aus. Wir vergießen Blut wie Wasser, und die Dämonen in der Hölle wollen sich totlachen über das, was wir einander antun. Wir Pastoren sind müde davon, Euch zu beerdigen. Wir wollten gerne mit Euch leben. Wir wollten Euch lieber trauen als um Euch zu trauern. Aber niemand lädt mehr zu Hochzeiten ein. Sie rufen mich nur zur Beerdigung, und ich fahre von Trauerhaus zu Trauerhaus. Letztes Jahr sind nur drei Leute in den Gemeinden natürlich gestorben, der Rest ist umgebracht worden, killed in the killingfields of Natal.

Ich bin heute morgen hierher gekommen, um Euch etwas Besseres zu zeigen, einen Ort des Friedens, der Ruhe, des Trostes. Kommt mit mir, dass wir da niederknien unter dem Kreuz des Herrn Christus, „denn Gott hat uns nicht gesetzt zum Zorn, sondern die Seligkeit zu besitzen durch unsern Herrn Jesus Christus, der für uns gestorben ist …" Der hat unsern Hass ertragen am Kreuz und ihn so überwunden. Der hat unsern Zorn, unsere Wut, unsere Not und unsere Angst da hinaufgetragen, ertragen und weggetragen.

So erhalten wir die Kraft weiterzumachen durch all die Unsicherheiten hindurch. So können wir trösten statt zu verwerfen. Wir lernen aufzubauen statt zu zerstören. Wir richten auf statt einzureißen. Wir helfen statt zu verachten. Wir heilen statt zu verletzen. Wir verbinden statt zu verwunden. Wir schützen und erhalten das Leben statt Blut zu vergießen. Wir warnen und ermahnen statt zu hassen. Wir verzeihen statt zu verleumden. Wir haben von unserm Heiland gelernt, Jesus Christus, seine gute Saat der Liebe zu säen, dass wir einander verstehen, vertragen, dass wir uns über die andern erbarmen, dass wir einander helfen, einander beistehen und so zusammen nach Hause gehen, in die himmlische Heimat, wo alles Blut abgewischt wird und alle Tränen, wo die Freude nicht aufhören wird, die wir hier verloren haben. „Denn Gott hat uns nicht gesetzt zum Zorn, sondern die Seligkeit zu besitzen durch unsern Herrn Jesus Christus, der für uns gestorben ist ..."

Der junge Mann mit seinem girlie-magazine hat noch ein- oder zweimal umgeblättert, dann blieben seine Hände still, der ganze Mann kam zur Ruhe. Sein Blick geht über den Rand der Illustrierten in weite Ferne, und als ich nach Gebet und Segen ihnen allen einen guten Tag und eine gesegnete Woche wünsche, bis wir uns wiedersehen, schaut er auf, und sein Blick ist nicht mehr spöttisch und überlegen herablassend, sondern warm und freundlich, verbindlich und fast dankbar. „Das tust Du, Herr, alleine."

12. KAPITEL

Lege kein Gewicht darauf, wer für oder wider dich ist. Dies aber sei deine Herzenssorge, dass Gott mit dir sei in allem, was du tust. Bewahre ein gutes Gewissen. Gott wird dich schützen. Wem Gott beisteht, dem kann niemandes Anschlag schaden. Wenn du zu schweigen verstehst und zu leiden, wirst du unzweifelhaft die Hilfe Gottes sehen. Er kennt die Zeit und Weise, dich zu befreien; daher darfst du dich IHM überlassen. Gottes Sache ist es, zu helfen und aus jeder Verwirrung zu retten.

- Worte aus dem 14./15. Jhdt. wahrscheinlich von Thomas a Kempis -

15. MÄRZ 1995

Sehr verehrte Herren und Brüder des Kirchenvorstandes, liebe Kirchdorfer Gemeinde, mit großer Freude und Dankbarkeit habe ich heute Ihre freundliche und großzügige Zuweisung über R 2387,50 erhalten und danke Ihnen allen von ganzem Herzen. Diese liebenswürdige Spende ist hochwillkommen und hat mich sehr glücklich und fröhlich gemacht. Nun sitze ich vor dem neuen Apple Macintosh 475 und versuche sechs Predigtbücher in Zulu zusammenzustellen, mit jeweils 80 Predigten, die alle während der letzten 30 Jahre (seit 1963) in unserer Kirche geschrieben worden sind. Ich schicke Ihnen die erste Predigt aus dem ersten Band als Draft mit.

30. MAI 1995

Freut Euch mit uns: Am Freitag letzter Woche haben wir endlich – nach langem Hin und Her – die Genehmigung zum Bau einer Kirche in Gamalakhe bekommen, und zwar mitten im Dorf, hinter der großen Schule auf einem Doppelgrundstück, das groß genug ist für Pfarrhaus und Kirche. Mrs. Dlamini, die Townmanagerin, hat uns sehr dabei geholfen. Nun sind wir voller Pläne und überlegen dies und das und müssen abwägen zwischen dem, was nötig und möglich ist. Auf jeden Fall ist das alles wieder sehr aufregend und anregend, wie immer vor einem Kirchbau.

JULY 1995

Wir haben mit Hase – das ist unser treuer Jack Russel – einen langen Spaziergang gemacht durchs Zuckerrohr bis zum Inderladen in Izotsha. Er lief in den Bush und wollte nicht wieder rauskommen. Es wurde dunkel, wir mussten ihn zurücklassen. So sind wir schweren Herzens nach Hause gegangen. Er kam aber eine Stunde später allein zurück, und wir haben uns tüchtig gefreut. Er rieb sein Gesicht immer mit seinen Pfoten und konnte kaum aus den Augen gucken. Die hat er so zusammengekniffen. Da sagte Christina, sie hat das schon mal gesehen bei ihrem

Freund, der ein Tierarzt ist. Hase ist von einer Cobra (Rinkals) gespuckt worden, und deshalb benimmt er sich so eigenartig. Also haben wir seine Augen mit Milch und Wasser ausgewaschen und sein Gesicht auch, und dann haben wir Augensalbe reingetan mit Schwester Rike, und bald war er wieder munter und guckte mit blanken Augen in die Welt.

UMHLANGENI, 1. AUGUST 1995

Wir haben nun das Kirchdoppelgrundstück No. 1051 kaufen können für 8000,– Rand und verhandeln über den Kauf eines Hauses, das auf dem Nachbargrundstück No. 1052 steht. Das würde ein sehr schönes Gemeindezentrum in Gamalakhe sein. Der Besitzer will 95 000, wir wollen 70 000,– R bezahlen, weil das Haus schon ziemlich verwohnt ist und allerhand Reparaturen braucht. Wir sind im Augenblick bei 87500,– und fassen uns in Geduld. Weil sein Haus aber so günstig steht für uns, und er weiß, dass wir das gerne kaufen möchten – die andern Nachbarn verkaufen nicht – werden wir wohl 85000,– R bezahlen müssen.

Wir freuen uns schon sehr auf unsern Deutschlandaufenthalt im nächsten Jahr, so Gott will und wir leben. Ich habe vor einigen Tagen den Missionssuperintendenten Edmund Hohls angerufen und ihn gebeten, er solle bitte mal fragen, ob die Kirche unsern Dienst noch benötigt, da unser Vertrag December 1995 ausläuft, und dann wüssten wir gern, wie sich unser Dienst in Zukunft gestalten soll. Er will nun nächste Woche mit dem Bischof sprechen, dann werden wir weitersehen. Mein neuer Mitarbeiter-Nachfolger?, der junge Pastor Majola, wird Ende des Monats (25.6.95) zusammen mit zwei andern Kandidaten Danisa und Zakuza in der Kirche in Pella bei Wartburg ordiniert. Wir werden wohl dazu hinfahren, wenn möglich mit der ganzen Gemeinde.

Wir haben nun nach 14 Jahren Wartezeit am Freitag letzter Woche endlich die Genehmigung zum Bau einer Kirche und eines Pfarrhauses in Gamalakhe erhalten, mitten im Dorf, hinter der großen Schule. Wir warten noch auf ein Papier aus Ulundi, dann kann es losgehen. In Mvutshini waren Sonntag nur noch drei Leute zum Heiligen Abendmahl. Es ist sehr, sehr unruhig geworden dort. Ich mach nur noch das Allernötigste: Gottesdienste, Krankenabendmahl, Beerdigungen ...

WEIHNACHTEN 1995 UMHLANGENI, 8. DEC. 1995

Seit heute morgen um drei regnet es hier so wunderschön und anhaltend, dass man es vor lauter Freude und Aufregung nicht mehr im Bett aushalten kann. Diese Aufregung kommt wohl zum Teil auch daher, dass heute der letzte Tag ist für die Post nach overseas, woran meine geliebte Rike mich auch schon in schöner Regelmäßigkeit erinnert hat.

So wünschen wir allen im Hause, dass der Segen und die Fröhlichkeit des Weihnachtsfestes Euch durch das kommende Jahr 1996 geleite und erfreue. Wir wären all verloren per nostra crimina, so hat ER uns erworben coelorum gaudia. Eia wärn wir da. Dank sei DIR ewig, o Jesu (Wie man sieht, hat Vater Martin Luther auch schon gern seine languages aufgemixt).

Wir werden in diesem Jahr am Heiligabend wieder keinen Gottesdienst haben, weil niemand gegen Abend mehr aus dem Haus geht. Dafür kommen am nächsten Tag aber alle Gemeinden hier in Umhlangeni zusammen, und dann bleiben wir stundenlang in der Kirche bis zum Nachmittag. Darauf freuen wir uns, groß und klein.

Dann freuen wir uns auch darauf, dass wir – so Gott will und wir leben – im nächsten Jahr das liebe Weihnachtsfest in unserer neuen Kirche in Gamalakhe feiern dürfen. Wir haben dazu nun alle nötigen Genehmigungen und Erlaubnisse eingeholt. Am Montag konnten wir endlich auch das Haus auf dem Nachbargrundstück kaufen für den neuen Pastor, der mir hier in den sechs Gemeinden helfen soll und in Eigenverantwortung zwei oder drei Gemeinden übernimmt, so sind die Pläne. Der Besitzer, ein junger Lehrer aus Umbumbulu, wollte von seinem zu hohen Preis nicht runtergehen, so haben wir die Verhandlungen abgebrochen und geduldig gewartet, was werden will. Da rief mich neulich seine Frau an und sagte: Mfundisi, lass mich das mal machen. Ich werde mit meinen Mann sprechen und ruf dich dann wieder an. Nach einer Woche sagte sie mir, wir nehmen Euer Angebot von 80 000,– Rand an; nun haben wir beide inzwischen vor einem befreundeten Rechtsanwalt die notwendigen Papiere unterschrieben und warten wiederum geduldig auf Antwort von der KwaZulu-Natal-Regierung aus Ulundi.

Wahrscheinlich werden wir mit dem Bau der Kirche auf dem großen Nachbargrundstück und der Renovierung des Hauses aber erst nach unserm Deutschlandaufenthalt beginnen können, denn der Bauunternehmer hat Bedenken, vor den Wahlen in die Lokation zu fahren. Die sind berechtigt, wenn man die jüngste Vergangenheit betrachtet. So wird es aller Voraussicht nach in verstärktem Maße zu Unruhen und Aufstand kommen, je näher der Wahltermin rückt. „Here we have a low intensitiy civil war with an accepted killing rate of 60–70 people per day", las ich neulich. Ein schleichender Bürgerkrieg schwelt in Natal, der jeden Tag diese entsetzliche Anzahl Todesopfer fordert.

Unsere Gefängnisse und Friedhöfe werden immer voller. Herr, erbarme Dich. Wir hoffen alle, dass wir von diesem Alptraum erwachen und das sogenannte Neue Südafrika friedlicher und versöhnlicher wird als jetzt. Unsere Gedanken gehen in dieser Zeit öfter als sonst in den Norden, weil wir Dv Mitte April nach Deutschland fliegen werden. Darauf freuen wir uns, dass wir uns wiedersehen werden und mit Euch reden können. Das vermissen wir am meisten, dass wir nicht wie andere Leute mit Geschwistern oder Verwandten sprechen können, besonders Sonntagnachmittag oder an den großen Festtagen.

MISSIONSBLATT NR. 4, 1996 – BLECKMARER MISSIONARE STELLEN IHRE ARBEIT VOR

In spannungsgeladener Zeit die Gemeinden begleiten

Von allen Gemeinden der Lutherischen Kirche im Südlichen Afrika sind wir hier am Indischen Ozean am weitesten von Bleckmar entfernt. Deswegen haben wir manchmal Heimweh. Vielleicht ist das aber auch ein Zeichen des zunehmenden Alters, dass man mehr und öfter an Deutschland denkt. Besonders sonntags nachmittags sind wir hin und wieder sehr einsam.

Die Gemeinden in Umhlangeni, Mafu-Nyandezulu, Gamalakhe, Mvutshini, Umzumbe-Ndelu, Hibberdene-Mfazazane gehen durch einen ungeheuer spannungsgeladenen Umwälzungsprozess. Das ist sehr anstrengend und gefährlich für alle Beteiligten. Die Wende hier in Südafrika gestaltet sich in unserem Gebiet doch recht schwierig und problematisch. Sonntags morgens scheint die Welt noch in Ordnung. Jeder geht da zur Kirche, wo er möchte – in großzügigem Einvernehmen, fast harmonisch grüßen wir uns hinüber und herüber auf dem Kirchweg.

Aber während der Woche sieht das total anders aus. Politische Intoleranz führt immer wieder zu Übergriffen und Gewalttätigkeiten, deren Opfer wir dann mit großer Traurigkeit und oft genug auch in tiefer Ratlosigkeit beerdigen, weil das alles so entsetzlich sinnlos ist. Unsere Friedhöfe und unsere Gefängnisse füllen sich zusehends. Das bewegt uns zutiefst.

So begleiten wir unsere geliebten Gemeinden auf ihren schweren Wegen. Manchmal ist das, was dem einzelnen auferlegt wird, schier unerträglich, es droht oft genug über die Kräfte zu gehen. Und doch finden wir immer wieder gemeinsam zurück zu den Quellen unserer Kraft: „Die Güte des Herrn ist's, dass wir nicht gar aus sind; seine Barmherzigkeit hat noch kein Ende, sondern sie ist alle Morgen neu, und deine Treue ist groß."

Auf der anderen, helleren Seite ist seit der Wende vieles wesentlich leichter, weniger verkrampft. Die Freude an der Gemeinschaft in den Gottesdiensten und die Freude an unserm gemeinsamen Herrn ist irgendwie fröhlicher und herzlicher geworden, als sie es vor der Wende war. Ich denke, sie ist auch ehrlicher und tiefer. Sehr relaxed. Manchmal grüßen wir uns fast ein wenig übermütig bis hin zur Albernheit, so als ob man beschwipst ist und noch etwas benommen ob all der neugewonnenen und ungewohnten Freiheit, so als sei uns das alles etwas zu Kopf gestiegen. Ich merke die große Veränderung weiter daran, dass ich öfter angefasst werde, auch im Gefängnis.

Irgendwie haben die Leute, besonders auch die jungen Leute, das sehr geschätzt, dass wir mit ihnen durch Dick und Dünn gegangen sind, dass wir sie auch in den dunkelsten Tagen begleitet haben. Ich hab das immer wieder gespürt, besonders an den riesigen Beerdigungen, wo ich als Weißer völlig allein stand in einem Meer von schwarzen Gesichtern. Wir sind froh, dass das alles hinter uns liegt. Wir sind dankbar, dass wir bewahrt geblieben sind, und wir sind vorsichtig optimistisch für die Zukunft.

Und der Friede Gottes, welcher höher ist denn alle Vernunft, regiere und bewahre unsere Herzen und Sinne in Christo Jesu, unserm Herrn. Das ist unser tägliches Fürbittengebet für KwaZulu-Natal und für unseren unruhigen Kontinent – für Afrika.

UNSERE REISE NACH DEUTSCHLAND

Am 15. April 1996 begannen meine liebe Frau Rike und ich die Reise zur turnusmäßigen Berichterstattung nach Deutschland. Von Durban bis nach Johannesburg ging noch alles glatt, weil wir mit SAA flogen. In Johannesburg hatten wir etwas Aufenthalt und sollten uns dann abends beim Schalter der Lufthansa einfinden. Dort war großes Gedränge und viel Aufregung. Über unsern Köpfen lief ein Computertext mit den neuesten Informationen, und ich las mehr zufällig aus Langeweile folgendes: Dieser Lufthansa Flug Johannesburg-Frankfurt wird in Harare zwischenlanden, da dort Passagiere zusteigen werden.

Auf meine Nachfrage wurde uns bestätigt, dass wir nach kurzem Aufenthalt in Zimbabwe sofort wieder starten würden und unsere Anschlussflüge problemlos zu erreichen wären. Diese Maschine hatte gestern auf dem Herflug von Deutschland einige technische Probleme entwickelt, die aber inzwischen behoben sind, und konnte deshalb nicht – wie gewöhnlich – schon gleich nach Harare fliegen, um die dortigen Reisenden zu holen. „We kindly ask for your understanding." „Wir bitten höflich um Ihr Verständnis."

Nach kurzem Flug erschienen unter uns ein paar kümmerliche Lichter, etwa so wie in Izingolweni, und uns wurde gesagt: „We are landing in Harare." Die Lufthansamaschine setzte aber so hart auf, dass es durch das ganze Flugzeug schütterte. Aus den 20 Minuten Aufenthalt wurden eine Stunde und 40 Minuten, und dann sagte man uns, jetzt tanken wir erst noch mal ein wenig Benzin, „will the board personal please stand at the emergency exits. And will the passengers please be patient." Nachdem das nun einige Male wiederholt worden und dann schließlich vorbei war, starteten wir wieder in die afrikanische Nacht.

Da oben gab man uns etwas zu essen, es war inzwischen Mitternacht längst vorbei, da sagte uns dieser freundliche Flieger da vorne: „We have unfortunately developed a technical problem, while landing in Harare just now." (Somehow waren wir gar nicht überrascht, das zu vernehmen, denn wir alle hatten ja den Krach bei der Landung gehört.) „The problem has however been taken care of, but we could not take in the amount of fuel, necessary for the whole journey. So I regret to inform you, that we will have to land again in Africa, and this time in Cairo." Tatsächlich kam es zu einer weiteren Zwischenlandung, nur dass diese noch länger dauerte als in Harare, und um 9.10 Uhr morgens starteten wir wieder, um nach Europa 'rüberzufliegen.

Das war haargenau unsere Ankunftszeit auf dem Flughafen in Bremen, auf dem sich all unsere vielen lieben Verwandten versammelt hatten. Die konnten nach schwierigen und langwierigen Erkundigungen dann erst nochmal wieder nach Hause fahren und haben dort das schöne Mittagessen aufgegessen, was für unsern Empfang gekocht worden war, von klarer Hochzeitssuppe bis zum Welfenpudding. Schade. Really sad.

Wir hatten aber die große Freude den schneebedeckten Mount Olympus zu sehen, womit wir auch nicht gerechnet hatten. Der Flug ging nun nämlich über Griechenland, und dann überflogen wir auch die dick verschneiten Alpen, was wieder ein besonderes Erlebnis war. Dann kam schließlich und endlich auch Frankfurt in Sicht. Und man sagte uns, wir sollten das alles von der leichten Seite sehen. „Instead of one flight, we gave you three, and thank you once again for flying Lufthansa. And of course we hope to see you again on board Lufthansa, the one and only." Dann sagte man uns noch: Wir haben drei Grad in Frankfurt, „and please get your winterwoollies out and put them all on. We are landing again."

Nun war das glücklicherweise doch nicht ganz so kalt, wie wir befürchtet hatten. Die liebe Sonne schien zum Mittag, und an einer geschützten Stelle stand ein kleiner Strauch Forsythien in voller Blüte, richtig schön knalliggelb, und strahlte uns an. Springtime in Germany! Lovely. Alle andern Bäume und Sträucher waren noch kahl, aber diese kleine Forsythienstrauch hat meinen Tag gemacht. Es dauerte eine ganze Weile, bis wir die Anschlussflüge aussortiert hatten, und schließlich nach vielem Hin und Her saßen wir in der letzten Maschine nach Bremen, wo wir spätnachmittags wohlbehalten landeten.

Oben an der Aussichtsreeling standen 1000 Verwandte und Freunde und begannen zu juchen, als sie unsrer ansichtig wurden. It was good to be back. Es gab ein großes Begrüßen mit plenty Freudentränen and with broad smiles all round. Und dann fuhren wir nach Tarmstedt, wo alle mit uns verwandt sind, und wo sie viel Kuchen und guten Kaffee hatten und wo wir erzählen mussten alles, was ich hier oben aufgeschrieben habe. Es war gut die geliebten Geschwister alle wiederzusehen und zu sprechen, darüber hinaus hatten wir auch noch die Pyramiden der Pharaonen von Gizeh gesehen, und wer hat unverhofft schon solch ein Glück? Ich kann nur raten: Fliegt mit Lufthansa, wenn Ihr wirklich was erleben wollt ...

16. APRIL 1996 – 22. AUGUST 1996 IN DEUTSCHLAND

Hebräer 10,35f: Darum werfet euer Vertrauen nicht weg, welches eine große Belohnung hat. Geduld aber ist euch not, auf dass ihr den Willen Gottes tut und die Verheißung empfanget.

Missionsarbeit muss man t u n ! Dadurch, dass man sie t u t , erhält man neue Freudigkeit dazu. Das ist das ganze Geheimnis.

Was dann daraus wird, ist Gottes Sache. ER hat es gesagt. Hört Euch das an: Denn gleichwie der Regen und Schnee vom Himmel fällt und nicht wieder dahinkommt, sondern feuchtet die Erde und macht sie fruchtbar und wachsend, dass sie gibt Samen zu säen und Brot zu essen: Also soll das Wort, so aus meinem Munde geht, auch sein. Es soll nicht wieder zu mir leer kommen, sondern tun, was mir gefällt, und soll ihm gelingen, dazu ich's sende. Jesaja 55,10–11

Missionsarbeit muss man t u n ! Ja, schon w ä h r e n d man sie tut, erhält man neue Freudigkeit dazu. Das ist das ganze Geheimnis.

Wenn meine liebe Frau und ich traurig sind über irgendetwas, wenn wir anfangen zu grübeln, wenn wir uns zuviele schwere Gedanken machen über alles Mögliche, wisst Ihr, was wir dann machen? Dann fahren wir los in die Gemeinde und besuchen Alte, Kranke, Einsame ...; und wenn wir von da zurückkommen, spät abends, sind wir umgewandelt. Die Traurigkeit ist weg, und wir sind fröhlich und glücklich. Was ist passiert? Wie kommt das?

Wir wollten trösten und wurden getröstet.

Wir wollten helfen, und uns wurde geholfen.

Wir wollten stärken und kamen gestärkt wieder.

Der Segen, der zurückfließt ins eigene Leben, ist unauslotbar. Der Segen, der zurückfließt vom Missionsfeld in Eure Gemeinde, ist nicht zu fassen.

Wie erhalten wir neue Freudigkeit? Wie kann neue Freudigkeit dazu erweckt werden? Dadurch, dass wir es tun, dass wir hingehen im Vertrauen und unter der Verheißung des Wortes Gottes: Mein Wort soll nicht leer zu mir zurückkommen. Gottes Wort kann nicht ohne Gottes Volk sein, habe ich irgendwo gelesen. Die Antwort Gottes wird nicht ausbleiben. Das ist die beglückende Erfahrung, die wir mitbringen und die in der Mission für uns bereitliegt. Eine Kirche, die darauf verzichtet, verzichtet auf ihre Zukunft. Die Apostelgeschichte geht weiter.

Wir sind nur manchmal etwas kurzatmig. Wir haben nicht den langen Atem, auf Gottes Wirken zu warten. Das schreibt Jesaja auch. Denn meine Gedanken sind nicht eure Gedanken, und eure Wege sind nicht meine Wege, spricht der Herr; sondern soviel der Himmel höher ist denn die Erde, so sind auch meine Wege höher denn eure Wege und meine Gedanken denn eure Gedanken. Jesaja 55,8–9: Wir wollen immer Ergebnisse sehen. Das ist aber nicht machbar. Wir können hier nichts erzwingen. Wir müssen einfach immer wieder drei Dinge lernen: Geduld, Geduld, Geduld.

Kuck, wie lange hat die Germanenmission genommen, bis sie von St. Gallen ins Hessenland gekommen ist, wo Bonifatius mit seiner blitzenden Axt die Donar-Eiche fällte, und wie lange hat es gedauert, bis das Evangelium zu den Sachsen kam, und welche Widerstände stellten sich ihm entgegen, und bei einigen Gegenden hat man den Eindruck, da ist es bis heute noch nicht hingekommen. Aber so ist das immer: Die einen nehmen das ernst, die andern nicht; die einen nehmen das an, die andern verachten es. Salz der Erde sind immer nur einige wenige, die große Masse ist weiterhin voller Geschmacklosigkeiten.

Die Güte des Herrn ist's, dass wir nicht gar aus sind; seine Barmherzigkeit hat noch kein Ende, sondern sie ist alle Morgen neu, und deine Treue ist groß (Klagel. Jer. 3, 22f). Das ist die Miserikordias Domini, die wir verkündigen, die Barmherzigkeit Gottes, die wir weitersagen dürfen.

Wir sprechen über die fünfte Bitte im Tauf- und Konfirmandenunterricht da hinten in den Bergen in Umzumbe: „... und vergib uns unsere Schuld, wie auch wir vergeben unsern Schuldigern." „... usithethelele amacala ethu njengalokhu nathi siyabathethelela abanamacala kithi." Da fängt eine ältere Frau erst langsam und leise, dann immer heftiger und lauter an zu weinen, und es schüttelt sie richtig. Sie hat jahrelang damit gelebt, dass sie dem Mörder ihres Bruders nicht vergeben kann. Ihre Söhne sind in Johannesburg verschollen ...

John Wathi Hlophe ist ein kleiner unscheinbarer Mann mit einem großen Buckel. Er hat große Zähne, und die sieht man oft, denn er lacht gerne. Er hat auch allen Grund dazu, denn er hat eine sehr schöne Frau und 14 Kinder. Er ist Maler und arbeitet sehr gerne und sehr sauber. Er hat schon viel für die Kirche getan, denn niemand malt so gut wie er. Wir haben schon öfter zusammen gearbeitet bei den Kirch- und Schulbauten, und wir mögen uns. –

Da kommt es eines Tages zu einem furchtbaren Unglück. Hlophe wird unten auf der Straße vor der Missionsstation von einem Auto überfahren, und sie kommen und holen mich. Ich lass alles stehen und liegen und renne los. Da liegt der arme Mann wie ein zerbrochenes Vöglein bewusstlos im Straßenstaub und blutet. Die Umstehenden sind in hilfloser Panik. Ich schicke einige zum Telefon, um die Ambulanz zu rufen.

Dann knie ich mich zu ihm und nehme seinen Kopf unter meine Hände und fange an zu beten. Es wird still, und wir beten zusammen das Heilige Vaterunser, dann bete ich einfach weiter, und als die Ambulanz kommt, begleiten ihn unsere guten Wünsche und Gebete. Als ich später zum Hospital fahre, um mich nach ihm zu erkundigen, zeigen die Schwestern im Krankensaal auf sein Bett. Vorsichtig gehe ich näher. Da liegt er total bandagiert und strahlt mich an, und dann sagt er unter Schmerzen seinen ersten Satz: „Mfundisi, ngiyabonga umkhuleko!" „Mfundisi, ich danke für das Gebet!" „Ich dachte schon, jetzt muss ich sterben, aber als ich Dein Gebet hörte, wusste ich, dass alles gut wird."

Es ist in letzter Zeit sehr unruhig geworden in unserm Land. Da rennen sie jetzt durch die Straßen und strecken die schwarzen Fäuste gen Himmel und brüllen wild und laut durcheinander und immer wieder in Sprechchören: „Amandla. Amandla ngawethu." Power. Unser ist die Macht. Power. Unser ist die Kraft. Und ich fahre dadurch und komme in die Kirche, und da steht mein Amtsbruder und Nachfolger, der Pastor Joseph Mathebula, vor seiner großen Gemeinde und predigt in gar sichrer Ruh über den Schluss des Vaterunsers: „... ngokuba umbuso ungowakho, n a m a n d l a , nobukhosi, kuze kube-phakade. Amen. ... denn dein ist das Reich und die Kraft (die Macht; Power) und die Herrlichkeit in Ewigkeit."

Missionsblatt Nr. 1, 1997, Dank und Grüsse

Ende August 1996 ist Missionarsehepaar Tiedemann nach einem viermonatigen Heimataufenthalt mit viel Reisetätigkeit und Dienst in den Gemeinden der SELK wieder nach Südafrika zurückgekehrt in ihre Arbeit unter den Zulu, Phondo und Xhosa an der Südküste von KwaZulu-Natal.

Wir danken Gott für alle gnädige Bewahrung auf den vielen, schnellen Wegen in Deutschland. Wir möchten uns von ganzem Herzen bedanken bei allen, die unsern Deutschlandaufenthalt in diesen vier Monaten so angenehm und erfreulich gemacht haben. Wir denken gern daran zurück. Wir danken für Hilfeleistungen und Liebeserweise, Gebetsdienst und Opferwilligkeit, für die großzügige Unterstützung. All das, was in den Gemeinden und Häusern für uns hier in Afrika getan wird, ist nicht umsonst gewesen, wird nie umsonst sein. Denn wir tun das alles ja nicht irgendeinem Menschen zu Gefallen, sondern wir tun es für unsern Herrn Jesus Christus.

Ganz besonders danken wir den Amtsbrüdern und Gemeinden, die so sorgfältig und umsichtig Gottesdienste und Missionsfeste vorbereitet haben. Es war eine Freude mit Euch zu sonntagen. Wir danken Gott für seine Kirche und Mission, für die vielen Menschen, die mit uns auf dem Wege sind. Wir danken Gott, dass wir sie kennen. Wir sind beschenkt, beschämt und gestärkt worden. Das hat uns fröhlich und glücklich gemacht. Vergelt's Gott!

UMHLANGENI MISSION, 7.11.1996

Friede und Freude zuvor! Endlich komme ich wieder dazu ein paar Zeilen zu Papier zu bringen. Es ist manchmal erschreckend, wie schnell die Zeit verrinnt. Wir hoffen sehr, dass es Euch wohl geht. Hier normalisiert sich unser Leben wieder so allmählich. Ich habe die ersten Gottesdienste in Hibberdene, Odeke-Umzumbe und zu Hause in Umhlangeni-Msikaba gehalten, die ersten Krankenbesuche im Hospice und im Hospital in Port Shepstone, die ersten Beerdigungen und die ersten Andachten im Gefängnis hinter mir, und es ist wie immer. I like it. Die Leute haben sich tüchtig gefreut, dass wir zurück sind, gleicherweise wie auch wir. Wir waren zu lange weg.

Es war allerhand nachzuholen und aufzuarbeiten nach vier Monaten Abwesenheit, wie das immer so ist. Die Zeit in Deutschland liegt wie ein schöner Traum in weiter Ferne, halb unwirklich. Wir sind wieder zu Hause in Afrika, und es ist gut. Wir erinnern uns gern und voller Dankbarkeit an die Begegnungen mit Euch, an die Stunden in Euren Häusern, in Euren Familien und Gemeinden, an die wertvollen Gespräche, an die Mahlzeiten, die Einladungen zum Essen, Radtouren mit Kratteichen und uralten Grabsteinen, alle liebevolle Umsorgung, die wir dankbar registriert und angenommen haben und die uns glücklich gemacht hat. Wir sehen durch den Pfarrerkalender und können es manchmal gar nicht glauben, wo wir überall waren und wen wir alles gesehen haben.

Zurück in Südafrika waren Rike und ich am Wochenende 24./25. Oct. in Harburg-Natal bei P. Hans-H. Sierck und seiner Frau Tanja, wo ich ein Referat gehalten habe. Das war Teil einer Vortragsreihe an sechs Abenden über Martin Luther, vier Pastoren, Präses Lilje, Helmut Neddens und ich. Es ging ganz gut. Obwohl es sehr neblig war, nass und kalt, waren doch viele Leute gekommen aus Greytown, New-Hanover, Kirchdorf, Wartburg, Harburg, Pietermaritzburg. Mein Thema lautete: „Hat das Evangelium Grenzen? – Luther: die Kirchen und Kultur." Hier in Südafrika hat es zu lange schon geheißen: Deutschtum gleich Luthertum gleich Christentum. Und das Evangelium durchbricht doch alle diese Grenzen und geht quer dadurch seinen Weg, unaufhaltsam und stetig weiter von Haus zu Haus und von Herz zu Herz.

Hier zu Hause geht es gut. Es ist alles wieder, wie es war. Ich hab so nach und nach alles rechtgemacht, was zerbrochen oder zu alt geworden war, eine neue Gartenpforte eingesetzt, damit die Böcke nicht alles abfressen, was Rike angepflanzt und gesät hat, neue Burglarguards (Tür- und Fenstergitter) hier und da, wo sie eingebrochen hatten, die Tür zum Gemeindesaal und Kirche weggebracht zum Tischler in Marburg, wo sie das, was rausgebrochen war, sauber wieder eingesetzt haben, das verbogene Schloss ersetzt und ausgetauscht usw.

Dann bin ich mit zwei Polizisten aus Port Shepstone auf dem Pickup in die Lokation gefahren zu Mkwanazi's Kral, denn dort stand unser Kühlschrank aus dem Gemeindesaal, den sie gestohlen hatten. Sie hatten mir gesagt, wer den da nachts um 2.30 Uhr abgeladen hatte und dass sie 250 Rand dafür bekommen hatten. Die Mkwanazis sind eine notorische Familie, und so sind wir da hin, haben viele Bierflaschen aus dem Fridge geholt, das Ding aufgeladen und wieder zurückgestellt in den Gemeindesaal, weil wir brauchten den für das große Frauentreffen einige Tage später.

Das ist ein hornalter etwas runder Kühlschrank, den ich mal auf einer Auktion für 50 Rand ersteigert hatte. Er ist so schwer, dass man ihn nur mit vier Mann transportieren kann. Die Diebe müssen geschwitzt haben in der Nacht. – Vater John Hlophe aus unserer Gemeinde hat die Glocke und Eingangspforte entrostet und neu hellgrün angestrichen. Am Wochenende sind fast immer Hochzeiten hier. Seit unserer Rückkehr heiraten die Leute um die Wette. Fünf Trauungen in drei Wochen!

Wir haben einen fantastischen Frühling. Es regnet und regnet und regnet. Es sieht alles ganz wunderschön grün aus. Jacarandabäume, Yasmin, Yesterday-Today-and-Tomorrow, Zitronen, Apfelsinen blühen überall, und die Bienen wissen nicht mehr, wo sie zuerst und zuletzt hinfliegen sollen. Rike sucht und findet wieder überall ihre geliebten Pilze. Es ist wasserwarm, es gewittert tüchtig zwischendurch, die ersten Christmasbeetle machen ihren unglaublichen Lärm da draußen, manchmal schon sehr früh um 5.00 Uhr morgens. Die Mangobäume sitzen dick voller Früchte, wie noch nie, weil es im Winter – als wir in Deutschland waren – hier so stark geregnet hat, und gleichzeitig blühen sie so voll, so voll. Es ist eine große, tägliche Freude, auch für die neue Konfirmandenklasse. Die Kinder ernten die Mangos immer schon vorzeitig, grün, hart und sauer.

Rike und ich haben Sonntag nachmittag einen langen Spaziergang gemacht übers Gelände, unten durch den Bush, am Bambus vorbei immer weiter unten am Fluss, auf einem schmalen Wildwechsel wieder zurück nach Hause. Hase, unser treuer Hund, ist überall mit hingelaufen durch dick und dünn und hat sich unten im Fluss in die Potten gelegt und richtig schön dick eingesaut. Er sah aus wie ein Ferkel. Ein Duiker hat uns eine ganze Zeit angesehen und begleitet, der hatte unterhalb der Kirche in dem Rest Zuckerrohr und Gras geschlafen.

Es war ein sehr erholsamer Spaziergang, wir haben wunderschöne Grasblumen gesehen, die wir noch nicht kannten, ganz allerliebste Porzellanblumen, mit Sternblüten, off-white. Beautiful! Die Erde ist so weich überall, dass fliegende Ameisen Tag für Tag ziellos umher gaukeln, und die Schwalben fangen sie aus der Luft. Ganze Affenfamilien balgen sich darum auf dem Rasen, und es sieht sehr spaßig und interessant aus. Die Schwalben finden überall Baumaterial; sie bauen auch unter dem Verandadach am Gästehaus in diesem Jahr. Aunti MaXolo hat schon die ersten dicken Khowa-Pilze gefunden und legt sie Rike morgens früh auf den Verandatisch.

Am letzten Wochenende rief mich der Dekan Aaron Ntuli an und teilte mir mit, das sich P. Mkhabela bereit erklärt habe, hierher zu kommen. Das freut mich sehr. Er soll, wenn möglich, noch vor unserer Abreise hierher kommen und die Gemeinden Gamalakhe, Mvutshini und Mafu in Eigenverantwortung übernehmen. Seine Frau Mavis, geborene Gwamanda, kommt aus Enhlanhleni und war ganz früher mal Küchenmädchen bei uns, als wir noch in Enhlanhleni wohnten von 1967–1972. Gebe Gott, dass wir gut zusammenarbeiten können.

UMHLANGENI MISSION, 8. DEC. 1996

Unsere Gedanken gehen in diesem Monat öfter als sonst in den Norden, wir erinnern uns dankbar und gern an die schöne Zeit in Deutschland. Es bleibt von solch einem Besuch immer ein wenig Wehmut zurück, die manchmal durch Herz und Gemüt zieht, wenn man zur Ruhe und zum Nachdenken kommt. Wir haben bislang einen ganz außergewöhnlich schönen Frühling mit sehr viel Regen und großer Hitze zwischendurch, so dass wir von allen Seiten zuwachsen. Das geht bei dieser Treibhausluft sehr schnell. In den Bergen entstehen wieder wie früher überall kleine muntere Quellen, die aus den Steinen und aus dem Gras rieseln und Mensch und Tier erfreuen.

Es war seit unserer Rückkehr recht ruhig und friedlich hier in unserer Gegend. Nun aber hat es einige „Incidents" gegeben, die nichts Gutes für die weihnachtliche Ferienzeit ahnen lassen. Nachbarhäuptling Ndwalane ist letzte Woche vom Sohn erschossen worden und wurde gestern unter großer Anteilnahme der Bevölkerung beerdigt. Sie hatten sich gestritten. In den Bergen bei Shobashobane-Izingolweni ist es zu Unruhen gekommen, es hat Tote gegeben. Wir hoffen und beten für ein friedliches Weihnachtsfest.

Übermorgen fahren der neue P. Mkhabela und ich für zwei Tage zur Synode nach Enhlanhleni. Es wird gut sein, wenn wir uns alle wiedersehen und miteinander sprechen. Es ist allerhand Unruhe auch in die Kirche eingezogen und verwirrt die Gemüter der Gemeindeglieder und auch einiger Pastoren. Wir hatten hier in Umhlangeni am 30. November ein schönes Jugendtreffen. Leider fiel das zusammen mit der Hochzeit eines jungen Mannes aus der hiesigen Gemeinde, so dass viele Jugendliche dorthin gingen. Montags morgens fahre ich jetzt wieder regelmäßig zur hiesigen Mavundla-Schule für die Eröffnungsandacht der Woche. Die Principalin MaMsimango hat mich gebeten, das doch wieder zu machen, nachdem das mal eine Zeitlang während der Wende nicht mehr so unbedingt erwünscht war. Diese Schule hat sich inzwischen ausgebreitet. Es unterrichten dort jetzt 14 Lehrer, 13 Frauen und ein Mann. Wir haben diese Schule vor 15 Jahren gebaut, als ich hierher versetzt wurde, mit den Eltern und Geldern aus Deutschland.

Am letzten Donnerstag hielten wir in der Kirche unser jährliches Altentreffen, das inzwischen sehr beliebt ist, weil nach dem Gottesdienst großes Kaffee- und Teetrinken ist, schrecklich süß, mit sehr viel Zucker drin und never mind den hohen Blutdruck (iHigh-high) oder die Zuckerkrankheit (uShugela). Sie mögen Rikes (MaDilewes) Kekse und Rikes Topfkuchen zu gerne und stehen erst auf, wenn alles aufgegessen ist und das letzte Lied auch fertiggesungen ist. Die Zahl wechselt, in diesem Jahr waren wir 25, und es war einfach wunderschön. Sie erzählen sich und uns ihre Nöte, Sorgen und Freuden. Und ich habe ihnen diesmal erzählt, dass uns der Monat November in unsrer Verwandtschaft und Freundschaft nicht erfreut hat, weil Hermann Otten, Werner Schulz und Werner Scharlach gestorben bzw. erschossen worden sind. Da stand der uralte Kirchenvorsteher Philip Luthuli auf und bat, dass wir das Lied singen No. 177 Fort, fort mein Herz zum Himmel ... und dann hat er lange und zu Herzen gehend für uns und alle die traurigen Familien gebetet. Aus tausend Traurigkeiten/ zur Krippe gehn wir still,/ das Kind der Ewigkeiten/uns alle trösten will. (Bodelschwingh)

UMHLANGENI, 8. JANUARY 1997

Danke für Euern Anruf zu Weihnachten. Es ist immer sehr schön, Eure Stimmen zu hören. Es ist nur manchmal nicht leicht, sich so schnell auf so ein Gespräch einzustellen, wenn man mit den Gedanken und dem Tischgespräch gerade ganz woanders war. Dann merkt man auch sehr, dass Ihr aus einer ganz anderen Welt zu uns sprecht. Die Post im Neuen Südafrika wird immer langsamer und unzuverlässiger, sort of hit and miss. Vieles kommt gar nicht mehr an.

Es wird sehr viel Post einfach gestohlen. Es gibt neuerdings unerhörte Kurzweil und Spaß dabei. Man kann eine Handvoll Post kaufen für 50 Cent. Das nennen sie ein lucky packet, und wenn Du lucky bist, ist in dem Stapel ein Brief mit einer Geldeinlage, oder zwei. Ganze Postautos und Container werden auf diese Weise versteigert. Hier kommen oft Briefe an, die nur noch aus den aufgerissenen Umschlägen bestehen. Vom Inhalt fehlt jede Spur. Das ist die neue Freiheit, die wir uns alle so mühsam erkämpft haben. Neulich haben sie versucht, eine ganze Wagenladung voll Post als Altpapier zu verkaufen ...

Wir hatten ein sehr heißes Weihnachtsfest, diesmal in Mvutshini, weil alles ruhig und friedlich blieb. Dort haben der neue Pastor E. Mkhabela und ich den Gottesdienst gehalten; es war eine große Freude, dass ich nicht mehr allein vor den Gemeinden stehe. Wir haben abwechselnd die Weissagungen aus dem AT gelesen, zwischendurch fast alle Weihnachtslieder gesungen; dann habe ich gepredigt, und als ich denn anschließend da saß und so vor mich hintropfte, war ich glücklich, denn er hat weitergemacht mit Kirchengebet, Beichte und Heiligem Abendmahl.

Rike und ich waren von Montag bis Donnerstag bei Anette in ihrem schönen großen Haus in Mtubatuba, wohl zum letzten Mal, denn sie geht am 1. Februar da weg. Es war wunderschön in St. Lucia am Strand und im Meer. Die Nordküste ist so herrlich natürlich geblieben. Man sieht keine Häuser und Hotels, nur Meer und Himmel und Sand. Am Strand haben wir zum ersten Mal ein großes Nest mit Eiern gefunden von einer Riesenschildkröte. Die Kleinen waren in der Nacht vorher alle ausgeschlüpft und ins Meer getrippelt. Man konnte die Spuren überall sehen.

Es war furchtbar heiß da oben, viel wärmer als hier, so wie früher in Pongola. So habe ich meine Beine total rot gebrannt wie ein importiertes greenhorn, obwohl wir den ganzen Tag im Schatten der Flüsterkiefern gesessen hatten. Das kommt von der Reflexion der Sonne auf dem weißen Sand. Aber nach drei Tagen ist es schon besser. Man muss nur geduldig warten, denn „das Heute ist das Kind des Gestern und die Mutter des Morgen, und das Morgen ist schon in ihrem Schoß und drängt ans Licht", habe ich irgendwo gelernt. Mit dieser afrikanischen Weisheit grüße ich Euch alle, auch meine liebe Rike lässt herzlich grüßen. Wir danken, und wir lieben Euch.

MISSIONSBLATT NR. 3, 1997 – BRIEF AN EINE GEMEINDE UMHLANGENI, 4. MÄRZ 1997

Lieber NN, Dir und Deiner lieben Gemeinde danke ich von ganzem Herzen für die Spende zu unserm Kirchbau in Gamalakhe. Unsere Gemeinden, Pastor Mkhabela und ich sind darüber sehr glücklich. Wir danken für Eure Hilfe. Wir danken für Eure Liebe. Die Zulu sagen: Möge Gott es dort vermehren, wo Ihr es hergenommen habt.

Ich hatte zusammen mit der Gemeinde gehofft, mit dem Kirchbau nach unserer Rückkehr beginnen könnten. Aber der Architekt wurde sehr krank, so dass sich nun alles etwas verzögert. So müssen wir uns denn in Geduld fassen. Wir hoffen auf Genesung und denken, dass wir wohl Mitte des Jahres beginnen können. Das Geld dafür haben wir auch dank Eurer Mithilfe fast zusammen. Ansonsten geht meine Arbeit wieder ihren gewohnten Gang. Der Aufenthalt in Deutschland im letzten Jahr liegt wie ein schöner Traum lange hinter uns. Er ist uns in der Zwischenzeit schon fast unwirklich geworden.

Ich bin sehr glücklich, dass ich nicht mehr allein in der Arbeit stehe. Wenn wir Männer-, Frauentreffen und Gemeindeversammlungen haben, können wir nun zusammen mit P. Emanuel Mkhabela auf Fragen antworten, auf Probleme eingehen und einander aufbauen und behilflich sein. Jeden Mittwochmorgen sitzen wir beide mit andern Amtsbrüdern aus unserer Gegend zusammen und besprechen den Text für die Predigt des folgenden Sonntags.

Es ist ruhiger geworden, dass wir wieder überall hinfahren können. Auch die verschiedenen Gemeinden besuchen sich wie früher wieder gegenseitig. Es findet ein reger Austausch statt, und wir hoffen zu Gott, dass es so bleibt. Es ist wieder so, dass die Leute, die wir beerdigen, an „normalen“ Ursachen gestorben sind. Leider nimmt jedoch die allgemeine Kriminalität im ganzen Lande erschreckend zu und macht uns zutiefst besorgt. Die Leute greifen aus lauter Verzweiflung zur Selbstjustiz. Das ist auch nicht gut. Die Gefängnisse sind übervoll. Es werden neue Strafanstalten gebaut. Aber das kann ja auch nicht die Antwort sein.

Während der letzten fünf Jahre sehe ich einige junge Männer mit erschreckender Regelmäßigkeit wieder. Mal sind sie in Freiheit, und wir begrüßen uns freudig und erleichtert. Aber meistens dauert es nicht lange, dann sind sie wieder im Gefängnis. Und jedesmal länger als zuvor. Einige schämen sich, wenn wir uns dort wieder sehen. Andere sehen mich herausfordernd an: „Ich will hier drin sein. Ich habe diesen Weg mit Absicht gewählt. Hier gehöre ich hin, ganz egal, was irgendjemand sagt. Hier drin bin ich King!“ Und doch steht in ihren Augen die Sehnsucht nach etwas, das mehr Sinn macht als dieses Herumsitzen.

Manchmal werden alle vier Gemeinschaftszellen aufgeschlossen: „Der Umfundisi ist gekommen, wer zur Andacht gehen will ...“ Und sie kommen. Der Gesang klingt wunderschön, weil der Chor so groß ist. Draußen auf dem Hof drehen andere ihre Runden im Sonnenschein, bevor sie zurück müssen in ihre Zellen. Da kommt es vor, dass jemand seinen Gang verlangsamt und schließlich vor dem schmalen Stahlfenster stehen bleibt, seinen Kopf dagegen preßt und verharrt, weil er zuhört. Selbst Wärter stellen sich manchmal draußen an die Fenster und hören zu. Bisweilen stimmen sie sogar einen Kirchenchorus an, und der ganze Gefangenenchor fällt ein. Bewacher und Bewachte loben zusammen ihren Schöpfer und singen sich gegenseitig Mut zu.

Da beten wir für alle, die mit uns hier im Gefängis liegen. Da können wir dann auch beten für die Leute, die uns bewachen und bewahren. So wird aus beiden eines, aus Gefangenen und Gefängniswärtern: die Gemeinde Jesu Christi. Wenn wir uns unter Gottes Wort zusammenfinden, sind Unterschiede zwischen uns bedeutungslos. Es spielt keine Rolle mehr, was uns alles trennt, nicht mal meine Hautfarbe. Das Mißtrauen schmilzt, und wir sind Gott dankbar, dass er uns zusammengeführt, dass wir uns gegenseitig auferbauen, einander aufrichten und uns am Kreuz von Golgatha ausrichten.

Oft werde ich gebeten, Botschaften an Angehörige draußen zu übermitteln. Da finde ich dann in einem kleinen Warteraum neben dem Hauptgebäude eine verhärmte Mutter, der das Herz bricht über ihren missratenen Sohn, der schon wieder im Gefängnis gelandet ist. Oder ich spreche mit dem Farmer, zu dem mich ein Insasse geschickt hat. Er hat mir gesagt: „Sag dem Boss, er möchte bitte 2000 Rand Kaution mitbringen, damit ich hier rauskomme. Dieser Ort ist schrecklich!"

Der Farmer stellt den Motor seines Fahrzeuges ab, als er das von mir hört. Wir reden miteinander. Er sagt mir: „Kuck, dieser Schwarze hat sein Leben lang für mich gearbeitet, 35 Jahre. Jetzt ist er in Schwierigkeiten. Er hat andere aufgewiegelt, und dann haben sie einen Mann ermordet, der hier gearbeitet hat. Ich kann ihn nicht rausholen. Die Angehörigen des Toten würden ihn umbringen." Als ich das nächste Mal ins Gefängnis gehe, sagt mir der Täter: „Danke, dass du gesprochen hast. Mein Farmer war hier und hat mich besucht. Wir haben lange miteinander geredet. Er will mir helfen. Ich werde nun geduldig abwarten, was bei der Gerichtsverhandlung geschieht."

Am Sonnabend, 31. May, waren wir zum Jagen in Izingolweni: Walter und Waldemar Buhr, mit Edwin Klüsner, Bill Smith aus England, mit seinen vielen Beagles und ich. Dieter Berger und ein Mann vom Natal Parks Board, die auch eingeladen waren, konnten nicht kommen. It was an absolute glorious day in the mountains. Als wir morgens früh mit den ca. 30 Männern und all den vielen Hunden hinten auf unsern Pick-ups bei Izingolweni um die Kurve fuhren, konnten wir die Berge sehen, alles weiß, dick vollgeschneit. Crisp, clear and clean, clean air and very cold, and you could see forever. Die weiten Täler waren alle vollgelaufen mit dichten Nebelwolken.

Es ist doch jedesmal wieder aufregend. Die Hunde zerren an den Ketten, die Treiber sortieren ihre Sagilas und Buushus, bringen die Hunde, die sich anknurren, zur Räson, es ist alles ein herrliches Durcheinander, die Jagd wird erklärt, letzte Anweisungen werden gegeben in Zulu, Deutsch, Englisch, alte Freunde begrüßen sich, einige Gesichter kennt man noch vom letzten Jahr, andere sehe ich zum ersten Mal, und dann geht es endlich los. Die Sonne geht auf und kommt hoch, es wird schnell warm, so dass wir alle unsere dicken Jacken und Pullover im Auto lassen, nur Munition und die Gewehre mitnehmen.

Irgendwo unterwegs halten wir an, und die ganze Jagd verteilt sich. Und so stehe ich schließlich allein im weiten, weiten Land. Um mich herum bush, der in diesem Jahr noch ziemlich grün ist; wir hatten viel Regen zwischendurch. Ich bin umgeben von Natur: fahles Gras, Dornenbäume, Aloen, soweit das Auge reicht, riesige, unvorstellbar weite Täler, mit schroffen Felswänden auf der Gegenseite. Ich stecke beide Hände, so gut es geht, unter meine Achselhöhlen, damit sie warm bleiben, wenn ich schießen muss. Dann finde ich einen Stein, auf dem man einigermaßen gut sitzen kann. Ich sehe daaa drüben eine Bushbok-Ricke, die sich ihr rötliches Fell wärmt und sonnt und bewegungslos stehenbleibt. Einige von den Vögeln, die ihr Morgenlied schmettern, kenne ich. Ich wünsche, ich wüsste viel mehr.

Im Gras zu meinen Füßen entdecke ich viele allerliebste kleine Blumen, die ich nicht kenne. Winzige blaue Sternchen, andere mit hellblauen kleinen Kelchen, knallig gelbe Strohblumen, und den Tag über immer wieder eine von meinen Lieblingsblumen: die Miniaturherbstastern, kleine perfekte Blüten mit der einmalig unvergleichlichen Farbe, verschiedenste Succulents mit roten Blüten und seltene Gras-Aloes. Dazwischen steht ein Proteabush und dann die einmaligen, äußerst seltenen Cycads mit dünnen faserigen dunkelgrünen Blättern ringsum, special protected. Diese Sorte ist so selten, dass 50/50 schon bei Buhrs war mit Camerateam und hat Aufnahmen gemacht fürs TV. Das Gras steht überall mannshoch, und der Fluss ist randvoll mit Wasser. Es ist eine furchtbar schöne Welt da oben, und man vergisst alles andere.

Bis in der Ferne die Jagd näher kommt und mehr und mehr hörbar wird: Die Zulusprache trägt so wunderbar weit wie sonst wohl keine andere Sprache dieser Erde: „Yenyuuuukaaa! Hhhaahhaa, hhaahhaa. Jobe-jobee, jobe-jobee, jobe-jobee. hhaahhaahhaa. Phuma-bo! Khuluma-bo! Wenzani? Wenzenjani-na? chawachawachawa! Ucashaphi na? Woza neno! Zanini-bo! Phumaaani!“ Und die Hunde jaulen, und die Hunde bellen, und die Hunde jiffeln und schnüffeln und kiffeln und folgen verheißungsvollen Spuren, die so furchtbar aufregend riechen. But so far: No movement in the bush!

Und um 9.20 Uhr, als ich so meinen Gedanken nachhänge, als die Jagd eigentlich noch weit weg ist, habe ich dann „my chance for the day", denn direkt vor mir geht vorsichtig, sozusagen auf Zehenspitzen, ein ausgewachsener Duiker-Ram mit ziemlich langen Hörnern und duckt sich unter jeden Grashalm, und bevor ich begreife, was ich da sehe, und das, was ich sehe, mit der Technik in meiner Hand in Zusammenhang bringen kann, ist der Duiker lääängst weggeduikert, und ich stehe da mit klopfendem Herzen und weiß: „Tiedemann, this was your chance for the day, and you blew it, you buggered it up, and you are all in all too slow in reacting." „Das war deine Chance für den Tag; aber du warst zu langsam." So war's denn auch.

Nachmittags kam nochmal eine kleine Aufregung, als ein Kaninchen dicht neben uns aufspringt, aber Walter steht dazwischen, und so läuft das lucky Ding wilde Haken schlagend davon. Walter und ich bleiben den Tag über zusammen. Er erklärt in seiner wunderbar ruhigen, bedächtigen Art die Natur, und da ich gut zuhören kann, lerne ich allerhand. „Kuck, Kurt, Du musst Wurzeln von dieser Grassorte ausgraben und kauen, wenn Du geplagt wirst von einem irritating cough. Das hilft sehr gut. Wenn du sinusproblems hast, nimmst Du diesen Bush mit den weichen Blättern, reibst ihn ein wenig und atmest das ein. Deine Kopfschmerzen verschwinden in kurzer Zeit."

So geht es an, er hat das alles von den Zulus gelernt. Wir sehen zwischendurch allerhand Bushböcke, male (Inkonka) and female (Imbabala), aber sie sind weit weg, and so we call it a day and return late in the afternoon to a crackling fire in a wheelbarrow, to frosted Carling and Lion Lager and a lot of big small talk. Es wird nach Sonnenuntergang aber schnell lausig kalt, und nach einigen hastig gekauten Fleischstücken, halb roh, machen wir uns auf den Heimweg. Another unforgetable day out there, where I long to be. Ich muss da draußen immer wieder an diesen Vers denken:

This be the verse you grave for me:
„Here he lies where he longed to be;
Home is the sailor, home from the sea,
And the hunter home from the hill."
- Robert Louis Stevenson -

17. June 1997. Soweit war ich gekommen, als andere Verpflichtungen meine Tage füllten, von jedem zwei: (fast) zwei Beerdigungen, zwei Taufen, zwei Konfirmationen und eine Trauung. Vom 11.–13. June hatten wir ein entsetzliches Unwetter, das nicht enden wollte, mit über 300 mm Regen und großer Kälte, dabei solche Stürme, Windstöße, dass alles ächzte und rattlelte. Riesige abgerissene Äste Umthombo, Kassia, Saligna und Jakaranda flogen durch die Gegend, man konnte es richtig mit der Angst kriegen, dann natürlich Stromausfall, eine halbe Nacht und den ganzen folgenden Tag bis abends spät.

Ich bin am nächsten Morgen ganz früh, als es eben hell wurde, draußen alles abgelaufen und stand mit wehem Herzen vor unserer großen schönen Euphorbie, die der Sturm rumgedreht und rumgewirbelt hatte, bis sie abbrach und dann schwer neben den Kirchturm fiel. Da liegt sie nun wie ein verwundetes riesiges Tier (Es sieht aus wie ein gestrandeter Wal. Wenn man es nicht gesehen hat, kann man es nicht glauben, schwer zu beschreiben). Es hatte soviel geregnet, dass die Wurzeln nicht mehr genug Halt hatten in dem aufgeweichten Boden. Es ist ein Jammer, und Rike hat erstmal ein wenig geweint.

Wir haben uns sehr gefreut, dass Ihr die Gasflasche aufgefüllt hattet für Euern Campingtrip. So konnten wir trotz fehlender electricity doch das Nötigste kochen. Am Sonnabend Morgen, als es einigermaßen abgetrocknet war, bin ich nach Mafu gefahren, in meine Gemeinden. Es sieht böse aus, überall Dächer abgeweht, Bäume kreuz und quer. Auch vom Kirchendach in Mafu fehlen Platten, Fenster sind kaputt geschlagen und es stehen etwa zwei Zoll Wasser in der Kirche. Wir sind dankbar, dass keine Bäume auf die Gebäude gefallen sind. Die beiden Männer, Dlamini und Xolo, sagen, die Euphorbie muss erst ein wenig trocknen, bevor sie die wegschleppen können, weil der milchige Saft in den Augen so gefährlich ist. Wir sind am Überlegen. Vielleicht lassen wir sie auch liegen, dass sie an der Seite wieder ausschießen und weiterwachsen kann. Aufrichten lässt sie sich nicht wieder. Dafür ist sie zu kaputt und vor allem viel zu schwer.

13. KAPITEL

Gott hilft uns nicht immer am Leiden vorbei,
aber er hilft uns hindurch.

- Johann Albrecht Bengel -

Führe mich, o Herr, und leite meinen Gang nach Deinem Wort;
Sei und bleibe Du auch heute mein Beschützer und mein Hort,
Nirgends als bei Dir allein kann ich recht bewahret sein.
Meinen Leib und meine Seele samt den Sinnen und Verstand,
großer Gott, ich Dir befehle unter Deine starke Hand.
Herr, mein Schild, mein Ehr und Ruhm, nimm mich auf,
Dein Eigentum.
Deinen Engel zu mir sende, der des bösen Feindes Macht,
List und Anschlag von mir wende und mich halt in guter Acht,
der auch endlich mich zur Ruh trage nach dem Himmel zu.

- Heinrich Albert 1642 -

WEIHNACHTSRUNDBRIEF 1997

Liebe Geschwister, Verwandte und Freunde, draußen fallen gleichmäßig und regelmäßig Pickaxen in die Erde. Es wird ein Graben ausgehoben für die Kabel einer Gegensprechanlage und Remote Control unten am Gate. Das schwere Eisentor am Eingang bleibt nun Tag und Nacht geschlossen, weil meine liebe Rike überfallen worden ist.

Sie war an dem Morgen allein zu Hause, ich war zu einer Konferenz für die Rehabilitierung und Wiedereingliederung von Gefangenen in Port Shepstone, als mich diese Schreckensnachricht erreichte. Zwei gut gekleidetete, aber sehr böse Männer standen mit der Bibel in der Hand vor der Tür und wollten den uMfundisi sprechen wegen Kirchensachen. Und so hat Rike voll Vertrauen die Tür aufgemacht und sie begrüßt, als der eine ein großes, zugespitztes, scharfes Messer zückte und sie in die Küche zurückstieß. Sie wollten Geld und Waffen. Sie haben meine liebe Frau auf die Erde gedrückt, sie haben sie herumgestoßen, sie haben ihr hart auf den Kopf geschlagen mit der Faust oder mit dem Messer, und das alles hat etwa eine Stunde gedauert.

Dieser Überfall auf meine liebe Rike am Dienstag, den 25. November 1997, von 9.15 Uhr–10.00 Uhr hat uns sehr unsere Schwachheit und Verletzbarkeit aufgezeigt, aber mehr noch hat uns dies furchtbare Erlebnis den Schutz und die Hilfe Gottes vor Augen geführt, der hier nicht vor Gefahren, aber in der Gefahr bewahrt hat, wie wir gesehen haben. Rike hat gebetet, dass ER Seine Engel vor die Tür stellen möge, wo sie schließlich eingesperrt worden war, und das hat ER auch getan. Sie ist so wunderbar behütet worden, dass wir nur danken können. Ihre Seele ist mehr verwundet als ihr Körper.

Wir haben seitdem auch viel Liebe und concern erfahren, von Farmern aus der Umgebung, von Amtsbrüdern und unsern Gemeindegliedern, was uns mächtig auferbaut und getröstet hat; besonders der umgehende Besuch unserer hiesigen Kinder, Christina, Aldo und Anette, die alles stehen und liegen gelassen haben und gekommen sind, hat Rike und mir im Herzen und in der Seele wohlgetan.

Führe mich, o Herr, und leite meinen Gang nach Deinem Wort;
Sei und bleibe Du auch heute mein Beschützer und mein Hort,
Nirgends als bei Dir allein kann ich recht bewahret sein.

Umsomehr freuen wir uns in diesem Jahr mit Euch auf die Geburt des Heilandes aller Menschen, Jesus Christus, und wir wünschen Euch SEinen Frieden und SEine Freude in Euer Herz. Wir danken sehr, dass ER damals vor 2000 Jahren in unsere heillose Welt gekommen ist zu Trost und Rettung für uns und die vielen bei Euch und hier in Afrika und wünschen Euch ein fröhliches und gesegnetes Weihnachtsfest.

ZUM NÄCHSTEN BERICHT

Sabine Berger stammt aus Leipzig und ist in Guben aufgewachsen. Die Mutter Susanne Berger stammt aus Guben, und so sind wir überhaupt miteinander bekannt geworden. Wir saßen einige Tage nach unsrer Rückkehr aus Deutschland im letzten Jahr zusammen bei Voigts in Paddock. Da saß neben mir eine gut aussehende blonde Frau und sprach deutsch. Da fragte ich: „Wo kommen Sie her?" Sie sagte: „Aus Guben." Ich sag: „Aus Guben, das gibts nicht, da hab ich letzten Sonntag auf dem Missionsfest gepredigt!" Susanne Berger: „Nein!" Ich: „Doch!" Sie wieder: „Ich glaub das nicht. Bislang hat noch niemand gewusst, wo Guben liegt." Ich sag: „Doch, ich hab da in Guben vorigen Sonntag auf der Kanzel gestanden, und abends haben wir in Gubin auf der polnischen Seite wunderbar gegessen und Pivo (Bier) getrunken." Da zeigte sie mir ihren Arm, und wir stellten fest, dass wir beide „Gänsefleisch" gekriegt hatten, wie man sagt, und so sind wir miteinander bekannt geworden:

BERICHT

Da sind zwei Menschen so verschieden, wie man nur denken kann. Sie kommen aus total verschiedenen Welten, aus verschiedenen Erdteilen, sprechen verschiedene Sprachen, haben völlig verschiedene Interessen und Gedanken, Gefühle und Meinungen, und doch haben sie eins gemeinsam: Sie wollen zu Gott. Ich spreche von Zilumuzi Lushaba, 95, aus Bomela/Nyandezulu oben in den Bergen und Sabine Berger, 33, aus Leipzig und Guben.

Beide waren Ostern hier im Frühgottesdienst um 6.00 Uhr, wenn wir alle auf den Friedhof gehen, die Ostergeschichte lesen und Osterlieder singen, während die Ostersonne aufgeht aus dem Indischen Ocean und die Gräber der Entschlafenen beleuchtet. Diese beiden so sehr verschiedenen Menschen, der hornalte Zulumann, gebeugt durch die vielen Jahre, und die junge deutsche Frau, haben denselben Herzenswunsch: Sie möchten Christus gerne sehen und ihr altes Leben hinter sich lassen.

Und so gehe ich denn morgens in die Berge hinter der Missionsstation mit meinem Zulu-Katechismus, und abends nach der Arbeit liegt auf dem Tisch Luthers Katechismus in der deutschen Sprache. Ich merke bei Vater Lushaba sehr schnell, dass der Katechismus in seinem Alter eine Überforderung ist, klappe ihn zu und schlage stattdessen die Bibel auf und lese einfach daraus vor: Schöpfungsgeschichte, viele Psalmen, die Geschichten des Alten Testamentes. Wir beten oft zusammen, und dann lese ich das Neue Testament: die Geburt unseres Heilandes, sein Leben, seine Lehren Matthäus 5.6.7 immer so weiter.

Als wir die Bergpredigt lesen, kommt es bei dem alten Mann zu lebhaften Reaktionen: „Mfundisi, ich hab bislang gedacht, mit mir ist nicht allzu viel verkehrt, außer den üblichen Suff- und Weibergeschichten, die jeder macht und die jeder erzählen kann. Jetzt aber merke ich meine Fehler, jetzt höre ich, was verkehrt ist," und so kommt es zu langen guten Gesprächen, die Gott der Herr im Himmel gehört hat und die seine heiligen Engel erfreuen, und die man hier nicht aufschreiben kann.

Jedenfalls entwickelt sich zwischen diesem uralten Mann und mir ein ganz besonderes Verhältnis, was schwer zu beschreiben ist. Es webt sich gleichsam zwischen unsern Seelen ein ganz zartes Band, wir sind absolut offen miteinander, und wir vertrauen einander total. Es ist eine besondere Gnade. Wir lesen weiter, immer gerade so viel, wie die Aufnahmebereitschaft ist und die Aufnahmephase anhält. Wir lesen die ganze lange Leidensgeschichte des Heilandes aller Menschen: sein schwerer Gang nach Golgatha, Tod und Auferstehung Jesu Christi. Wir lesen auch Joh. 17, das hohepriesterliche Gebet; 1. Korinther 13, das Hohelied der Liebe; Apostelgeschichte 2, die Ausgießung des Heiligen Geistes.

Vater Lushaba weiß nicht, wie alt er ist. Ich erfahre in unsern Gesprächen, wenn wir auf den Ziegenfellen nebeneinander sitzen und uns die Welt zu unsern Füßen bekucken, dass sein Vater an der Eisenbahn geschaufelt hat, als diese durch die Berge vor seinem Kral gebaut wurde, das ist der heute so beliebte Banana-Express. Von einem Freund, Dr. Hugo Voigts, höre ich, dass das zwischen 1905 und 1907 geschehen ist. Da Lushaba sich an seinen Vater erinnern kann, der morgens losging, um die Eisenbahn zu bauen, und da er ihn beim Schaufeln beobachtet hat, muss er wenigstens fünf Jahre alt gewesen sein, also nach Adam Riese etwa im Jahre unseres Herrn 1902 geboren worden sein. Ich bin entsprechend beeindruckt.

Er gewährt mir tiefe und unheimlich interessante Einblicke in seine Welt. Er hat sehr viel durchgemacht in seinem langen Leben. Seine Augen leuchten immer auf spezielle Weise, wenn er Jagdgeschichten erzählt, die ja auch besonders nahe an meinem Herzen sind. Wir verstehen uns da auf Anhieb. Wir hauen uns bei den Pointen zur gleichen Zeit auf die Oberschenkel und sind uns z. B. darin einig, dass ein verwundeter Bushbok zu den gefährlichsten Tieren Afrikas gehört.

Manchmal, wenn es zu kalt ist, gehen wir in die Hütte, da sitzen wir am Tisch. Aber da halten wir es nicht lange aus. Seine Augen fangen an zu tränen, und ich kann nicht aufhören zu niesen. Mit einmal springt er auf: „Da ham doch die Weiber hierdrin wieder Pelepele gemahlen!“ Das ist ganz scharfer roter Chillipfeffer. Wir verlassen fluchtartig das Haus und holen draußen tief Luft, bis der Hustenreiz vorbei geht. Mit stillschweigendem Einverständnis greift jeder von uns zum Ziegenfell, und wir lassen die Beine wieder den Abhang runterbaumeln.

Und so vergehen die Tage, und so vergehen die Wochen, und es ist nicht zu glauben: Abends in Deutsch kommen manchmal dieselben Fragen wie morgens in Zulu. Aber dann wieder kommen auch solche verzwickten Fragen, die typisch europäisch sind und typisch deutsch, dass ich darauf nicht antworten kann, und so sage ich denn wohl zu Sabine Berger: „Frag mich mal was leichtes." Manchmal sage ich aber auch: „Warte noch ein wenig mit dieser Frage, bis wir das hier zu Ende gelesen haben, dann wird sich die Frage erledigen und von selbst beantworten."

Es entwickelt sich ein Verhältnis zwischen den beiden Lernenden, obwohl sie sich nicht sehen, obwohl sie sich nicht kennen, einfach weil sie voneinander hören, nacheinander fragen, und weil sie anfangen füreinander zu beten. Es liegen ja Welten dazwischen, ich meine zwischen der Unterrichtsstunde morgens in Zulu und abends in Deutsch. Obwohl das so ist, ist es doch faszinierend zu beobachten, wie sehr sich die ganze Geschichte gleicht, denn als ich Lukas 15 lese, ist die Reaktion hier wie da eitel Freude.

Vater Lushaba lacht richtig laut und freut sich wie ein kleines Kind. Als ich ihm gegen Ende der Unterrichtszeit sage: „Am Sonntag werden alle, alle deine alten Sünden, die du je getan hast, vor dem Altar für immer und ewig vergeben werden", da springt er vor Freude auf, greift meinen Arm mit beiden Händen und drückt ihn lange und ausgiebig. Sabine Berger guckt mich nach der Geschichte vom verlorenen Sohn mit ihren hellen Augen an und sagt nur ein Wort: „Ja." Ich gebe ihr daraufhin die Auslegungen der Gleichnisse von einem meiner verehrten Lehrer Helmut Thielicke: „Das Bilderbuch Gottes." Sie verschlingt das förmlich und kommt wieder und strahlt nur.

Zwischendurch war dann der Dienstag. Das war ein besonderer Tag in meinem Leben. Ich hatte am Tag zuvor von dem alten Mann erfahren, dass sein Sohn Qasa Lushaba, 43, noch nicht getauft ist und sterbenskrank im Murchison-Hospital liegt, wahrscheinlich Aids. Ich hatte auch gehört, dass er nicht mehr verständlich redet, too far gone. Ich wußte, dass er im Hospital liegt, sie waren am Wochenende auf dem Hinweg hier in Umhlangeni vorbeigekommen, und ich hatte neben dem Auto gehockt und mit ihm gebetet, weil er furchtbar klapperig aussah und nicht mehr aussteigen konnte, eine wahre Jammergestalt. Er hatte die letzten 15 Jahre, seit wir uns kennen, sorgfältig vermieden, zur Kirche zu kommen. Nun wurde mir telefonisch von einem regen Gemeindeglied mitgeteilt, in dessen Auto er gefahren worden war, dass dieser kranke Mann sein armes Leben dem Herrn übergeben möchte. Als sie ihn da im Hospital ablieferten, hat er das zu seinen Leuten gesagt. Danach wurde er bewusstlos und unansprechbar. Nun beteten wir, dass er die Gnade der Heiligen Taufe empfangen möge, so Gott will.

Am nächsten Morgen trafen sich viele Gemeindeglieder zusammen mit Pastor Mkhabela und mir vor dem Hospital. Wir warteten geduldig auf den Beginn der Besuchszeit um 10.00 Uhr, und als ich im male-ward um die Ecke kam, sah ich tief aufatmend, dass der Kranke noch lebte und auch wach war. Er erkannte mich und grüßte: „Sawubona, Mfundisi." Ich fragte: „Lushaba, ich höre, Du bittest um die Heilige Taufe. Ist das so?" „Yebo, Mfundisi."

Da geht Emanuel Mkhabela und holt Wasser in dem kleinen Zinnteller. Ich zieh den Talar an und schlage meine Agende auf. Wir fangen an zu singen. Da frage ich ihn, um sicher zu machen: „Dein Name ist Wilfred Qasa Lushaba. Ich werde dich mit diesem Namen taufen." „Nein, Mfundisi, nimm nicht Qasa (das ist einer, der Dinge repariert und zusammenfügt), sondern nimm lieber stattdessen den Namen BhekiNkosi (Schau auf den HErrn, oder meine Augen sehen auf den HErrn)." Und so ist es dann auch geschehen.

Ich hatte auf dem Hinweg erwogen, falls keine Reaktion vom todkranken Mann erfolgt, ihn mit Paten aus der Verwandtschaft in die Gemeinde, in die Kirche Jesu Christi hineinzutaufen. Aber nun beten wir gemeinsam das Beichtgebet der Kirche. Und dann singen wir: „Baba, thabatha lomntwana ezingalweni zethu, d. i.: Gott und Vater, nimm jetzund dieses Kind von unsern Armen, nimm es auf in Deinen Bund und erzeig ihm Dein Erbarmen ...," da rollt sich dieser arme Mann, der mit 43 Jahren schon aussieht wie ein Greis, in Embryo-Stellung in seinem Bett zusammen und liegt da wie ein Häuflein Elend.

Ich frage ihn: „Entsagst Du dem Teufel?" „Yebo, Mfundisi," keucht er, „und allen seinen Werken?" „Yebo, Mfundisi," „und allen seinem Wesen?" „Yebo, Mfundisi." Wir beten gemeinsam das Glaubensbekenntnis der Kirche: „Ngiyakholwa nguNkulunkulu uYise, uMninimandla onke, uMdali wezulu nomhlaba ..." P. Mkhabela richtet den kranken Mann auf und stützt ihn, und als ich die alten Worte sage: „BhekiNkosi Wilfred Lushaba, ngiyakubhapathiza egameni likaNkulunkulu uYise neleNdodana nelikaMoya oNgcwele," und als das heilige Taufwasser über seine eingesunkenen Schläfen rollt, da geht eine Bewegung durch die Umstehenden; einige schluchzen, halten die Gesangbücher vors Gesicht und suchen in ihren Kleidern nach Taschentüchern; jedenfalls zum Schluss waren wir alle am Heulen vor lauter Dankbarkeit und Freude, auch die Mutter dieses sterbenden Mannes, Albertina Lushaba, MaKhawula und seine Frau und sein Sohn.

Ich hatte gemerkt, dass die Menge, die uns im offenen Krankensaal umstand, ständig größer geworden war. Ich hatte aber nicht mehr hochgekuckt, weil ich mich zu sehr konzentrieren musste auf das, was ich tat. Da standen auch Krankenschwestern und Patienten. Wir haben dann, weil es so schön war und wir noch nicht auseinandergehen wollten, immer weitergesungen, auch die andern Tauflieder, die in unserm Gesangbuch stehen; und dann musste ich mich doch schließlich verabschieden, weil hier zu Hause andere Leute auf ein Traugespräch warteten.

Als wir das Murchison-Hospital verlassen, kommen uns an der Eingangspforte noch eine ganze Anzahl anderer Gemeindeglieder und Nachbarn entgegen und sind furchtbar enttäuscht, dass sie zu spät gekommen sind. Sie hätten die Taufe zu gern miterlebt. Das hatte sich überall herumgesprochen. Sie gingen dann auch noch zu dem Kranken, und wie ich sie kenne, werden sie dort weitergesungen und gebetet haben. Pastor Mkhabela und ich fahren zusammen nach Hause und sind von Herzen fröhlich.

Dann kam Pfingsten. Das war auch einer der schönsten Tage meines Lebens. Wir haben so etwa 4 ½ Stunden gesonntagt. Wir fingen eine halbe Stunde zu spät an, so gegen 10.00 Uhr, da erst noch einige Daten und Fakten geklärt werden mussten, Patenonkel und -tanten waren hier und da noch kurz oder unacceptable. Es stellte sich heraus, dass eine der Konfirmandinnen nicht getauft war. Ihre Großmutter war nun endlich gekommen und klärte die ganze Geschichte. So wurden schließlich insgesamt 11 Kinder und Erwachsene getauft, darunter auch die Tochter von Susanne und Dieter Berger, Sabine Berger, die inzwischen so viel gelernt hatte, dass sie getauft werden konnte.

Den Unterricht hatten wir jeden Tag mit viel Freude und stetigem Interesse weitergemacht, bis der große Tag für sie kam. Sie wurde begleitet von ihrem Vater und trug ein totschickes maisgelbes Kostüm, was ihr ausgezeichnet stand. Ihre Mutter hatte so starke beiderseitige Migräne, dass sie nicht aufstehen konnte, was ihr furchtbar leid tat. Dann waren auch gekommen Edwin und Martina Klüsner, Walter und Helga Buhr von Paddock und der Chef von Sabine, Mr. and Mrs. van Niekerk. Die Kirche war choc-a-bloc voll bis hinten in den Gemeindesaal. Die kleinen Kinder saßen wieder wie früher den Altarraum voll.

Ich habe den Gottesdienst in Zulu gehalten, auch die vorbereitende Taufhandlung, und dann Sabine Berger in Deutsch gefragt: „Entsagst du dem Teufel?" „Ja, ich entsage." „... und allen seinen Werken?" „Ja." „... und allen seinem Wesen?" „Ja." Dann haben wir beide zusammen das Glaubensbekenntnis gebetet, was sie auswendig gelernt hatte. „Willst du auf diesen Glauben getauft werden?" „Ja, ich will."

Sie trat vor mit ihrem Vater und kniete vor dem Taufstein: „Sabine Berger, ich taufe dich im Namen Gottes des Vaters und des Sohnes und des Heiligen Geistes. Amen." Als ich fortfahre, den Segen über sie zu sprechen, vermengen sich ihre heißen Tränen mit dem gnadenreichen Wasser des Lebens. „Der allmächtige Gott und Vater unseres Herrn Jesu Christi, der dich wiedergeboren hat durch's Wasser und den Heiligen Geist, und hat dir alle deine Sünden vergeben: Der stärke dich mit seiner Gnade zum ewigen Leben. Amen. Friede sei mit dir. Amen." Es ging mir und der Gemeinde durch und durch, wie bei der Hochzeit unserer Kinder, und ich konnte sie nicht ansehen, sonst hätte ich wohl auch die Fassung verloren.

Dann haben wir wieder Zulu gesprochen. Die vielen Täuflinge waren alle auf ihren Plätzen geblieben und wurden einzeln aufgerufen, jeweils mit ihren Eltern bzw. Paten nach vorn zu kommen. Ein kleiner Junge von acht Jahren kam eilends und ganz allein zum Taufstein gelaufen und hielt seinen Kopf übers Wasser; seine Großmutter und Paten konnten gar nicht so schnell mitkommen, und die ganze Gemeinde lachte fröhlich über so viel Eifer. Die Mutter von diesem kleinen Jungen ist verschwunden, sein Vater aus meiner Gemeinde sitzt für zehn Jahre im Gefängnis für zweifachen Mord … Eins der kleinen Mädchen kam an den Taufstein mit einem wunderhübschen schneeweißen Taufkleid, das über und über mit Spitzen verziert war. Die Mädchen lassen sich meistens ruhig taufen und sehen mich dabei mit großen braunen Augen an. Nur die kleinen Jungs blärrn oft wie am Spieß und strampeln und gestikulieren so, dass man manchmal Mühe hat, das Taufwasser an den Kopf zu bringen.

Auf jeden Fall ist das Taufen meine absolute Lieblingsbeschäftigung. There is nothing under the sun, that beats that. Nothing. Da ist nichts Vergleichbares unter der Sonne. Nichts. Nach dieser langen Taufhandlung folgte die Konfirmation von elf jungen Leuten, ein Junge und zehn Mädchen, die ich jeden Tag unterrichtet hatte. Ein Kirchenvorsteher, Vater einer Konfirmandin, half mir bei der Einsegnung und Austeilung der Konfirmationsscheine. Nach der Predigt kamen etwa 60 Leute zum Heiligen Abendmahl. Ich betrachte diesen Tag mit den vielen Höhepunkten als besonders gnädige Aufmerksamkeit unseres treuen himmlischen Vaters, eine Stärkung sowohl im Glaubens- als auch im Amtsleben. Veni Creator Spiritus. Woza Mdali Moya. Komm Gott Schöpfer Geist, erfüll die Herzen Deiner Gläubigen …

Danach geht der Unterricht auch im Katechismus weiter. Ich merke aber, es kommt nun bald zu einer ungeduldigen Unruhe. Der alte Mann und die junge Frau möchten beide zur Beichte, möchten beide zum Altar, um Christi Leib und Blut zu empfangen. Sie können es gleichsam kaum erwarten, dass es so weit ist, und so legen wir den Sonntag fest: 8. Juni. Da stirbt Bhekinkosi, Qasa, Wilfred Lushaba, drei Wochen nach seiner Nottaufe, und muss nun an dem Konfirmationssonntag beerdigt werden. Eine andere Frau aus der Gemeinde wird an demselben Wochende beerdigt. Und die Männer können nicht zwei Gräber an einem Tag schaufeln.

So beerdigen wir am Sonntagnachmittag den Sohn von Zilumuzi Lushaba mit einer riesigen Gemeinde. Dabei kommt es zu einem denkwürdigen Ereignis. Der jüngere Bruder des Verstorbenen steht auf und fängt an zu singen, völlig allein; und als ich mich auf die Worte konzentriere, die er da singt, höre ich dass es ein Klagelied auf seinen Bruder wird, fast so etwas wie ein Klagepsalm. Das ist alles sehr zu Herzen gehend, und viele Leute im großen Zelt legen ihre Oberkörper auf die Kniee. In den

Ansprachen des Tages kommt das zum Ausdruck und auch jetzt hier in diesem Einzelgesang: Wie gut, dass Qasa noch getauft werden konnte. Wir sind uns alle einig: Gott sei Dank für seine unausprechliche Gabe.

Die Konfirmation wird also auf den folgenden Sonntag festgelegt. Als ich sehr früh zur Kirche runtergehe, sitzt das alte Ehepaar Lushaba schon geduldig vor der Kirche und wartet auf den Beginn des Gottesdienstes. Es ist doch Konfirmation! Der Gottesdienst kann pünktlich beginnen. Es ist der Sonntag von Lukas 15: Die Geschichte vom verlorenen Sohn ist dran und wird verlesen. Das ist fast natürlich und wundert uns drei fast gar nicht.

Und nachdem zwei weitere Kinder getauft sind, kommen „der alte Mann und das Mädchen" nach vorne vor den Altar. Vater Lushaba geht sehr schwer und zitternd. Da findet er Halt an dem starken Arm seiner jungen Begleiterin, und so kommen sie gemeinsam näher. „Kavume lokhu uNkulunkulu uYise ... Das walte Gott Vater, Sohn und Heiliger Geist, der Euch geschaffen hat nach seinem Bilde und euch wiedergeboren durch die Heilige Taufe ..." Die Konfirmation beginnt, und wir beten zusammen das Glaubensbekenntnis der Kirche, das auch der alte Mann mitsprechen gelernt hat.

Dann wende ich mit an den greisen Zulu: „Uyamala uSathane na?" Und er antwortet: „Ja, ich entsage, und ich will mit ihm nichts mehr zu tun haben," „nemikhuba yakhe yonke na? nezenzo zakhe zonke na?" „Ja, ich entsage, will auch mit seinem Wesen und seinen Werken und all seinen Machenschaften nichts mehr zu tun haben. Ngihlukana naye. Ich trenne mich von ihm. Ich habe mein altes Leben abgeschlossen." Er antwortet auch mit eigenen Worten auf die nächsten beiden Fragen. „Ngimlandela uNkulunkulu, ngimlandela uMsindisi wami. Ich folge Gott, ich folge meinem Heiland nach."

Ich wiederhole vor Sabine Berger all die ernsten Fragen in Deutsch bis zu: „Willst du auch die Gnadenmittel treulich brauchen, dass du in solchem Glauben bleibst, wächst und Frucht bringst zum ewigen Leben," da kommt es jeweils zu dem getrosten Bekenntnis: „Ja, durch Gottes Gnade. Ja, mit Gottes Hilfe, will ich in der Kirche Jesu Christi bleiben, darin zu verharren und dermaleinst mit allen Gläubigen fröhlich und getrost zum ewigen Leben entschlafen."

Ich überlege noch, ob sie sich denn hinknieen sollen, da geht der alte Zulumann auch schon schwer in die Kniee, und die junge deutsche Frau hilft ihm dabei, und er schafft es, so zu verharren bei Gebet und Segen: „Allmächtiger barmherziger Gott, himmlischer Vater, der du allein alles Gute in uns anfängst und vollendest: Wir bitten dich für diese Konfirmanden, die du in der Heiligen Taufe deiner Kirche geschenkt hast. Mehre in ihnen die Gaben des Heiligen Geistes, auf dass sie in deiner Kirche im wahren Glauben und im Gehorsam gegen dein heiliges Evangelium beständig beharren. Gib ihnen, dass sie in Christo, dem Haupt der Gemeinde, wachsen in aller Weisheit, Heiligkeit und Gerechtigkeit. Verleihe ihnen die rechte Erkenntnis, auf dass sie dich, den Vater, den Sohn und den Heiligen Geist, zu aller Zeit herzlich lieben und vor der Welt mit Worten und Werken rühmen und preisen. Durch Jesum Christum, unsern Herrn, der mit dir und dem Heiligen Geiste lebet und regiert, gleicher Gott, hochgelobt in Ewigkeit. Amen."

Gesegnet werden beide mit demselben Wort Gottes, nur jeweils in der andern Sprache: Jesaja 41,10. Bei Vater Lushaba fange ich schon etwas früher an in Vers 9: „Wena uyinceku yami, ngikukhethile ... Du sollst mein Knecht sein; denn ich erwähle dich, und verwerfe dich nicht," dann fortfahrend für beide gemeinsam: „Fürchte dich nicht, ich bin mit dir; weiche nicht, denn ich bin dein Gott; ich stärke dich, ich helfe dir auch, ich erhalte dich durch die rechte Hand meiner Gerechtigkeit. Nimm hin den Heiligen Geist, Schutz und Schirm vor allem Argen, Stärke und Hilfe zu allem Guten, von der gnädigen Hand Gottes, des Vaters und des Sohnes und des Heiligen Geistes. Amen."

Als die beiden so verschiedenen Menschenkinder dann Christi Leib und Blut empfangen, das gegeben und vergossen ist zur Stärkung unseres schwachen Glaubens und zur Besserung unseres sündlichen Lebens, da ist für uns drei die Welt total in Ordnung, weil Gottes heile Welt in unser kleines Leben eingreift und es heil macht: Leib und Seele, und wir freuen uns aneinander, und wir freuen uns im Herrn, der uns nahe ist wie nie zuvor. Dank sei dir ewig, o Jesu.

Kurt-G. Tiedemann, Juli 1997

MAI 1998 – CHRISTLICHE MISSION – KULTURZERSTÖREND?

Deutschlands bester Golfspieler, Bernhard Langer, in der „Welt am Sonntag:"

Selbstverständlich verändert sich eine Kultur, wenn Menschen die biblische Botschaft von der Vergebung der Sünde und der Liebe Gottes zu leben beginnen. Aber sie verändert sich heute in viel gravierenderem Maße durch das Fernsehen, das fast jedes Dorf erreicht, sowie durch Entwicklungshilfe und Bildungsprogramme. Diesen Konflikt der Kulturen hat der Völkerkundler Lothar Käser (Freiburg) auf den Punkt gebracht: „Sagt ein europäischer Lehrer im Astronomieunterricht, Sonne und Mond sind keine Götter, sondern Himmelskörper aus Materie, gilt das als Entwicklungshilfe. Sagt ein Missionar auf der Kanzel in der Kirche 20 Meter neben der Schule das gleiche, gilt es als Zerstörung der betreffenden Religion. Eine größere Schizophrenie kann ich mir kaum vorstellen. Missionare sind heute vielfach die einzigen Fremden, die keine eigennützigen wirtschaftlichen, touristischen oder sexuellen Interessen verfolgen. Solchen Menschen begegnen Indianer sonst äußerst selten."

14. KAPITEL

Ich bitte nicht um Glück der Erden,
nur um ein Leuchten dann und wann:
Dass sichtbar deine Hände werden,
ich deine Liebe ahnen kann;
nur in des Lebens Kümmernissen
um der Ergebung Gnadengruß.
Dann wirst du schon am besten wissen,
wieviel ich tragen kann und muss.

- Annette von Droste-Hülshoff -

UMHLANGENI, 2. JANUARY 1998

Ihr Lieben alle, mit großer Freude und Dankbarkeit schreibe ich diese Zeilen. Rike und ich sind einfach überwältigt von dem Echo im Mitleiden, Mittragen, Mitbeten, Mitfühlen. Compassion ist das schöne englische Wort dafür. Das tut uns unendlich gut. Uns geht es seither und deswegen auch wirklich gut. Wir sind fröhlich und guter Dinge. Herzlich danken wir für Anrufe, Briefe, Geschenke, für Euer Gedenken. Es ist gut, wenn man solche Menschen hat und nicht allein ist. Das andere muss ja absolut furchtbar sein.

In den Gemeinden haben wir mit neuem Mut ein neues Jahr des HErrn begonnen. Der Kirchbau in Gamalakhe ist fast fertig, nur noch anstreichen. Die Einweihung des neuen Gemeindezentrums (mit Kirche und Pfarrhaus) ist nun vorgesehen – uma iNkosi ivuma, sisesemzimbeni: So der HErr will, und wir noch im Leibe sind – für den zweiten Sonntag in der Fastenzeit, Reminiscere, 8. März 1998. Ich habe eben mit dem Bischof D. Tswaedi gesprochen und den Termin festgelegt. Darauf freuen wir uns mit großer Freude, wie man hier in Africa sagt. So if you can make it, you are heartily invited to come to the Kirchweih. Wenn Ihr könnt, seid Ihr herzlich eingeladen, zur Kirchweihe zu kommen. Wir werden Euch einen Platz freihalten und Eure Lieblingslieder singen. Promise.

Dann erfüllt es mein Herz mit großer Freude, dass drei junge Männer aus unsern Gemeinden sich bei mir gemeldet haben; sie wollen nach Enhlanhleni aufs Seminar gehen und dort Theologie studieren. Der eine ist der Sohn unseres früheren Pastors Simon Zikhali. Die andern beiden sind Enkelsöhne von vorigen alten Kirchenvorstehern, die ich hier während meiner Anfangszeit noch kennengelernt hatte. Ein weiterer Grund zur Freude ist die Tatsache, dass die Männer in unsern Gemeinden so nach und nach wieder zurückkommen und sonntags im Gottesdienst sitzen.

Heute hat eine neue Tauf- und Konfirmandenklasse angefangen, und es ist schön die neuen frischen Gesichter zu sehen und ihre Namen zu lernen. Dabei freut mich besonders, wenn völlig neue Nachnamen auftauchen, die ich noch nie gehört habe, oder die noch nicht in der Gemeinde vorkommen. Wir sind jetzt schon über 16 Jahre hier in Umhlangeni. Es geschieht immer häufiger, dass ich Kinder unterrichte von denen, die ich damals in der Anfangszeit habe taufen und konfirmieren dürfen. Dabei sind die Vergleiche immer hochinteressant. Mein Mitbruder P. Emanuel Mkhabela und ich wollen uns in diesem Jahr sowieso mehr auf die Jugendarbeit konzentrieren. Ich bin dabei sehr dankbar für tatkräftige Mithilfe einiger wirklich motivierter und lebendiger Gemeindeglieder, auf die man sich verlassen kann.

Ferner freuen wir uns auf die Familienfreizeit aller Missionare in Hekpoort-Cyara bei Pretoria, die wie jedes Jahr Ende Februar stattfindet. Dabei hoffen wir auch unserern früheren Bischof Georg Schulz und seine Frau Elisabeth wiederzusehen, die zur Zeit einen Besuch bei ihren Kindern machen. Neulich haben uns Ilse Stallmann und Magdalene Krause besucht, Witwen von früheren Mitarbeitern, mit denen wir sehr gut zusammengearbeitet hatten. Das ist dann jedesmal so eine schöne Verbindung nach rückwärts, und man erinnert sich zusammen an viele wertvolle Stunden, die man miteinander erlebt hat in Freud und Leid. Diesmal sind alle Mitarbeiter der Mission (Deutsche, Südafrikaner und Amerikaner) hier in Afrika und niemand overseas. So ergibt sich die Möglichkeit alle mal wieder auf dem Haufen zu sehen.

Rike und ich tun nun auch regelmäßig etwas praktisch gegen den Alten Adam, indem wir jeden Morgen ab 6.00 Uhr schon im Tidalpool, wo die Wellen des Indischen Ocean so rüber und reinschlagen, unten in St. Michaels einen bis anderthalb Kilometer schwimmen. Dabei wird man schön fit, und wir werden auch schon immer schneller und besser und haben gestern sogar eine ganze Meile geschafft: 1600 m. Howzat?! Dann wollte ich noch mitteilen, dass befreundete Farmer aus Paddock, die Familie Voigts, uns eine Funkanlage geschenkt und eingebaut haben. Wir sind jetzt also Tag und Nacht über Funk mit den Farmern in der Umgebung verbunden.

So, Ihr geliebten Mitstreiter wider den altbösen Feind, jung und alt, das wärs in aller gebotenen Kürze für heute. Ich hoffe, dass Ihr Euch wohlbefindet, und wollte sagen, dass wir an Euch denken und Euch danken. Deswegen habe ich geschrieben. Behüt Euch Gott im Neuen Jahr!

UMHLANGENI, 14. MAY 1998

Ihr Lieben alle, schon lange ist dieser Brief in mir, und ich wollte viel früher geschrieben haben, aber die Verhältnisse ließen es nicht zu. Wir hatten viel Besuch, und so habe ich nicht die nötige Ruhe zum Schreiben gefunden. Nun habe ich auch endlich die Bilder, die ich mitschicken möchte.

Am zweiten Fasten-Sonntag Reminiscere, 8. März, fand die große Eröffnung und feierliche Einweihung unserer neuen Kirche in Gamalakhe statt. Wir hatten einen wunderschönen Tag, und jedermann war gekommen: der Bischof unserer Kirche David Tswaedi aus Johannesburg, der Dekan von Natal Aaron Ntuli aus Pietermaritzburg/Pella, Ernst-H. Schwacke, dann ein Pastor der Hermannsburger Kirche S. B. Mkhize, P. Eckart Schroeder aus Shelly Beach, unten am Meer. Zum Schluß hat ein Kirchenvorsteher aus der Gemeinde, Lehrer Joshua Thulasizwe Ndovela, die Festgemeinde gegrüßt. Viele Chöre, Sänger u. Bläser haben mitgewirkt, so dass es eine Freude war. Dann waren da noch Pastoren: Philip Ntsimane, der jetzt in Pietermaritzburg seinen Doktor macht und später – so Gott will – am Seminar unterrichten soll, D. Zakuza und E. Mthembu, früherer Pastor von Pella. Unsere Kinder konnten auch alle dabei sein.

Unser Schwiegersohn, Aldo Rossmann, hat zum ersten Mal die große Kirchenglocke geläutet, die ich vorletztes Jahr aus Deutschland mitgebracht hatte. Die hat einen wunderschönen tiefen Ton und ist überall zu hören, übrigens die einzige Glocke in der ganzen Stadt. Sie ist ein Geschenk eines früheren Klassenkameraden aus der Realschule in Uelzen, und ich bin ihm sehr dankbar dafür. Dieter Heitsch und ich wohnten damals in der selben Straße, An der Wipperau, und trafen uns nun nach vielen Jahren wieder auf einem Klassentreffen. Da habe ich von Afrika erzählt, und er fragte spontan: Wie können wir dir helfen? Da habe ich ihm vom Kirchbau erzählt und dass wir keine Glocke haben. Und dann hat er sich darum gekümmert, und nun hängt sie im Turm und hat einen wunderschönen Klang. Axel Wittenberg und Christian haben tüchtig mitgeblasen, all die schönen Choräle aus Kuhlo 1. Wir haben so mit wachsender Begeisterung 3 ½ Stunden gesonntagt. Anschließend haben wir mit den vielen Besuchern aus den großen schwarzen Dreibeintöpfen gegessen. Nicht alle Chöre, die singen wollten, haben Gelegenheit dazu bekommen, sonst hätte es wirklich zu lange gedauert. Es ist eine wunderschöne Kirche geworden, und wir sind alle sehr dankbar und zufrieden.

Ich habe inzwischen lange mit dem Bischof gesprochen, und er sagt, dass wir bitte bleiben sollen. Er möchte uns auf keinen Fall verlieren. Wir möchten auch nicht weg-weg, wir möchten nur woanders eingesetzt werden nach 17 Jahren hier. Unsere Kirche geht durch turbulente Zeiten. Nun kommt es darauf an, dass wir sie weiterhin mit großer Ruhe, Geduld und viel Verständnis und noch mehr Liebe begleiten, nicht als Besserwisser, sondern als Brüder und meinetwegen auch als Väter, die ohne große Nervosität, aber mit Besonnenheit und Takt- und Fingerspitzengefühl das Notwendige tun und sagen. Wie gut, dass mit der Saat nichts verkehrt ist, absolut nichts (Lukas 8).

Wir waren neulich mit den Kindern drei Tage in den Drakensbergen, einfach großartig. Man kommt mit Mühe den langen Sani-Pass hoch, wo wir oben in drei Kilometer Höhe zum ersten Mal in unserm Leben nach Lesotho reingefahren sind, sozusagen auf dem Dach Afrikas. Von da kann man weit gucken und die ganze wunderschöne Welt da unten sehen. Das ist nur 280 km von uns entfernt, und so sind wir nochmal nach Lesotho gefahren, was uns ausnehmend gut gefallen hat. Das ist eine wunderschöne Bergwelt, über die man sich nur freuen kann.

Nächste Woche wollen wir wieder Honig ausholen. Die Bienen werden von Tag zu Tag aggressiver, und man kann da nicht mehr nahe dran arbeiten. Das ist immer ein Zeichen, dass sie viel Honig in ihren Kästen haben. Man kann den Honig aber auch schon unten auf der Straße riechen, die durch den Bush führt, wenn man da vorbei geht. Es ist hier tagsüber noch immer sehr heiß, aber der Sommer neigt sich so langsam seinem Ende zu, und dann kommen jeweils diese wunderschönen klaren, ruhigen Herbsttage, die Rike und ich besonders gerne mögen. Wir hörten auf der Familienfreizeit aller Missionare, dass wir im Jubiläumsjahr 2000 wieder dran sind mit Deutschlandaufenthalt – so Gott will und wir leben. So Ihr Lieben, das sind in aller Kürze einige Neuigkeiten aus Afrika.

NOW READ THIS: PUFFADDERS AT THE LIMPOPO

Es war eine große Freude Anfang des Monats wieder oben im Norden zu sein. Ich wünschte, ich könnte das Licht beschreiben, was dich da im Bush umgibt, zu jeder Tageszeit anders, aber gleichbleibend fascinating. Der Haupteindruck, der geblieben ist: fahl, stechend, so-hell, so-hell, olive-green, braun-grau, welke Blätter, blaugrüne Früchte an den kahlen Bäumen und Büschen, die rote Erde ist trocken wie Babypowder und weich und mullt bei jedem Schritt, dieser Staub steht auch jedesmal in der Luft, wenn gerade eben Böcke abgesprungen sind, die wir gestört haben.

Es ist backofen-warm und windstill; die Luft wabert so um uns herum, und ich sehe, wie der Schweiß in kleinen Rinnsalen bei Frans Mokoena am Nacken über dem ausgefransten Khakihemd in seinen Rücken läuft. Wir rollen unsere Sohlen ab, gehen wie auf Katzenpfoten und vermeiden jegliches unnötige Geräusch. Das ist nicht ganz einfach, denn da ist aber auch nicht ein einziger Grashalm mehr (es hat aaages zuletzt geregnet), die Tiere haben alles abgefressen, und wir vermuten, die Ameisen (Umuhlwa, Termiten, Theza-ameisen) haben den Rest in ihre unterirdischen Vorratskammern geschleppt. Die sind riesig, zu urteilen nach den enormen Termitenhügeln, die zweimal so groß sind wie ich und die Welt vollstehen.

Überall liegen verdorrte Büsche und abgestorbene Bäume, so dass man seinen Weg mit Bedacht suchen und die Füße vorsichtig aufsetzen muss. Die Vegetation ist so völlig anders. Hardekool liegt massenweise herum, ich habe einige Stücke von diesem erstaunlichen Eisenholz mitgebracht. Es gibt auf Schritt und Tritt Neues zu entdecken, hier stehen Sachen 'rum, die ich noch nie in meinem Leben gesehn habe. Und hoch über allem türmen sich diese fremdartigen, wahrhaft exotischen, hornalten Baobab (Kremetartboom). Sie bestimmen die Landschaft in einer Weise, dass du weißt, du bist wirklich ganz woanders.

Da ist sehr viel Wild, alles, was man denken kann. Giraffen, Eland, Zebra, Cheetah, Kudu, Impala, Warthog, Sable, Wildebeest, Gemsbok, Hartebeest, Duiker, Baboons, Jackals, Hyenas ... (Wir schießen nur, was wir essen). Aber die Tiere sind wild und vorsichtig, und sie bleiben sozusagen immer hinter dem hellgrauen Vorhang der nächsten Sträucher. Man hört sie, aber man sieht nichts, jedenfalls ich nicht. Außerdem haben wir als ständige Begleiter die grauweiß gespinkelten Hornraben und den allgegenwärtigen Kweeeeeee,kwäääääääääää-Vogel, der uns beide verrückt macht. Denn jedesmal, wenn wir sein Geschrei hören, erfolgt fast gleichzeitig ein hastiger Absprung irgendeines großen Tieres „hinterm Vorhang".

Einmal zieht Frans Mokoena mich hastig und ganz besorgt zur Seite hinter einen größeren Bush, da donnert eine Herde Blouwildebeest ein paar Schritte weit an uns vorbei. Als ich wieder vorkommen will, hält er mich weiter fest, denn da kommt noch ein alter Wildebeestbulle, der völlig verrückt hin und herspringt, als hätte er Bienen im Fell oder Ticks im Hintern, was wahrscheinlich auch der Fall ist. Up and down, and left and right und dann dreeeht er so in der Runde, chasing his tail. Total bescheuert.

Frans und ich jagen so drei Tage mit wachsender Frustration, und all, was ich gesehen habe, sind am 1. Tag kurz einen Impala-Ram und wenig später ein großes Warzenschwein, aber bis ich soweit bin mit meinem fancy Gewehr (Fr. Wilh. Heym Drilling, Cal. 7x57R; 16 Bore Shot; insertion barrel .22 Magnum), ist die Gelegenheit vorbei, und ich weiß eigentlich wieder instinktiv: Das waren deine beiden (einzigen) Chancen für diesmal. Ich hätte meinen alten Lee Enfield .303 mitbringen sollen.

Eins wird mir klar, hier musst du schnell schießen, wenn du überhaupt was kriegen willst, du hast keine Zeit zu überlegen. There ist no time for fancy footwork, oder wie die Germans sagen: Du musst das Wild ansprechen. Well, dieses Wild hier lässt sich nicht ansprechen, weil es nicht angesprochen werden will, highly strung and nervous and jittery and always on the run. Dann habe ich auch noch meinen Gewehrriemen irgendwo liegen lassen, er ist weg, und ich muss mir von den andern einen leihen.

Ich muss sagen, die andern acht Jäger sind absolut nice zu mir; ich hatte gedacht, dass ich so etwas wie ein handbrake oder ein party killer sein würde mit meinem Alter und mit meinem Beruf, aber weit gefehlt. Sie reißen sich ein Bein aus, um mir den Aufenthalt so angenehm wie möglich zu machen, dass ich es auch jaaa genieße, sehr zuvorkommend und aufmerksam, so als ob sie sich abgesprochen und vorgenommen haben, mich auf jeden Fall zu erfreuen. Sie verzichten auf ihren Jagdzug, wenn sie dran sind, und schicken mich wieder los. „Tiedemann, es ist wichtig, dass du deinen Bok kriegst, du kannst nicht schon wieder mit leeren Händen nach Hause kommen und dann das ganze Jahr Rotkohl minus Bok essen. Go out there and show no mercy, take no prisoners, and shoot straight."

Das ist der zweite bleibende Eindruck, den ich mit nach Hause nehme: selbstlose Freundschaft, von Leuten, die ich kaum kenne. Ich genieße das sehr, von dieser einfachen und wie selbstverständlichen Freundschaft umgeben und umsorgt zu sein. Ich hatte alles mögliche erwartet, nur nicht, dass ich an einem Vormittag dort hinten am Limpopo eine tiefphilosophische Unterhaltung über den Wert der Freundschaft erleben würde. Ich hab nur zugehört und mich gefreut.

Wir wechseln uns ab mit dem Kochen und leben herrlich und in Freuden. Wir speisen wahrhaft fürstlich. Ronny Meyer, der Älteste von uns, hat für alles gesorgt. He knows what he is doing. Und er hat guten Geschmack. Wir trinken hornalten excellenten Rotwein aus dem Jahre 1983, essen die Leber, Herz und Nieren von dem letzten geschossenen Bok und schnacken klug. Ich höre eine interessante Beobachtung, die jemand gemacht hat. Ein Bushbok ist crafty, wie jederman weiß. Aber dass er auf die Knie geht und „leopardcrawled", um an dir vorbeizukommen, hab ich nicht gewusst. Er kriecht tatsächlich auf seinen Knieen, um nicht aus dem Gras herauszuragen, und schleicht sich so an dir vorbei, und du stehst daneben und bist saaalig unbewus, wie sie sagen. Howzat for crafty?!

Wir schlafen in wunderschönen kühlen Grasdach-Rondaveln, die mit allem Nötigen eingerichtet sind. Wir brauchen nichts abzuschließen. Es ist, als ob du in einer andern Welt bist, du kannst dein Gewehr im Baum hängen lassen, es hängt am nächsten Tag noch da, sagt Werner Johannes, der Besitzer dieser Farm. Well, wir glauben das, aber wir schließen doch lieber alles in Hugos Auto ein, weil wir kommen aus einer Provinz, wo es diese Bäume nicht mehr gibt.

Werner sagt: „Haltet eure Türen zu, und hebt die Decken hoch, bevor ihr euch hinlegt, hier sind Schlangen." Wir denken: Ja, well now fine, big deal, and so on. Bis Hugo am zweiten Tag plötzlich laut schimpft und einen Senkrechtstart macht wie ein British Harrier Jet. Er ist so beiiiiiiihnah auf eine Puffadder getreten, die da fett und faul rumliegt. Und wir laufen alle barfuß ... Der zweite Hugo (Meyer) ist in Windeseile mit einem Eisen da und halbiert die unglückliche ibululu, wie die Zulu sie nennen. Von da an schließen wir die Türen und hören auf barfuß zu laufen. ... und wir kucken sogar unter die Kopfkissen vorm Schlafen.

Zwischendurch fahren die beiden Hugos und ich nach Alldays. Wir haben so viel von dem legendären Alldays gehört, dass wir es nun mit eigenen Augen sehen wollen. Die Straße dahin ist unbeschreiblich schön, etwa 60 km. Links und rechts hellgelbes langes Gras, alles Wildfarmen und alles voller Baobab. Und nirgendwo Häuser, und nirgendwo Menschen, nur Bush. Als wir endlich in Alldays ankommen, muss ich laut lachen. Vor der Korpoorasie stehen die neuesten 4Bys, Toyota, Nissan, Mazda, Colt, alles latest edition, ganz genau wie damals in Pongola, bevor die Entwicklung da stattgefunden hat. Und jederman spricht Afrikaans, auch die Schwarzen. Alle.

Ich hatte mich schon bei Frans Mokoena gewundert, als ich ihn in Zulu anrede, „uyangizwa, uma ngikhuluma nawe-na?" sagt er: „Nee, menheer, ek praat net Afrikaans." Und so geht es die ganze Zeit und bliksem hier und bliksem daar, and effing here and effing there. Und er flucht fließend und ausdauernd in dieser Sprache. Ich finde aus, dass er Phedi ist und seine Sprache mehr zum Tswana hin tendiert, deswegen versteht er nur Bahnhof, wenn wir Zulu sprechen.

Nur am zweiten Morgen ist er sprachlos, als wir einen Impala direkt vor seinem Kral schießen. Kurz nachdem Hugo und ich aufgestanden sind und unsern ersten Kaffee trinken, hören wir draußen vor dem Camp eigenartige Geräusche. Wir trauen unsern Augen nicht. Da rennt man stundenlang im Bush rum und sieht absolut nichts, und hier steht ein großer sehr schöner Impala-Ram und wehrt einen kleinen Hund ab, der immer wieder an ihm hochspringt. Als der Staffie einen Augenblick ablässt und der Bok weglaufen will, sehen wir, dass er lahmt und schwer verwundet ist.

Hugo ruft: „Kuck, wo er hinläuft, ich hol das Gewehr." Und so lauf ich, was ich kann, um den Bok nicht aus den Augen zu verlieren. Er dreht auch bald vom Weg ab in den Bush, in der Nähe von einem Kral, und bleibt schwer atmend stehen. Inzwischen ist Hugo auch da und schießt mit seinem .375, und der Bok fällt sofort. Als wir näher kommen, sehen wir, dass er eine alte Schußwunde am Hinterbein hat. Die Wunde ist wenigstens eine Woche alt, weil sich Eiter gebildet hat und der Bok fiebert, er ist ganz heiß, als wir ihn anfassen. Also ist er angeschossen worden von Leuten, die vor uns im Camp gewesen sind. Als wir ihn aufbrechen, erklärt der Tierarzt Hugo alles, was er sieht, und es ist furchtbar interessant. Leider kann man das Fleisch nicht mehr essen ... Kuck, dies war alles schon vooor dem Breakfast.

Am dritten Abend habe ich immer noch keinen Bok geschossen, obwohl wir die Welt platt gelaufen sind, zum Schluß nur noch mit Hemd und Sandalen, weil es so warm ist. Nun wird es Abend, und es ist Sonnabend, und morgen ist Sonntag, und am Sonntag mag man nicht jagen, weil die Tiere auch Sonntagsruhe haben sollen, und morgen fahren wir nach dem Mittagessen wieder nach Hause, und das Rikchen hat versprochen, sie wird nicht lachen, wenn ich wieder ohne Bok nach Hause komm ... Den ganzen Nachmittag foppen uns die Tiere und bleiben außer Sicht- und außer Schußweite (Kyk nou, hoe blas hulle vir uns, die f---g s--t! Originalton: Frans. It seems to me, he is taking it personally by now!), und die Stunden gehen hin, und die Sonne geht ihren Lauf, und dann geht sie unter. Ich nehm das Gewehr auf die Schulter und merke, wie schwer meine Arme geworden sind. Well, that's it folks! Bye, bye bushveld! Bye, bye everything!

Da auf einmal steht Frans Mokoena stocksteif still, und ich erstarre automatisch mit (zum wievielten Mal schon heute nachmittag?), den linken Fuß nur vorne aufgesetzt, bis es anstrengend wird. Da zeigt seine Hand nach vorne in die Büsche. Ich seh nichts, absolut nichts. Frans: „Rooibokke, daaar staan hulle!" Ich: „Lutho. Angiboni lutho." Vor Aufregung entwickeln wir ein firstclass communication problem. Bis er hastig auf seine linke Schulter schlägt und energisch zischt: „Skiiet!" Ich lege also das Gewehr auf seine linke Schulter und sehe durchs lichtstarke Fernrohr: Aber es ist ja noch ganz hell! und da stehen tatsächlich Böcke! Und der warnende Gedanke: ‚Tu es nicht, Tiedemann, lass die Finger davon, es ist schon zu dunkel', ist schnell beiseite geschoben. Frans wird immer aufgeregter, ich auch. Er kann nicht verstehen, warum ich nicht endlich schieße.

Und dann tu ich natürlich alles gegen mein besseres Wissen und Gewissen und schieß in der Aufregung von der aufgeregten Unterlage (Frans's Schulter) BUUUMMM! TOTAL VORBEI! VIEL ZU HOCH! MEILENWEIT DRÜBER WEG! Der Blick, der von Frans zurückkommt, spricht volumes! Ich werd lange brauchen, den zu vergessen. Da stellen sich die Impala doch tatsächlich nochmal wieder hin. Ich seh aber keinen Kopf und keinen Schwanz, nur den Body, aber da ich weiß, in welche Richtung sie gelaufen waren, weiß ich, wo vorne und hinten ist.

Da kommt auch schon wieder die fordernde hastige Handbewegung von Frans auf seiner linken Schulter, und er zischt: „Skiiet hom! Skiiet man!" Also halte ich dahin, und der Bok zeichnet auch, und Frans grunzt mit tiefer satisfaction: „Jy het hom, die bliksem!" Man bloß, als ich das Gewehr absetze, und nicht mehr durchs Fernglas kucke, ist es fast dunkel, und als wir an die Schußstelle kommen, liegt da natürlich kein Impala. Und ich weiß eins mit Bestimmtheit: The nightmare is beginning! You warragies went and buggered it up in the end, Tiedemann. It's sickening! In drei Minuten ist es stickdunkel, and you can forget ist! Disgusting! The all too familiar sinking feeling creeps over me.

Da sieht der Frans Mokoena trotz der sich schnell ausbreitenden Dämmerung, ein wenig Blut und Mageninhalt und läuft faktisch wie ein Spurenleser an der für mich unsichtbaren Spur entlang in den Bush, und dann steht er still, und da steht mein Bok, und ich bin so entsetzlich aufgeregt, dass ich wieder vorbeischieße. Meine Güte, warum mach ich bloß son Scheiß? Warum um alles in der Welt kann ich nicht ruhig in meinem Office in Umhlangeni sitzen bleiben und freundliche Briefe an meine Kinder schreiben oder eine Predigt oder sonstwas positives, statt hier im Dunkeln am Limpopo wild um mich zu schießen? Why? Ich habe inzwischen derbe Schwierigkeiten, meine Patronen zu finden, die alte aus dem Lauf zu holen und neu zu laden, so aufgeregt bin ich. Und der Bok ist weg. –

Aber Frans findet die Spur wieder. Incredible! und da steht der Bok zum vierten Mal, it's unbelievable! und ich zwinge mich zur Ruhe, und ich schieß ihn, und er fällt endlich. Ich will sowas NIE wieder machen!! NIE WIEDER!! Und dann sitze ich schließlich allein bei meinem toten Bok und bin tieftraurig und auch ein wenig relieved, dass wir ihn doch noch gekriegt haben. Frans ist in den Bush gelaufen, um den Pickup zu holen. Das kann dauern, und so habe ich Zeit über alles nachzudenken, und meine freie Hand streicht immer wieder über das Fell, das langsam kälter wird ...

Das Gewehr in meiner andern Hand wird auch wieder kälter ... Four bullets for one buck! I need a beer. Badly! Als Frans und ich dann ins Camp fahren, stehen die andern schon ganz besorgt und warten. Sie hatten alles mit angehört, denn sie saßen nur ein paar zig Meter weg auf dem Hochsitz und waren nach dem zweiten Schuss plenty geworried. Nun werden meine etwas kleinlauten Erklärungen abgeschnitten: I am not very proud of what I did. Mein erster Schuss war eine Handbreit hinterm Blatt. Glatter Durchschuß. „Never mind, Tiedemann. Du hast deinen Bok zurückgebracht, das ist die Hauptsache. We've all been there, the main thing is: Er liegt und läuft nicht noch irgendwo verwundet rum. Forget the rest. It's history." Einer holt die Kamera, ein anderer holt ein Beer. Und dann bilden sie alle einen Sprechchor: „Tiedemann, you were pushing it there, you were pushing it big time!" Und da draußen vor dem hohen Campzaun jault ein Jackal, und hier klopfen neue Freunde meine Schultern. And maybe life is not so bad after all ...

Greetings out of Africa from Kurt
(the last of the really big white hunters).

15. KAPITEL

Was die meisten von uns eint,
sind unsere Zweifel;
was uns trennt,
sind unsere Überzeugungen.
- Sir Peter Ustinov -

BERICHT

Der Blick ist eigentlich immer derselbe, mit dem sie dich ansehen: Er kommt von weit her und ist so unbeschreiblich müde. Da ist viel Unbegreifen und Hilflosigkeit und flackernde Angst. Der Blick ist resigniert-ergeben, geprägt von fassungsloser Panik und Schmerzen. Und dieser Blick verfolgt dich, wenn du weggegangen bist; du wirst das nicht wieder los. Junge, hübsche Menschen aus meinen Gemeinden, die im Sterben liegen, weil sie Aids haben. Sie reden nicht mehr viel, aber sie sehen dich an und du verstehst sehr wohl, was sie sagen wollen: „Ich kann es nicht glauben, Mfundisi, was mit mir passiert. Ich habe etwas ganz Entsetzliches in meinem Körper. Das frisst an mir, und ich kann es keinem erzählen. Ich bin todkrank und allein, und ich bin verzweifelt!"

Diese armen Leute verfallen zusehends von Woche zu Woche. Die Haut wird ungesund-grau und bedeckt sich mit kleinen Wunden, die nicht mehr heilen. Sie strecken dir ihre zartgliedrige, fiebernde Hand entgegen. Die ist so erschreckend dünn geworden seit dem letzten Besuch. Und du ergreifst sie und hältst sie für eine Weile. Und die Augen sehen dich an, und sie wollen hoffen und wissen doch zugleich, dass da nichts mehr zu hoffen ist. Nackte Angst ist da! Verzweiflung: „Mfundisi, angifuni ukufa! Ich will nicht sterben!" Theresa schluchzt tief, und die Tränen rollen müde aus den Augenwinkeln über ihre durchsichtigen Schläfen aufs Kissen. „Angifuni ukufa, Mfundisi."

Aber Theresa muss doch davon. Da ist kein Aufhalten; sie muss sterben und ist erst 22. Da bäumt sich ihr armer ausgezehrter Körper hoch und wird von heftigem Husten geschüttelt, der damit endet, dass sie sich würgend übergibt. Die Not ist groß, sag ich euch. Ein schneller Blick auf die Geschwister, die herumstehen, und dein Herz sinkt: Du siehst die Anzeichen auch in einem andern jungen Gesicht, dieselben eingesunkenen Augenhöhlen, das schnürt tief in die Seele. Man braucht hinterher eine ganze Weile, um so einen Besuch zu verarbeiten, und die ersten Kilometer ist die Straße immer wieder verschwommen, weil man einfach heulen muss über soviel Elend.

Als ich Anfang des Jahres innerhalb von 14 Tagen drei junge, fröhliche Leute, zwei Mädchen und einen Jungen, aus meiner Gemeinde beerdigen muss, trifft uns das tief. Wir gehen von Grab zu Grab und treffen uns alle jeweils nach ein paar Tagen wieder bei dieser schweren Arbeit. Den jungen Leuten steht dabei der Ernst und die Angst und die Nachdenklichkeit im Gesicht geschrieben. Manche werden uns schon innerhalb einer Woche entrissen. Das geht so wahnsinnig schnell. Bevor man überhaupt begreift, was da geschieht, sacken sie auf der Straße zusammen und sind wenige Tage später tot, wie die junge Tochter von Xolele und Thembisile Shusha. Jahrgang 1971, so alt wie unsere Zwillinge.

Die neue Regierung, Department of Health, hatte alle Pastoren und Social Workers aus der Umgebung nach Port Shepstone eingeladen. Das Symposium hat nur ein Thema: HIV-POSITIVE: AIDS. Es kommen allerhand Menschen, und wir lernen sehr viel an dem Tag. Da stehen junge Leute auf, die krank sind und von sich erzählen, was sie in ihrer Familie erleben, und was die Leute ihnen sagen und tun, auch was sie in ihren Gemeinden sehen, wie die andern von ihnen abrücken, sie meiden. Sie werden aus den Chören entfernt und müssen allein auf der Bank sitzen, usw.

Wir lernen, was zur Ansteckung führt und was nicht. Und wir merken: Aufklärung tut not, besonders auch für Seelsorger. Die Regierungsleute vom Gesundheitswesen bitten uns inständig: Helft uns. Wir verlieren den Kampf. Das einzig wirksame Mittel gegen diese Krankheit sind Enthaltsamkeit und Treue. Eine junge elegante schwarze Ärztin steht auf und hält einen Vortrag, der damit schließt: „I will be safe, as long as my husband stays faithful. Ich bin nicht in Gefahr, solange mein Mann mir treu bleibt." Wir haben gemerkt, dass die Antwort nicht darin bestehen kann, dass eine Klinikschwester von Schule zu Schule reist und Condome hochhält. That's not the answer. Deshalb wurde RAP gegründet, das steht für Religious Aids Programme, und deshalb bitten wir um eure Hilfe.

Und dann folgen Zahlen, die einem die Haare zu Berge stehen lassen. 21,8 Millionen Menschen in Afrika sind HIV-Positive, das sind ± 3% der Gesamtbevölkerung von 763 Mill., davon leben 19 Millionen Erwachsene und Kinder in sub-Saharan Africa. Besonders schlimm betroffen ist unsere Provinz Natal, wo wir 47% aller Aids-Fälle in Südafrika diagnostizieren. Das hat seinen Grund darin, dass wir zwei große Hafenstädte haben: Durban und Richards Bay, und ein weiterer Grund sind die vielen Fernfahrer, die aus dem Norden und vom East Rand/Johannesburg Gebiet hier durchfahren. So kommt es zu drei Neuinfektionen pro Minute. Das Erschreckende hören wir am Schluß: die Zahlen, die wir zur Verfügung haben, sind alle aus dem Jahre 1996 ... Im Jahre 1996 hatten wir 200 Beerdigungen pro Tag, heute sind es 600!

In der Teepause spreche ich mit einem jungen Arzt aus dem Murchison Missions-Hospital. Ich erzähle ihm, dass ich drei junge Leute in zwei Wochen beerdigt habe, und sage: „Das ist für mich wie das ferne Grollen eines schrecklichen Unwetters, das über uns hinwegfegen und ganze Landstriche entvölkern wird." Da sagt er: „Kurt, the rain is falling steadily already. This morning I diagnosed 5 young people in one hour with Aids, und es ist jedesmal, als ob du die Todesstrafe verhängst, und dann musst du weitermachen und durch den Tag gehen, als sei nichts passiert."

Ich hörte, dass es im Norden Länder gibt, die den Zero-growths-rate erreicht haben, d. h. die Bevölkerungzuwachsrate stagniert, hält sich die Waage zwischen Sterben und Geborenwerden, Tendenz rückläufig. Wir hier in Natal sind dicht davor ... Dahinzu kommt die Not der vielen Hinterbliebenen, die auf diese Weise zurückgelassen werden. Nach den letzten Statistiken gibt es hier in Natal bereits 150 000 Aidsorphans, das sind Waisenkinder, die zurückbleiben, wenn ihre Eltern von dieser Krankheit hinweggerafft sind.

Aids wird verschwiegen von allen Angehörigen, bis es nicht mehr geht. Dann lassen sie mich rufen und sagen mir auch gleich, dass die Kranke um Vergebung bittet, in die Gemeinde zurückkehren möchte und das Heilige Abendmahl begehrt. So machen wir uns auf den Weg zum Missionshospital, wo uns schon viele Mütter aus dem Frauenkreis erwarten. Ich erschrecke, als ich Doreen zum ersten Mal sehe. Sie hat lange Jahre in Durban gelebt, und ich kenne sie nicht. Wie laaaange dauert das, bis ihre Hand sich zum Gruß erhebt – es ist fast wie in Zeitlupe. Die Arme, die unter der Decke hervorkommen, sind so dünn. Als ich sie frage, wie es geht, huscht ein Lächeln über ihr Gesicht: „Ngingcono, Mfundisi. Es geht mir besser. Wörtlich: Ich bin besser." Dein Herz will brechen, wenn du das siehst und hörst. Soviel Hoffnung im Angesicht der absoluten Hoffnungslosigkeit.

Man mag sich kaum umsehen da im TB-Saal, aus fast jedem Bett derselbe resignierte Blick. Wo du hinguckst, dasselbe ausgemergelte Elend. Ich stehe zwischen zwei Betten. Ins Nebenbett haben sie ein junges Mädchen gelegt – auch aus meiner Gemeinde, das vor kurzem noch in meiner Konfimandenklasse saß und nun ein Kind bekommen hat, dem geht es nicht so gut ... Sie sieht mich ziemlich herausfordernd an. Die jungen Mädchen in Afrika haben heute praktisch keine Chance mehr gesund zu bleiben. Bei den Jungen geistert die schreckliche Parole 'rum: Wenn du Aids hast, musst du mit möglichst vielen Jungfrauen schlafen, um das wieder loszuwerden. Die Vergewaltigungen auch kleinster Kinder haben rapide zugenommen.

Wir beginnen den Gottesdienst. Im großen Krankensaal auf der TB-Station wird es still. Als wir gemeinsam das Glaubensbekenntnis beten, fangen auch alle mit an, aber bald wird das unterbrochen durch ein hohles, kraftloses Husten. Dieser leere Ton begleitet jeden Satz bis zum Schluß. Dann sinkt Doreen erschöpft zurück und sieht mich an. UJehova ungumalusi wami, lese ich aus Psalm 23, wo es im Zulu weiter heißt: er führet mich zum Wasser, wo ich ausruhen kann ... Deswegen sind wir zusammengekommen, dass wir unter Gottes Wort Ruhe finden für unsere Seelen.

In den Nebenbetten wenden sie sich um zu uns. Einige, die noch gehen können, kommen näher und hören zu. Es gibt nur einen, der traurige Menschen aufrichten kann. Jesus Christus hat die Kraft einem Menschenkind zu helfen, dessen Herz zerbrechen will. Er ist der Heiland aller Menschen, dein und mein Heiland. Und ob ich schon wanderte im Tal der Todesschatten, fürchte ich nichts Böses, denn Du bist bei mir, Dein Stecken und Stab trösten mich ...

Doreen hat nicht mehr gehustet. Sie beantwortet die Beichtfragen, und ihre Sünden werden vergeben, und wo Vergebung der Sünden ist, da ist auch Leben und Seligkeit. Dann lege ich den Leib Christi auf die Zunge, die übersät ist mit kleinen Geschwüren. Ich denke an die Griechen in der alten Kirche: Pharmakon athanasias haben sie das genannt, was ich da in der Hand halten darf: die Medizin der Unsterblichkeit, das Heilmittel zur Todlosigkeit. Gott sei Dank für Seine unausprechliche Gabe.

Rike und ich gehen in der folgenden Zeit regelmäßig und besuchen sie. Sie freut sich jedesmal, und wir werden auch bekannt und vertraut miteinander. Und wir sind nicht die einzigen, die sich kümmern. Beim Ausgang begegnet uns die sehr alte Lady MacKechny aus Scotland. Sie ist vor Alter schon ganz klein, gebeugt und unscheinbar geworden, aber ihre Augen leuchten, wenn sie von den Segnungen des Herrn redet. Aus ihren Augen leuchtet so viel Liebe und Güte und Mitleiden. Selbst ihr wunderschöner accent ist wohltuend zu hören. Sie geht tagtäglich von Bett zu Bett und stärkt die Leute mit Gottes Wort. Die Bibel, die sie in der Hand hält, macht einen ganz gebrauchten Eindruck. Sie ist oft aufgeschlagen und geblättert und vorgelesen worden. Was für eine wunderbare Weise, die alten Tage zu verbringen! Wenn wir uns zwischen den Betten treffen, dann dient das jedesmal zur gegenseitigen Tröstung und Auferbauung. Es ist uns, als sei man einem Engel Gottes begegnet bei all dem konzentrierten Elend, bei all der geballten Hoffnungslosigkeit um uns herum.

Du erlebst aber auch das andere, dass da Hoffnung bleibt, und dass sie dich anlächeln bis zuletzt. Sie freuen sich, dass du gekommen bist. „Mfundisi, es ist nur mein Bein", sagt der junge Mann. „Wenn das wieder besser wird, kann ich aufstehen und zur Arbeit gehen." Dann zeigt er mir seine Gliedmaßen, die so entsetzlich abgemagert sind. Ich lese bei unsern wöchentlichen Besuchen Epistel und Evangelium des vergangenen Sonntags, und dann beten wir miteinander. Dabei kommt schließlich jeweils einer der seelsorgerlich-schwierigsten und herzzerreißenden Augenblicke, wenn du aufhörst um Besserung zu beten und nur noch für ein seliges Ende fragst. Ich bin kein Arzt, aber irgendwie merkt man doch, wann der Zeitpunkt gekommen ist.

Als wir Doreen am letzten Morgen vor unserer Deutschlandreise besuchen, lächelt sie nicht mehr, und wir wissen alle: Es steht sehr ernst, und wir sehen uns zum letzten Mal. Ich habe richtig Angst etwas zu zerbrechen, als ich sie in den Arm nehme, so fragile, so zart und zerbrechlich ist sie geworden. Nachmittags im Flugzeug bedient uns eine junge hübsche

Zulu-Stewardeß, die so unheimlich viel Ähnlichkeit mit Doreen hat. Sie wirft mir einen schnellen, etwas erstaunten Blick zu; und ich kann ihr nicht erklären, warum meine Augen sich so plötzlich mit Tränen gefüllt haben.

Kurt-G. Tiedemann, Nov. 1998

16. KAPITEL

Ich bin nicht mehr mein Eigen;
dem Herrn bin ich getauft.
Froh will ich den bezeugen,
der teuer mich erkauft.
Auf Ihn nur will ich sehen,
dem ich zu Eigen bin,
mit ihm nur will ich gehen
zur ewgen Heimat hin.

- Karl August Döring (1783 - 1844) -

Betont langsam – sozusagen in Zeitlupe – drückt er den Speichel durch die Zähne und lässt ihn direkt vor mir zwischen seine Füße fallen. Dabei macht er eine halbe, langsam-spöttische Verbeugung und sieht mich mit hasserfüllten Augen an. Ich blicke den jungen Mann ruhig an, erleide das und denke: „Was hast du wohl alles hinter dir? Was hast du wohl alles durchgemacht, dass du dich jetzt hier so weit hinreißen lässt von deinem Zorn und von deiner Wut?“ Wir sind uns begegnet auf der Beerdigung eines meiner Gemeindeglieder, da oben in Bomela/Nyandezulu, und ich fühle mich in diesem Augenblick nicht besonders wohl.

Beerdigungen gehören in Afrika zu den wichtigsten sozialen Ereignissen. Du triffst jeden dort. Man geht da hin. Und es dauert ein ganzes Wochenende. Am Freitag wird die Leiche aus der mortuary geholt und zu Hause aufgebahrt. Ich gehe abends ins Trauerhaus, vorbei an der geschlachteten Kuh, die mehr oder weniger auseinandergenommen auf ihrem Fell liegt. Die Innereien sind ringsum verteilt auf diversen Wellblechplatten. Die Männer reichen mir ihre Ellbogen zur Begrüßung, da ihre Hände und Unterarme rot und klebrig sind vom Blut. Sie freuen sich, dass ich gekommen bin. Einige habe ich Jahre zuletzt gesehen.

Ich gehe ins Trauerhaus. Dort steht der Sarg auf zwei Stühlen hinter einem weißen Bettlaken, das mit sechs Zoll Nägeln schräg an der Mauer befestigt ist. Nach einem stillen Gebet vor dem Sarg setze ich mich. Die Gemeindeglieder begrüßen mich freundlich und ernst. Die Fremden und die Nachbarn und die entfernten Verwandten, die ich zum ersten Mal sehe, mustern mich mit unverhohlenem Interesse. Es ist ein ständiges Kommen und Gehen. Aber bald kehrt Ruhe ein, und wir können mit der Andacht beginnen. Wir singen Lieder aus unserm Gesangbuch und abwechselnd auch Chorusse, die allen bekannt sind. Draußen fällt die Dämmerung mit afrikanischer Plötzlichkeit ins Land.

Ich lese einen Psalm und spreche ein langes Gebet, das vieles aufnimmt von dem, was uns an diesem Abend bewegt, in unserm Land, in unserer Gemeinde, in unserer Familie, vor diesem Sarg. Wir beten gemeinsam das Glaubensbekenntnis und das heilige Vaterunser und nach dem Segen singen wir wieder abwechselnd Abendlieder, Osterlieder und Lieblingslieder der Anwesenden. Das geht so die ganze Nacht durch. Umlindo heißt das: die Totenwache. Einer nach dem andern steht auf, Männer und Frauen, und sie sagen, was sie bewegt. Ich verabschiede mich bald und fahre nach Hause.

Am nächsten Morgen so gegen 10.00 Uhr füllt sich das große Zelt hinterm Haus ziemlich schnell mit Trauergästen von nah und fern. Ein Zeremonienmeister ist gewählt worden. Der hält das lange Programm in der Hand. Ich finde da meinen Namen, ziemlich exotisch buchstabiert, unter Item Number 21 – Word of God: KTidyman. Vor 13.00 Uhr werde ich kaum dran sein. Ich richte mich also auf eine längere Wartezeit ein. Es sind Leute gebeten worden, etwas zu sagen aus der Nachbarschaft, aus der Freundschaft, aus der Verwandtschaft, von der Arbeitsstelle, und es sind meistens gute Ansprachen, die in Verbindung mit einem Wort der Schrift von Begebenheiten aus dem Leben des Verstorbenden handeln, humorvoll oder ernst, je nach Charakter und Gemütsverfassung des Betreffenden.

Viele Afrikaner haben eine natürliche Redegabe. Manchmal missbraucht ein Sprecher auch die Gelegenheit dazu, sich selbst in den Vordergrund zu stellen, sozusagen seine eigene Posaune zu blasen. Dann ist der Beifall naturgemäß nicht so enthusiastisch, und die Person setzt sich mehr oder weniger beschämt wieder hin. Er versucht dann zwar noch durch einige übertriebene Gesten und halblaut geflüsterte Sätze den ungünstigen Eindruck zu verwischen, den er hinterlassen hat, aber jedermann im Zelt weiß eigentlich: „Yeih, er hat trocken gemacht," wie man hier sagt. Das war ja wohl nichts.

Dann wiederum gibt es Leute, die kein Ende finden können. Das dauuuuuert und dauuuuuuert. Einige rollen schon milde verzweifelt die Augen zum Zelthimmel oder rutschen ungeduldig hin und her. Wir fühlen uns dabei in mehr als einer Hinsicht als Leidensgenossen; und wenn unsere Blicke sich treffen, lächeln wir uns manchmal an und rollen gemeinsam die Augen, und es herrscht ein gutes Einvernehmen.

Ich fühle mich wohl hier im heißen Zelt, inmitten meiner Gemeinde und den vielen, vielen Fremden, die gekommen sind. Wie weit die Männer mit dem Grabschaufeln gekommen sind, kann man ungefähr abschätzen, denn hin und wieder tritt ein Mann von draußen an den Sarg mit verschieden langen Stöckchen, die werden jeweils entsprechend abgebrochen oder eingekerbt und dienen zum Ausmessen des Sarges, Länge, Breite und Höhe, damit das Grab groß genug wird und es nachher nicht zu peinlichen Verzögerungen kommt. Zwischendurch singen Chöre oder die ganze Trauergemeinde einmalig schön, oder auch Einzelpersonen, die sich beim Zeremonienmeister gemeldet haben.

Da kündigt er nun meine Ansprache an, und ich darf endlich aufstehen. Nach den ersten Sätzen wird es ruhiger im großen Zelt, und wir werden eins unter Gottes Wort, das viele von uns ergreift und aufrichtet, das viele von uns nachdenklich und dankbar macht. Du hörst jetzt nichts mehr. Nur der Wind flappt einen großen Zipfel des Zeltes gegen den Pfosten, und sonst ist da gesammelte Stille. Und der Friede Gottes, welcher höher ist als alle Vernunft, zieht in unser Herz und in unsere Seele und tröstet uns; und es ist alles gut, und es ist alles in Ordnung. Ich möchte nirgendwo anders sein.

Bis nach der Ansprache und Aussegnung der Sarg wieder aufgeschraubt wird. Das ist eine Unsitte, die sich hier eingeschlichen hat und gegen die wir Pastoren einfach machtlos sind. Nur in extremen Fällen, wenn die Leiche zu arg zerstört ist, lässt man den Sarg zu. Ansonsten nimmt das Verhängnis seinen Lauf. Man hat echt Schwierigkeiten einige von den Bildern wieder loszuwerden, die dich da im Lauf der Jahre aus den Särgen angestarrt haben. Zwei Männer stellen sich am Kopfende des Sarges mit Tellern auf, und dann stimmt der Zeremonienmeister ein Lied an. Ausnahmslos alle Anwesenden schieben sich, manche im Tanzschritt, am Toten vorbei und nehmen Abschied. Dabei legen sie Geld auf die Teller, und langsam leert sich das weite Zelt.

Nun kommt es jedoch wieder und wieder dazu, dass einige Leute total hysterisch werden. Man sieht das immer schon kommen, lange vorher, wenn am andern Ende des Zeltes ein Mädchen oder eine Frau beide Ellenbogen über den Kopf hebt und in einer bestimmten Tonart total enthemmt losheult. Die Umstehenden versuchen das „Unheil" abzuwenden, haben aber meistens wenig Erfolg. Das Heulen wird immer lauter, je näher sie kommt; und dann, beim Anblick des Toten, gerät sie völlig aus der Fassung.

Sie flippt richtiggehend aus und kippt mit hochgerissenen Armen einfach um. Leute, die sie wegleiten wollten, müssen sie nun aufheben, weil sie halb in Trance sich hat wegsacken lassen. Sie ist total willenlos geworden. Ihr Geschrei dringt durch Kopf und Körper. Sie wälzt sich im Staub zu unsern Füßen und schreit und schreit, bis sie mit viel Mühe und verrutschten Kleidern von wenigstens vier Leuten nach draußen getragen wird. Es ist jedesmal dasselbe: waaahnsinnig anstrengend für alle Beteiligten.

Was mich aber besonders befremdet, ist eine ältere Frau, die kleine Kinder des Krales heranführt. Die wehren sich mit schreckgeweiteten Augen vergebens dagegen, nach vorn gezerrt zu werden. Wenn sie dann möglichst schnell da vorbeigehen wollen, hält diese furchtbare Frau ihre Köpfe am Nacken fest und zwingt sie den Toten anzuschauen. Dann schreien sie los und schreien so laut, dass sie die singende Gemeinde draußen übertönen. Daaa endlich greift einer der Männer zum Sargdeckel und schraubt alles wieder zu. Wir formieren uns zum Abmarsch. Draußen in der gleißenden Sonne haben die Trauernden ein Spalier gebildet, das wir langsam und singend durchschreiten. Wir gehen nach unten aufs Veld, wo das Grab ausgehoben ist.

Dort treffen wir auf den eingangs erwähnten jungen Mann, der widerwillig Platz macht, nachdem er vor mir ausgespuckt hat. Und das tut weh und überschattet alles. Da ergreift kurz danach so halb von hinten eine ältere Frau meinen Arm, drückt ihn kräftig und lange mit beiden Händen und sagt: „Weißt Du Mfundisi, es ist richtig schön, dass Du hier unter uns bist. Ungumfundisi wabantu. Du bist einer von uns.“ Die dunkle Wolke, die sich auf mich herabsenken wollte, löst sich auf vor diesen strahlenden alten Augen. Ich bin im Nu wieder ganz fröhlich.

Man bloß, das bleibt nicht lange so. Wir stehen inzwischen um das Grab herum, wo unten auf der Sohle der Sarg mit einiger Mühe in eine seitlich ausgehöhlte Grabkammer geschoben wird. Ich fühle mich plötzlich wieder unerklärlich ungemütlich. Als ich aufblicke, sieht mich ein Mann länger als gewöhnlich an, und schließlich hebe ich so halb meine Hand und forme mit meinen Lippen den üblichen Gruß.

Da erfolgt keine Reaktion in dem steinernen Gesicht. Statt dessen zieht er nur kaum sichtbar links die Oberlippe hoch, und seine ganze Haltung wird abweisend und verletzend arrogant. Sein spöttischer Blick bohrt sich stechend in mein Gehirn. Eine nun schon fast gewohnte Fremdheit durchzieht wieder mein Gemüt. Ich nicke ihm noch einmal freundlich zu, so wie ich das bei Vater Hopf gelernt habe. Das wirkt irgendwie entwaffnend und bringt ihn ein ganz klein wenig aus der Fassung.

Ich ignoniere fortan den Mann und konzentriere mich wieder auf die Beerdigung. Da unten wird gerade eine neue bunte Wolldecke auf den Sarg gelegt. Die ist vorher mit einem Okapi-Messer, Made in Germany, eingeschnitten worden. Nachdem die Höhlung mit starken Stecken, ein paar Schlafmatten und Grassoden abgedeckt worden ist, klettern die Männer total durchgeschwitzt und verstaubt aus dem Grab heraus.

Ich kann mit der gottesdienstlichen Handlung fortfahren. Das Sonnenlicht ist so hell, dass ich kaum sehe, was ich da lese. Das macht aber nichts, weil ich diese Worte inzwischen auswendig kann. Da sehe ich aus den Augenwinkeln, wie etwas sich auf uns zubewegt, auf einmal stehe ich im Schatten. Jemand hält einen dieser riesigen schwarzen Schirme über mich, und ich fühle mich total akzeptiert und zu Hause in dieser unbeschreiblichen Gemeinschaft: at home in Africa, where I long to be.

„Herr, Du bist unsere Zuflucht für und für ..." Ich lese langsam und deutlich. Bei den wunderbar tröstlichen Worten dieses Mose-Gebetes, das fast so alt ist wie die Berge um uns herum, wird es wiederum so still in der großen Menschenmenge da am Abhang, dass du die Konzentration fühlen kannst. Du hörst zwischen den einzelnen Sätzen nichts, nur den Wind, der durchs hohe Gras streicht: Chchchchchcheeeee. Erde zu Erde, Asche zu Asche, Staub zum Staube ... Dann treten die Familienmitglieder einzeln heran und werfen etwas von dieser roten Erde hinunter, bevor das Grab geschlossen wird. Die Männer lösen sich dabei ab.

Es ist heiß, und es dauert lange, und mancher Schweißtropfen fällt beim Zuschaufeln mit ins Grab. Als alles endlich soweit abgehandelt und das Grab mit spitzig-stacheligen Büschen zugedeckt ist, bittet der alte Vater des Verstorbenen um Ruhe. Er spricht ein Dankeswort und lädt zum Essen ein. Dann werde ich um den Schlußsegen gebeten. Da bahnt sich ein etwa 50-jähriger Mann den Weg durch die Menge, bis er vor mir steht und sagt: „Ich danke Gott für dich. Ich danke für deine Arbeit heute hier

bei uns zu Hause. Siyabonga, mfundisi!“ und bevor ich begreife, was er will, hat er meine Hand ergriffen und küßt sie. Fürwahr ein Tag mit emotionalen Wechselbädern ..., aber eigentlich nichts besonderes in Afrika.
Kurt-G. Tiedemann, Jan. 1999

MISSIONSBLATT NR. 5, SEPTEMBER/OKTOBER 1999

19 Fragen an Rike Tiedemann, geboren am 3. September 1941, arbeitete als Krankenschwester in Bethel und Bremen. Aussendung mit ihrem Mann, dem Missionar Kurt-Günter Tiedemann, am 30. April 1967 in Nettelkamp. Seit 17 Jahren wohnen sie auf der Missionsstation Umhlangeni bei Izotsha (Südafrika). Zur Familie gehören vier erwachsene Kinder. Ehepaar Tiedemann kehrt Ende dieses Jahres nach Deutschland zurück.

1. **Gab es für Sie eine besondere Vorbereitung auf die Aufgaben einer Missionarsfrau? War diese ausreichend?**
   Es gab keine Vorbereitung.
2. **War es eine schwere Entscheidung, Deutschland zu verlassen? Warum (nicht)?**
   Nein, ich wäre mit meinem Mann überall hingegangen, so verliebt war ich.
3. **Was hat Ihnen bei der Eingewöhnung in dem fremden Land am meisten geholfen?**
   Dass unsere erste Station Enhlanhleni war mit vielen lieben Nachbarn.
4. **Was mussten/müssen Sie am meisten lernen, um den Anforderungen des Missionarslebens gerecht zu werden?**
   Ich glaube, ich werde den Anforderungen nie völlig gerecht werden können.
5. **Was hatten Sie sich als Missionarsfrau a) einfacher, was b) schwieriger vorgestellt?**
   a) Sprache lernen
   b) Wohnverhältnisse

6. **Wenn Sie wieder in Deutschland leben werden, was werden Sie am meisten vermissen?**
   Afrika.
7. **Sind Sie oft allein, weil Ihr Mann unterwegs ist? Wie gehen Sie damit um?**
   Ich bin nicht oft allein, außerdem macht es mir nichts aus, auch mal allein zu sein.
8. **Inwiefern helfen Sie ihrem Mann bei seinen Aufgaben?**
   Ich helfe, wo es nötig und möglich ist.
9. **Was macht Ihnen in diesem Zusammenhang (Frage 8) am meisten Freude?**
   Dabei zu sein.
10. **Was würden Sie an einem freien Wochenende mit Ihrer Familie am liebsten machen?**
    Ich würde gern am Samstag mit meinem Mann in Bremen shoppen gehen und am Sonntag bei meinen Schwestern Kaffee trinken.
11. **Was ist Ihre Lieblingsbeschäftigung?**
    Ich arbeite gerne im Garten.
12. **Gibt es in der Nähe eine „beste Freundin"?**
    Wir haben liebe Freunde in der Nähe.
13. **Wodurch wurde/wird Ihr Glaube am meisten gestärkt?**
    Gemeindebesuche, Gottesdienste, Andachten.
14. **Welche Person aus der Bibel ist Ihr Vorbild? Warum?**
    Jesus!
15. **Wenn Sie auf Ihr bisheriges Leben zurückblicken, wofür sind Sie besonders dankbar?**
    Für meine Familie.
16. **Welches ist Ihr Lieblingswort in der Heiligen Schrift? Warum?**
    Ich habe viele verschiedene Lieblingsworte zu verschiedenen Zeiten.
17. **Was heißt für Sie „Heimat"?**
    Für mich bedeutet Heimat Deutschland, und mein Zuhause ist Afrika mit meiner Familie.

18. **Wenn Sie die Zeit in Südafrika zurückdrehen könnten, was würden Sie anders machen?**
    Ich kann sie nicht zurückdrehen.
19. **Welches ist Ihr Lieblingsbuch?**
    Ich habe gerne die Bücher „My traitors heart“ von Rian Malan und „Himmel, der nirgendwo endet“ von Marlen Haushofer gelesen.

17. KAPITEL

Ein Christ kehrt heim als Missionar
Und mit ihm auch ein Fernsehstar.
Als beide dann das Schiff verlassen,
Da feierten die Menschenmassen
Begeistert diesen Fernsehstar.
„Gott", murmelt da der Missionar,
„Der war nur kurz weg von zu Haus
Und kriegt hier tosenden Applaus.
Bekomm ich, der ein Leben lang
Ein Missionar war, kein Empfang?"
Da flüstert Gott ihm zu und meint:
„Du bist noch nicht zu Haus, mein Freund."

(Unbekannt)

SAARBRÜCKEN, 14.12.2000

Ihr Lieben alle miteinander!

Heute ganz genau vor einem Jahr sind wir hier in Deutschland gelandet, aber ob wir inzwischen richtig angekommen sind, weiß ich nicht. Das wird wohl noch dauern. Es bleibt doch eine gewisse Fremdheit. Wir sind nach 32 Jahren in Afrika nicht mehr Deutsche in Deutschland; wir sind aber auch noch nicht Südafrikaner in Südafrika; wir sind irgendwo dazwischen, und das ist unser Leben.

Manchmal sitzen Rike und ich am Tisch in der Küche und sind sehr fremd. Dann sagen wir: Es ist ja eigentlich auch egal, wo in der Welt man fremd ist und aus welchem Grunde, ob in Zululand, weil man kein Zulu ist und auch nie einer werden kann, oder hier im Saarland, weil man nicht dazugehört. Hier wie dort ist man im Riss. Aber vielleicht gehört es ja auch für Christenmenschen dazu, dass überall eine gewisse Fremdheit da ist, denn wir haben hier keine bleibende Statt, sondern die zukünftige suchen wir. Es kommt vor, dass wir uns auch bei Gemeindebesuchen total aus fühlen, o-u-t. Manchmal sind wir bei Gesprächen völlig außen vor. Wir verstehen nicht immer, was die Leute sagen, obwohl sie deutsch reden.

Ansonsten geht die Re-Sozialisierung und das Einleben aber ganz gut, besser als wir dachten. Es ist nicht immer leicht, hier in Deutschland Pastor zu sein. „Als ob du einer Kuh ins Horn kneifst", beschrieb neulich einer meiner Amtsbrüder seine Bemühungen. Deutschland ist weithin zu einem Missionsland geworden. Es passt uns aber, dass wir so beschäftigt sind. Dann hat man nicht viel Zeit über sich selbst nachzudenken oder sich zu bemitleiden. Wir heulen auch schon nicht mehr sooo häufig wie am Anfang.

Ich wundere heute, was die ersten Gemeindeglieder gedacht haben, wenn wir da so plötzlich in Tränen ausbrachen, nur weil sie uns fragten: „Wie war's denn da in Afrika?" oder: „Was ist denn nun schöner, Deutschland oder Afrika?" oder: „Sie sind doch sicher froh, dass Sie endlich wieder in Deutschland sind?" Manchmal genügte auch nur eine bestimmte Farbe oder ein bestimmter Geruch oder eine bestimmte Tonfolge, und schon wellten ganz vom Hintergrund der Augen die Tränenfluten. Das ist aber nun wesentlich besser geworden, und wir haben uns einigermaßen onder beheer.

Wir sind hier im Saarland mitten drin, und wir werden überall gebraucht, und das passt uns auch. Es ist eine interessante Ecke Deutschlands, und die Nähe zur französischen Grenze sorgt für Abwechslung. Grenzgebiete haben ja immer etwas Lockeres, eine gewisse Offenheit und Ungebundenheit. Die Leute sind freundlich und gesprächig in einem wahrhaft shocking accent. Man muss sich schon derbe konzentrieren, um alles mitzukriegen, was sie einem sagen wollen.

Ich habe angefangen mein Französisch aufzufrischen, versuche, jeden Morgen ein Kapitel in der französischen Bibel zu lesen. Das ist ein Text, den ich kenne, und es ist erstaunlich, wie bald man sich da einliest und was man schließlich alles versteht. Wenn man auch nicht sprechen kann, wächst doch der passive Wortschatz. Wir arbeiten hart, und wir finden das gut. Nun ist es ja so in unserm Beruf: Je mehr du tust, desto mehr musst du tun und desto mehr wird das alles, und es ist wunderschön. Wir lernen tagtäglich neue Leute kennen und kommen in die unterschiedlichsten Häuser und Familien. Und hin und wieder denkt man, wir hätten schon viel eher kommen sollen, so viel ist hier zu tun. Man weiß nicht, wo man anfangen und aufhören soll. So konzentrieren wir uns auf den Besuchsdienst und das Kennenlernen.

Wie wunderschön, dass Rike überall mithingeht! Wir kommen an eine fremde Tür und klingeln, dann sind die Leute freundlich, wenn sie uns beide da stehen sehen. Ich sage mein Sprüchlein auf, dann schmilzt das Mißtrauen, und wir werden bald hereingebeten. Wir sind ein Team, und das macht uns glücklich. Wir kommen meistens sehr froh nach Hause. Es gibt viele Altersheime, wo wir regelmäßig Besuche machen. Wir haben sie noch nicht alle gefunden. Altersheime sind Häuser voller Sehnsucht, voller Heimweh. Die Leute haben Heimweh nach dem Leben, was sie mal gekannt, nach den Leuten, mit denen sie gelebt haben.

Heimweh ist auch das große Thema bei den Menschen, die aus dem Osten gekommen sind, aus Moldavien, der Ukraine, aus Kazakhstan, von der Wolga und wo sonst noch. Rike und ich haben sehr viel Verständnis für sie, und das spüren sie auch irgendwie, wohl weil wir ebenfalls so einen einschneidenden Wechsel hinter uns haben. Wir finden guten Kontakt zueinander. Uns begegnet hier auch wieder die einfache, kindliche und vertrauensvolle Frömmigkeit, die wir von Afrika kannten und die wir lieben. Sie wollen oft unsere Hand gar nicht wieder hergeben, wenn wir uns verabschieden, und Gemeindebesuche dauern hier lange wie in Afrika.

Zusammenfassend möchte ich sagen: So ein Wechsel so spät im Leben hat zwei Seiten. Die eine ist sehr hart und tut weh, weil man etwas zurücklässt, was man gern gemacht hat. Wir waren schrecklich gern in Afrika. Das ist schwer. Aber auf der andern Seite ist es auch pretty exciting, wenn man so spät im Leben noch eine völlig neue Aufgabe bekommt. Das ist aufregend und lebendig und lässt einen richtig wieder durchgrünen. Die Arbeit macht viel Freude. Es ist gut, wenn man die Weihnachtsgeschichte lesen darf vor Ohren, die sie vorher noch nie gehört haben. Die Wirkung ist immer wieder dieselbe, überall auf der Welt. Wir kommen zur Ruhe, wir kommen nach Hause. An der Krippe sind wir alle daheim. Das ist ein schönes Wort: daheim.

An dem Kripplein Jesu

Sooft ich diesen Ort anschaue, hat mein Herz ein süßes Gespräch mit dem Kindlein Jesus. Ich sage: Ach Herr Jesus, wie hart liegst du um meiner Seligkeit willen! Wie soll ich's dir vergelten? Das Jesuskind sagt: Ich will dir sagen, was du mir geben sollst. Gib her deine Sünde, dein böses Gewissen und deine Verdammnis. Ich spreche: Was willst du damit machen? Das Jesuskind sagt: Ich will's auf meine Schulter nehmen, das soll meine Herrschaft und herrliche Tat sein, wie Jesaja vor Zeiten geredet hat, dass ich deine Sünde will tragen und wegtragen. Da fange ich bitterlich zu weinen an und sage: Kindlein, wie hast du mir das Herz gerührt. Ich dachte du wolltest etwas Gutes haben, so willst du alles haben, was bei mir böse ist. Nimm hin, was mein ist! Gib mir, was dein ist! So bin ich der Sünde los und des ewigen Lebens gewiss.

- Hieronymus um 420 -

FRÖHLICHE WEIHNACHTEN UND GOTTES SEGEN ZUM NEUEN JAHR

wünschen Rike und Kurt-Günter

Und die schönste Antwort darauf erhalten wir am 29. April 2001 von Marie Seifert †:

Ihr Lieben,
dass wir uns so richtig über Euren Weihnachtsgruß gefreut haben, kann man sicher nicht an der „Geschwindigkeit" erkennen, mit der wir nun endlich darauf reagieren. Es tut mir leid, dass es so lange gedauert hat – aber ich wusste einfach nicht so richtig, was ich schreiben sollte. Es lag so viel Gefühl und über aller Freude auch noch so viel Schmerz über dem Geschriebenen, dass ich einfach nicht die richtigen Worte dafür finden konnte. Das ist jetzt nicht besser, aber ich denke, es ist noch schlechter, gar nichts von uns hören zu lassen.

Vielleicht war der Weihnachtsgruß ja tatsächlich ein bisschen wie ein Einschnitt in Eurem Einleben. Man redet wohl nicht umsonst von dem Trauerjahr, was zu der Zeit bei Euch so in etwa um war. Eure vielen Tränen am Anfang bei jeder Frage nach Afrika machen so sehr die starke emotionale Anspannung und den furchtbaren psychischen Stress deutlich, unter dem Ihr nach dem Umzug gestanden habt. Nun scheint sich alles ein wenig zu beruhigen, und ich hoffe, dass Ihr Euch immer weiter ein bisschen besser einleben könnt. Es war schön zu lesen, wie Ihr auch viel Positives sehen könnt und dass Ihr durchaus viel Tatendrang habt!

Das mit der Fremdsprache „saarländisch" kann ich sehr gut nachvollziehen. Wir waren ja mal von Einbeck (bei Göttingen) in den Odenwald gezogen. Wenn da der Maler meiner Mutter etwas von seinen Arbeiten an unserem neuen Haus erzählen wollte, verstand sie überhaupt nichts, und auch wir Kinder hatten am Anfang unsere Probleme. Aber wer Zulu gelernt hat, der wird sich auch in diese neue Sprache einhören.

Dass Ihr schreibt, manchmal habt Ihr das Gefühl, Ihr hättet schon viel früher da sein sollen – gibt es etwas Schöneres? Da wisst Ihr doch, weshalb Ihr dort seid! Auch in Saarbrücken legt Euch unser Herr die Arbeit vor die Füße.

Und dass diese Arbeit gesegnet ist, durftet Ihr schon so schnell durch die Taufen an Ostern erleben (von denen Wilhelm Weber in seinem wöchentlichen Rundbrief berichtet hat)!

Wir hoffen bei uns im Moment darauf, dass es nun endlich zu einem Vertragsabschluss bezüglich Gaborone kommt. Es hat sich alles unendlich lange hingezogen, weil der Bauunternehmer sehr schwierig und manche Ämterprozesse recht langwierig waren. Mit den Ämtern ist inzwischen alles geregelt und mit dem Bauunternehmer scheint es nun auch weiterzugehen. Ihr werdet spätestens im Missionsblatt lesen, wenn die Unterschriften unter den Vertrag gesetzt sind.

Thomas hat zurzeit eine Jugendgruppe von Konfirmanden und Taufschülern hier. Eine Woche lang sind sie in den Ferien hier zusammen, um zu lernen, Spaß zu haben und sich gegenseitig besser kennenzulernen. Im Vergleich zu Deutschland (jedenfalls was wir so gehört haben) ist es hier wirklich einfach, eine Konfirmandenfreizeit zu halten. Sie haben, mit Bukas Hilfe, einen Volleyballplatz fertiggestellt und spielen nun zusammen mit anderen Jugendlichen aus der Gemeinde und oft auch mit Thomas Volleyball. Wir hoffen, dass dadurch Jugendliche, die die Gemeinde erst gerade kennenlernen oder kennenlernen wollen, auch dazukommen.

Ja, Buka Tsimako, der im letzten Jahr in Enhlanhleni seinen Abschluss gemacht hat, ist bis Ende des Monats als Vikar bei uns. Er kam im Januar und soll danach bis ungefähr Ende des Jahres nach Tutume zu Daniel. Es ist schön, wieviel Thomas auch von Buka lernen kann und wieviel Hilfe er an ihm hat. Ausserdem ist es, glaube ich, auch für die Jugendlichen aus der Gemeinde hilfreich, sich mit ihm zu unterhalten und zu erleben, wie er die Gottesdienste hält. Er kann gut Gitarre spielen und setzt sie auch oft im Gottesdienst ein.

Wir wünschen Euch, dass Ihr Euch auch weiterhin von Gott gestärkt und in Eurer Arbeit geführt wisst – und wenn Ihr mal wieder einen Rundbrief verschickt, dann würden wir gerne wieder einen bekommen, auch wenn die Antwort von uns lange auf sich warten lässt …

Es grüßen Euch herzlich Eure Marie mit Thomas

18. KAPITEL

GLAUBE heißt, dass einer durch ein unmöglich Ding hindurchbrechen soll. Er geht hinein ins Meer, als wenn kein Wasser da wäre, er geht in den Tod, als wenn kein Tod da wäre, und er fällt Christus um den Hals, als wenn es niemals eine Sünde gegeben hätte.

- Martin Luther -

Der Glaube glaubt nicht nur „an“ Gott, sondern er glaubt auch „gegen“ etwas: Er glaubt gegen den Augenschein, der die Existenz Gottes oft so unwahrscheinlich macht, er glaubt gegen die Angst, gegen die Sorge, gegen die Schuld und gegen den Tod.

- Helmut Thielicke -

3. NOVEMBER 2002

- 100 jähriges Kirchweihjubiläum
- Lokalausgabe Saarbrücken
- Brot und Wein zum Kirchen-Jubiläum
- Festgottesdienst und weltliche Feier der Immanuel-Gemeinde Saarbrücken zur Einweihung ihres Gotteshauses

- Von Harald Schiffer -

Saarbrücken. Doppelten Anlass zu feiern sah Bischof Diethardt Roth aus Hannover in seiner Predigt während des Festgottesdienstes zum 100-jährigen Jubiläum der Immanuel-Gemeinde Saarbrücken. Der oberste Hirte der deutschen Lutheraner erinnerte an die feierliche Einweihung dieses „Ortes, wo Gottes Wort verkündet wird", am 9. November 1902, aber auch „an den Wiederaufbau der im Krieg zerstörten Kirche", die dann am 1. März 1953 wieder geweiht wurde. Pfarrer Kurt-Günter Tiedemann, seit Januar 2000 Pastor für die Gemeinden Saarbrücken und Walpershofen, zelebrierte den Gottesdienst gemeinsam mit Bischof Roth. Tiedemann ist zehnter Seelsorger seit Bestehen des Gotteshauses in Saarbrücken. Er war mit Frau Rike nach Saarbrücken gekommen, zuvor war er Missionar in Südafrika.

„Das Gotteshaus bietet in seinem Ausbau eine würdige Stätte für den Gottesdienst", berichtete die Saarbrücker Zeitung am 10. November 1902 über die Einweihung des roten Backstein-Baus, Ecke Gärtner- und Heuduckstraße. Mit 14 Metern Länge und 9,4 Metern Breite finden im Kirchenraum und auf der Empore rund 200 Personen Platz. Mit heute 140 ist die Zahl der Gemeindeglieder seit damals in etwa konstant geblieben.

Geschichtsbewusst zitierte Pfarrer Tiedemann aus der Einweihungsfeier vor 100 Jahren Eckpunkte seines Vorgängers Martin Baumert. So las er zur Epistel die Offenbarung Joh. 21. Friedrich Silchers „Herr, ich habe lieb die Stätte Deines Hauses", sang der Kirchenchor Walpershofen unter Leitung von Inge Weiland und die Gemeinde zum Schluss Martin Luthers „Eine feste Burg ist unser Gott". Beide Lieder erklangen auch im Einweihungsgottesdienst 1902. Musikalische Beiträge zur Gestaltung des aktuellen Festgottesdienstes leisteten sechs Musiker des Posaunenchors Walpershofen sowie Theo Schmitt (Querflöte), von Laurent Barthen an der Orgel begleitet, sowie Organistin Hannelore Mehner-Dietrich.

Die weltliche Feier, vor 100 Jahren hatte sie im legendären Saarbrücker Saalbau stattgefunden, folgte dieses Mal im frisch renovierten Gustav-Adolf-Haus. Dort freute sich Kirchenvorstand Klaus Kreissig über „viele Mithelfer und das gerne angenommene Raumangebot der evangelischen Nachbargemeinde". Stolz verwies er auf die vierfarbige Festschrift, die für fünf Euro von Konfirmanden zum Verkauf angeboten wurde.

Propst Klaus-Peter Czwikla aus Spiesen-Elversberg, Leiter des Sprengels Süd, griff sein Vorwort zur Festschrift auf, „die schönste Kirche ist die, in der Ihr Euren Platz habt und der Ihr als lebendige Steine eingefügt seid". Er überreichte, auch im Namen von Bischof Roth, eine wertvolle Tafel. Als ökumenisches Duo überbrachten Brot, Wein und andere Gaben der Hausherr, der evangelische Pfarrer Thomas Paulußen, und sein katholischer Amtsbruder, Pfarrer Erwin Graus.

JAHRESBERICHT - 2002

1. Petrus 4,10: Dienet einander, ein jeglicher mit der Gabe, die er empfangen hat, als die guten Haushalter der mancherlei Gnade Gottes.

Es ist gut, nach zwei Jahren einen Rückblick zu tun. Ich danke Gott, der uns hierhergerufen hat. Wir danken für die freundliche Aufnahme, die wir gefunden haben und die sich auf mancherlei Weise ausdrückt. Wir sind dankbar für alle Mithilfe bei der Arbeit in den Gemeinden, im Gottesdienst, an der Orgel, im Chor, im Kindergottesdienst, bei der Redaktion des „Rufers", bei der Verwaltung von Kirche, Haus und Grundstücken, ich danke für die Mitarbeit in den Kirchenkollegien, in der Rendantur, bei den Finanzen und bei der Verwaltung dieser Gemeinden, bei Vorbereitung von Frauenkreis und Kirchenkaffee, den Küsterdienst und viel andere Hilfe. Ich danke Gott für all diese Leute, ihre Hilfsbereitschaft, Fröhlichkeit, Treue und Liebe.

Ich danke für Krankenbesuche, Alten- und Gemeindebesuche. Da ist viel verborgene Liebe, Fürsorge und Fürbitte, die nur Gott kennt. Es macht mich froh, wenn ich in ein Krankenzimmer komme, und da sitzen schon Gemeindeglieder, oder wenn wir beim Hinausgehen anderen aus der Gemeinde die Klinke in die Hand geben, wenn ich im Altersheim höre, wer letzte Woche aus der Gemeinde zu Besuch da war, usw. So wächst eine Gemeinde, und so wächst eine Gemeinde zusammen, wenn wir wissen, wir werden im Alter nicht vergessen; in Not und Krankheit sind da Brüder und Schwestern, die an uns denken, die für uns beten, die sich um uns kümmern. Wir können zusammen lachen und fröhlich sein, und wir können zusammen weinen und Leid tragen, uns gegenseitig trösten und aufrichten.

Ich finde es gut, wenn Gemeindeglieder zu außergewöhnlichen Gottesdiensten kommen, wie Alten- und Krankenabendmahl, zu Hochzeit und Beerdigung. Es tut gut, wenn man da nicht alleine steht. Ich denke, das hat Zukunft. Die lebendige Gemeinde nimmt die Not des Einzelnen auf und trägt sie mit. Solche Gemeinde wird wachsen, weil sie von ihrem Herrn Fürsorge gelernt hat, weil sie sich bei ihrem Herrn geborgen weiß. Sie wird wachsen, weil sie für andere sorgt und weil man sich in ihr geborgen weiß. Es geht in der Gemeinde darum, dass wir füreinander da sind durch dick und dünn, durch Höhen und durch Tiefen, durch Freud und Leid. Dienet einander, ein jeglicher mit der Gabe, die er empfangen hat, als die guten Haushalter der mancherlei Gnade Gottes. Das ist die eine Seite der Gemeinden, die Sonnenseite, die ist hell und gut.

Die andere Seite ist nicht gut, die Nachtseite der Gemeinden, die ist dunkel und bedrückend. Da gibt es Misstrauen, Lieblosigkeit, Gerede und Gleichgültigkeit gegenüber Gottesdienst und Sakrament. Diejenigen, die sich alle Mühe gegeben haben, den Gottesdienst vorzubereiten, kriegen Depressionen, wenn sie sehen, wie wenige kommen. Die Restantenzahlen sprechen eine erschreckend deutliche Sprache. Sie können das in der Statistik nachlesen. In Saarbrücken gingen bei 140 Gemeindegliedern 70 nicht mehr zum Hl. Abendmahl. In Walpershofen ist es noch schlimmer. 220 Gemeindeglieder – 170 verachten das Sakrament. Das darf nicht so bleiben. Sonst werden wir zu Totengräbern unserer geliebten Gemeinden, und es bleibt die schreckliche Vision, dass wir uns nach und nach beerdigen, und diese Beerdigungen werden immer kleiner und kleiner, weil niemand mehr kommt, versteht ihr? Gemeinden mit solch hohen Restantenzahlen, das ist, als ob du versuchst ein Auto zu fahren mit festangezogener Handbremse.

Ich will mit diesem Bericht nicht entmutigen, sondern ich möchte, dass uns diese Tatsachen ins Gebet treiben, in die Arme dessen, der helfen kann und will und der seine Kirche nicht untergehen lässt. Was ist zu tun? Wir lernen aus Gottes Wort: Dienet einander, ein jeglicher mit der Gabe, die er empfangen hat, als die guten Haushalter der mancherlei Gnade Gottes. Wir brauchen die Mitarbeit und Hilfe jedes Einzelnen. Es fehlt aber weithin das Mittelalter in unsern Gottesdiensten, die oekonomisch aktiven Glieder unserer Gemeinden sind weg. Das ist nicht gut, denn wir haben 120 junge Leute in beiden Gemeinden, im Alter von 12 – 40. Die sind da, aber sie kommen nicht mehr. Woran liegt das? Wie können wir das ändern? Da draußen und bei uns zu Hause schlummert ein Potenzial, viel Talent und Begabung und unsere gesamte Gemeinde von morgen, was sage ich, unsere heutige Gemeinde sitzt da draußen und wartet. Worauf wartet sie? Dass jemand kommt und sie zurückruft, geduldig, behutsam, liebevoll und ernsthaft. Dienet einander, ein jeglicher mit der Gabe, die er empfangen hat, als die guten Haushalter der mancherlei Gnade Gottes.

Wenn wir mit Gottes Hilfe jedes Jahr zehn Leute zurückgewinnen, dann war das Jahr nicht umsonst, dann haben wir gut gearbeitet. Und was wir daran tun können, sollten wir mit Freuden tun, dass wir zu Hause beten und dann losgehen und einen längst vergessenen Menschen einladen, wiederzukommen. Wir werden dabei viele Ausreden, lange Erklärungen anhören müssen, warum sie nicht mehr kommen, wir werden auch vielleicht ausgeschimpft werden, aber man kann beten, dass Gott das Gespräch segnen möge, und dann hören wir an, was sie zu sagen haben, und laden sie ein zu einem Neuanfang. Dienet einander, ein jeglicher mit der Gabe, die er empfangen hat, als die guten Haushalter der mancherlei Gnade Gottes. Es ist gut, wenn wir unsere Häuser öffnen und andere Gemeindeglieder zu uns einladen. Wir selber werden dadurch bereichert, und unser Haus und Heim wird so gesegnet. Gott sei Lob und Dank, einige kommen zurück. In Saarbrücken haben 13 zum ersten Mal nach langer Zeit wieder am Heiligen Abendmahl teilgenommen und in Walpershofen sogar 23.

Abendmahlsfreudigkeit und Abendmahlshäufigkeit haben zugenommen, wie Sie aus der Statistik ersehen. Was gut ist und dankbar stimmt, ist die Tatsache, dass es wieder einen Kindergottesdienst gibt mit sehr engagierten Mitarbeitern, die das regelmäßig und mit viel Liebe und Phantasie anbieten. Ich würde mir wünschen, dass beide Gemeinden mehr aufeinander zugehen, einander besser kennenlernen, einander verstehen und schätzen. Erste Ansätze dazu sind da in der Chorarbeit und beim Kindergottesdienst, auch gemeinsame Sitzungen des Kirchenkollegiums haben stattgefunden. Die Konfirmanden werden ja schon lange gemeinsam unterrichtet, und man möchte hoffen, dass daraus dauerhafte Verbindungen entstehen und gegenseitiges Vertrauen für die Zukunft erwächst. Besonders schön war das Sommerfest, das die Gemeinden zusammengeführt hat, gemeinsame Busfahrten nach Frankreich und zum Sängerfest nach Speyer. Wir sind zwei kleine Gemeinden, die sich gegenseitig helfen können, gegenseitig stärken und gegenseitig auferbauen. Dienet einander, ein jeglicher mit der Gabe, die er empfangen hat, als die guten Haushalter der mancherlei Gnade Gottes. Ihm sei Ehre in Ewigkeit.

ARTIKEL FÜR DAS KIRCHENBLATT LUTHERISCHE KIRCHE

Offenbarung 3: Du hast den Namen, dass du lebst, und bist tot. Werde wach und stärke das andre, das sterben will …

Tribute to MaXolo

Dass Meisy Dunywa-Nzimande, MaXolo, im Sterben liegt, siehst du daran, dass sich die Menschen aus der Umgebung sternförmig auf ihren Kral zu bewegen. Von allen Seiten kommen sie heran an diesem Nachmittag, und es werden immer mehr. Als meine liebe Frau und ich die Hütte erreichen, haben wir schon Mühe durch die vielen Beine hindurch zu klettern bis zu einem Platz an der Seite des Bettes. Die Anwesenden singen den Chorus zu Ende, und dann richten sich die Augen auf mich. Wir waren erst vor ein paar Tagen zusammengewesen zum Krankenabendmahl. Man konnte da schon sehen: Es geht zu Ende.

UNkulunkulu uyisiphephelo sethu namandla ethu … Gott ist unsre Zuversicht und Stärke, eine Hilfe in den großen Nöten, die uns getroffen haben. Deswegen fürchten wir uns nicht. Und Psalm 90: Herr Gott, du bist unsre Zuflucht für und für. Wir lesen und hören Gottes Wort, das uns tröstet, stärkt und aufrichtet. Wir finden Geborgenheit bei dem lebendigen Gott, die Sterbende und ihre Gemeinde; und dann singen wir Lieder, die wir schon kennen, und andere, die wir lernen aus andern Gesangbüchern von andern Kirchen und Gemeinden.

Das ist gelebte, natürliche Oekume, nicht die gemachte, künstliche Sorte, die einem manchmal aufgedrängt wird. Jeder bringt sein Gesangbuch mit und singt die Lieder, die ihm am Herzen liegen, und so lernen wir voneinander. Das erfreut unser Herz und stärkt unsern Glauben. Da ist ein großer Reichtum an alten und neuen Gesängen.

Zwischendurch betet wieder jemand, und wir befehlen unsere sterbende Schwester in Gottes Hände. Einige gehen weg, weil sie Kinder zu versorgen haben, dafür kommen andere direkt von der Arbeit ins Sterbehaus und setzen sich und singen und beten mit. Und so geht es die ganze Zeit, ein Kommen und Gehen, bis MaXolo eingeschlafen ist und Gott der Herr sein Kind zu sich gerufen hat.

Drei Tage später bei der Beerdigung singen wir alle die Lieder wieder, und es macht nichts, dass sich da einiges wiederholt und dass da ein Lied zum x-ten Mal gesungen wird. Wir sind zusammen; und wir tragen einander, richten uns aneinander auf. Jeder hilft jedem, denn wir gehören zusammen. Es gibt eine Solidarität des Leides, wo eins das andere tröstet, wo einer den andern stützt.

Dass Else Schüler, geb. Graf, im Sterben liegt, siehst du daran, dass die Krankenschwester dich ans Ende des langen Ganges weist, da wo das Sterben stattfindet, im Einzelzimmer, manchmal auch ganz würdelos in der Wäschekammer. Da liegst du ganz allein, damit du niemanden störst und damit dich niemand stört, oder warum eigentlich? Wenn du vorsichtig anklopfst, öffnen dir die Angehörigen, die du nicht kennst, die dich von keiner Seite kennen und die eigentlich auch mit dir nichts zu tun haben wollen. Das spürst du. Wenn du Glück hast, sind da Angehörige, sonst sind Rike und ich allein mit der alten Frau, die sich zur letzten Reise rüstet. Aus der Gemeinde ist da auch niemand, weil keiner sich an Frau Schüler erinnert.

Man stirbt verschämt in Deutschland, frau auch, fast so, als wolle man sich dafür entschuldigen, nun zum Schluss doch noch solche Scherereien zu verursachen, nachdem man sich eigentlich immer ganz anständig und tadellos verhalten hatte. Es ist selten geworden, dass jemand zu Hause, in seiner family stirbt. Die Angehörigen scheinen hilflos, denn man ist froh, wenn zum Schluss doch noch die Nothilfe kommt und einem das alles irgendwie abgenommen wird. Hinterher bei der Beerdigung merkst du das wieder, denn außer einem Sohn und dessen Sohn ist da nur noch der Mann vom Friedhof, der die schrecklich scheppernde Elektronen-Glocke läutet. In der Hand hält er die Fernbedienung für den CD-Player, der dezent hinter einer Kübelpalme steht, „mit ernster Musik“. Man sagt mir, ich habe genau 25 Minuten Zeit für diese Beerdigung. 25 Minuten bis zur Ewigkeit.

Kuck, das ist der Unterschied zwischen Afrika und Deutschland: Zeit und Gemeinschaft. „You are never alone in Africa." Dort hast du immer jemand, und du machst Zeit für jemand. „Umuntu ungumuntu ngumuntu," sagen die Zulu. Der Mensch ist Mensch durch den Menschen. Hier in Deutschland lebst du so, dass du deinen Klingelnachbarn nicht kennst. Hier lebst du so geschäftig, dass du keine Zeit für ihn hast. Vieles andere ist wichtiger. Du vermeidest den Kontakt, sogar den Augenblick, und bist eifersüchtig bedacht auf deine Privatsphäre. Hier lebt man für sich, frau auch, fast so, als sei man allein auf der Welt. Man weiß wenig voneinander, sogar in der Gemeinde.

Nicht so in Afrika. Wie oft habe ich das erlebt, dass die Gemeindeglieder nach dem Gottesdienst nicht nach Hause gehen, sondern einige finden sich zusammen und gehen zu Khumalos, weil es ihm nicht so gut geht. Eine alte Frau geht mit ihrer jahrelangen Freundin zur jungen Frau Sithole, weil die schon länger nicht zum Frauenkreis gekommen ist. Der trifft sich heute nach der Kirche bei Lukheles. Dort ist das Elend groß, seitdem der Mann auf der Arbeit verunglückte. Sie haben gesammelt und überreichen eine Gabe unter Gebet, Gesang und Segen, und Frau Lukhele weiß, dass sie nicht vergessen ist.

Der alte pensionierte Pastor Mdluli ergreift das Wort: „MaNdlangamandla", sagt er, „Gott hat dir die schwere Last der Witwenschaft auf die Schultern gelegt. Die kannst du nicht alleine tragen. Die kannst du nur tragen zusammen mit deinem Heiland Jesus Christus. Der hat dem Tode die Macht genommen und das Leben und ein unvergängliches Wesen an das Licht gebracht durch das Evangelium. Wir sind gekommen, um mit dir zu weinen und zu klagen. Wir sind hier, um mit dir zu trauern und zu tragen."

So wächst eine Gemeinde, und so wächst eine Gemeinde zusammen, wenn wir wissen, wir werden im Alter nicht vergessen; in Not und Krankheit sind da Brüder und Schwestern, die an uns denken, die für uns beten, die sich um uns kümmern, um Jesu Christi willen.

Kurt-G. Tiedemann Januar 2003

SAARBRÜCKEN, DEZEMBER 2003

Brief an Glaubensgeschwister im südlichen Afrika:

Liebe Brüder und Schwestern!
Ich bin gefragt worden, warum ich diese Zulupredigtbücher schreibe. Well, ich schreibe sie gar nicht, denn sie sind schon zuvor geschrieben worden von vielen Amtsbrüdern, die zusammen mit mir in Gottes Weinberg der Lutherischen Kirche im Südlichen Afrika gearbeitet haben. Schon seit 1962/63 wurden diese Predigten verteilt für jeden Sonntag des Kirchenjahres und haben unzähligen Menschen überall im südlichen Afrika geholfen, den Kontakt zu Gott, zu ihrer Kirche und Gemeinde zu behalten. Also gibt es viele, viele Predigten in den Archiven unserer Kirche, und niemand sieht sie je wieder an. Ich finde das schade, denn die meisten der Männer, die sie geschrieben haben, taten das mit großer Hingabe, Fleiß und Mühe.

So habe ich diese alten Predigten durchgesehen und fand, dass viele von ihnen noch genau so frisch, bedeutsam und inhaltsreich sind wie an dem Tag, an dem sie geschrieben und gehalten wurden. Manchmal habe ich 8 (!) verschiedene Predigten über ein und denselben Text, und dann eine auszuwählen ist nicht immer ganz leicht. Natürlich gibt es auch sehr langweilige und schwache Predigten und andere, die sind in eine bestimmte Zeit und Situation hinein gesprochen worden, z.B. Soweto 1976, und hatten damals ihre Stunde.

Solche Predigten können nicht ohne weiteres veröffentlicht werden oder nur mit Schwierigkeiten, da sie sozusagen aus dem Zusammenhang herausgerissen werden und viele Erklärungen nötig wären. Aber wir haben und hatten sehr begabte Prediger in unserer Kirche, wie Christoph Johannes, Gottfried Stallmann, Absalom Sibiya, Johannes Khumalo, Isashar Dube, Gustav Shandu, Lehrer und später Pastor John Shabangu usw., und es wäre wirklich sehr schade, wenn die folgenden Generationen nie je wieder etwas von ihnen sehen oder hören würden.

Ich habe vor etwa 30 Jahren angefangen diese Predigten zu sammeln und seit vielen Jahren versucht einen Herausgeber zu finden. Viele Leute in Südafrika habe vieles versprochen, aber es folgte eine Enttäuschung nach der andern. Vielleicht war die Zeit auch nicht reif dafür. Nun habe ich meinen alten Freund Heinrich Harms in Groß-Oesingen wiedergefunden. Wir kennen uns schon lange, und sein Sohn Markus Harms hatte den Mut, ein erstes Zulu-Predigt-Buch zu veröffentlichen, obwohl er nicht ein einziges Wort dieser wunderschönen Sprache spricht oder versteht. Aber, da wir beide Apple-Macintosh gebrauchen, ist die Verständigung kein Problem.

So haben wir das erste Buch veröffentlicht: „Bheka, iNkosi yakho iza kuwe" („Siehe, dein König kommt zu dir"), 80 Predigten mit Texten der Evangelien aus der 1. Reihe, 1999 (Auflage: 500). Finanziert ist das damals zur Hälfte von der Kirche, und die andere Hälfte kam von der Mission hier in Deutschland. Wir haben dann das zweite Buch herausgegeben, als wir selber die nötigen Mittel zusammen hatten. „Ukukholwa kuvela ngokuzwa", („So kommt der Glaube aus der Predigt"; wörtl.: „Glauben kommt durch Hören") 80 Predigten mit Texten von den Episteln der 2. Reihe, 2003 (Auflage: 600).

Ich bin von Herzen dankbar, dass ich Sponsoren gefunden habe unter Freunden und Verwandten hier. Alle Bücher sind bezahlt, und ich möchte kein Geld dafür zurückhaben. Die Bücher sind ein Geschenk an die Kirche in Afrika, gegeben mit dem Gebet, dass Gott die Ausbreitung seines Wortes segnen möge. Bitte, verteilt diese Bücher und gebt sie jedem Pastor, Lehrer und Kirchenvorsteher, gebt sie in jede Gemeinde, in jede Schule, in die Jugendkreise, Männer- und Frauenkreise unserer geliebten Kirche, an das Laien-Trainings-Programm, an die Lutherische Stunde, in die Gefängnisse und in die Sonntags-Schulen, in die Bibliotheken und an alle Brüder und Schwestern aus andern Kirchen, die Interesse zeigen. Legt diese Bücher auf die Büchertische als Weihnachtsgeschenke usw. und nehmt sie mit zu den Konferenzen und Synoden der Kirche.

Ich hatte zunächst gedacht, dass diese Predigt-Bücher vielleicht verkauft werden könnten und der Erlös Verwendung findet zum Besten des Lutherisch-Theologischen Seminars – Tshwane und der Radiomission Lutherische Stunde von Frau Christel Scharlach in Johannesburg. Aber das scheint nicht zu arbeiten. Also bitte, verschenkt die Bücher an jeden,

der danach fragt, und gebraucht sie zur Ausbreitungsarbeit usw. Mein einziger Beweggrund, Ziel und Zweck ist die Verbreitung des Wortes Gottes. Das ist alles. Ich danke allen für ihre Hilfe.
Kurt-G. Tiedemann, uMf.

Die schönste Reaktion darauf erhalte ich so:

Betreff: Danke
Datum: Donnerstag, 25. Mai 2006 22:04 Uhr
Von: Christel Scharlach <scharlach@lutheranmedia.net>
An: ‚Kurt-Günter Tiedemann' <Tiedemann.Saarland@t-online.de>
Cc: <Lkm@selk.de>, <lkm-sa@selk.de>

Lieber Kurt-Guenter,
möchte gerne ein wunderbares Erlebnis mit Dir teilen. Gestern im Gefängnis (Johannesburg Correctional Services, Medium F, Section E, Female. Trial-awaiting) habe ich die Frauen aus unserer Gruppe eingeladen ein „Testimony" zu erzählen. Verschiedene teilten dann auch Gebetserhörungen usw. mit. Da stand eine ältere Frau auf, hielt die ersten zwei Zulu Predigtbücher, eins in jeder Hand, und bat eine jüngere Frau ihr beim Übersetzen zu helfen.

Sie ist im Msinga-tal aufgewachsen und erinnert sich genau, wie sie mit ihrem strengen Großvater zur Lutherischen Kirche in der Nähe von Pomeroy zu Pferd zur Kirche ritt. Sie bedankte sich bei Gott, dass sie diese beiden Bücher zur Hand bekommen hatte, denn sie wäre schon ganz verzagt gewesen. Aber diese beiden Bücher haben sie wieder an ihre Kindheit und an uNulunkulu (Gott) erinnert, nun weiss sie, weshalb sie ins Gefängnis musste, um ihren uNulunkulu wiederzufinden!

Ihr Name ist Sesi Malevu. Ich hatte die Bücher Desire Beukes, der geistlichen Leiterin unserer Gruppe, gegeben und gebeten, dass sie eine Frau aussucht, die allen Zulusprachigen, die zuhören möchten, aus diesen Büchern vorlesen könnte.

Dazu bekam Sesi gestern auch ihr „Real Life" Fernkurs Certificate. Sie ist sehr stolz drauf und will ihre ganze Familie, vor allem ihrem Onkel, mitteilen, dass sie im Gefängnis von der Lutherischen Kirche ein Zertifikat bekommen hat!

Ich fand es so rührend und wollte es Dir gerne schreiben. Am liebsten hätte ich ein Foto von ihr genommen. Das dürfen wir aber nicht. Wenn Du ihr schreiben möchtest, versuche ich ihre Gefängnisnummer zu bekommen und schicke Dir dann auch ihre Adresse.

Danke für Deinen Einsatz, für diese Predigtbücher und auch für die Gebete.

Mit herzlichem Gruß,
Christel

19. KAPITEL

Das Geheimnis des Leidens in der Welt ist nicht da, wo wir leiden, sondern da, wo Christus leidet.

- Hans-Joachim Iwand -

Das persönliche Bekenntnis des Sœren Kirkegaard,
das nach Wunsch auf seinem Grabstein steht:

Nur eine kurze Zeit, so ist's gewonnen,
so ist der ganze Streit in nichts zerronnen;
so geh' ich stille ein in Gottes Auen
und darf den Heiland mein auf ewig schauen.

P. K.

Eigentlich wollte Paula K. schon zu Weihnachten im Himmel sein. Die Chancen standen ziemlich gut, dass sie es schaffen würde. Sie war 94 Jahre alt und hatte viele Lebensstürme überstanden. Nun war sie alt und lebenssatt und müde geworden; sie hatte mit allem abgeschlossen und sich von dieser Welt verabschiedet.

Wir hatten sie vor vier Jahren kennengelernt, und es war eine Freude, sie zu kennen. Bei Wind und Wetter schaffte sie den Weg ins Gotteshaus. Sie kam immer allein, von ihrer family war nie jemand dabei. Und wenn sie vorne auf ihrem Platz in der Bank saß, konnte der Gottesdienst beginnen. Paula saß da, geschmackvoll gekleidet, altmodisch, aber sehr elegant; und es war immer so, als schaute man direkt ins letzte Jahrhundert, dem sie über 90 Jahre lang angehörte. Paula saß da, ganz aufnahmebereit, ganz Aufmerksamkeit, ganz konzentriert durch den Gottesdienst hindurch; und sie gehörte dazu wie die Antependien und die Bibel und die Kerzen und die Agende und die Orgel und der Rest der Gemeinde.

Nach dem Gottesdienst kam sie manchmal, nahm mich verstohlen zur Seite, nestelte in ihrer großen Handtasche und gab mir eine kleine Flasche Piccolo-Sekt, mit Schraubverschluß: „Für die Nerrrven, Herr Pfarrer, für die Nerrrven!" Und ihre Augen zwinkerten fröhlich dabei. Manchmal brachte sie auch eine Flasche Rotwein, Marke: Mädchentraube aus Rumänien. Es war eine schöne Zeit mit ihr. Sie liebte uns, und wir liebten sie wieder, und es entstand ein tiefes Vertrauen zueinander. Ich danke Gott, dass sie in meinem Leben war.

Mit ihrer Gesundheit war es durch die Jahre ständig bergab gegangen. Sie blieb in ihrer kleinen Wohnung, solange es irgend ging, bis die Kräfte sie verließen und sie bettlägerig wurde. Sie hat dann mit dem Leben abgeschlossen, hatte sich von ihren Lieben verabschiedet. Ihre letzte Sorge galt den ungetauften Ur-Enkeln, die sich „einmal selbst entscheiden sollen, wenn es soweit ist", hatten die Eltern gesagt. „Wenn was soweit ist?" und „Wofür sollen sie sich dann entscheiden?" das fragte sie, und das plagte sie. Sie hatte mit den Eltern gesprochen, aber die hatten nicht auf sie gehört. Nun war sie zu müde und zu schwach geworden, um noch viel daran zu ändern. Sie kam noch ein letztes Mal in den Gottesdienst und zum Sakrament. Dabei war sie so schwach, dass sie sich kaum auf den Beinen halten konnte. Wir haben sie im letzten Moment aufgefangen. Sie war leicht wie eine Feder. Und kam dann zum Sterben.

Die Kräfte verließen sie mehr und mehr. Die Leute aus der Gemeinde und aus dem Frauenkreis besuchen sie noch, und sie freut sich über jeden, der kommt, und über jeden, der grüßt. Sie bestellt spezielle Grüße an die ganze Gemeinde, und der Kontakt bleibt bestehen, solange es geht. Wir hatten während der Tage die Sterbegebete aus dem Gesangbuch hinten alle fertig gebetet, Psalmen, Gesangbuchverse gesungen und gesprochen. Wir hatten uns mit Leib und Seele dem Herrn empfohlen, und sie lag da friedlich und zufrieden, und – soweit wir das beurteilen können – auch glücklich, aufgehoben bei Christus in Gottes Hand, dem sie vertraute und den sie liebte. Sie war so alt geworden in seinem Dienst, und er hatte sie nicht enttäuscht – all die 94 langen Jahre ihres ereignisreichen Lebens.

Wir waren kurz vor Heiligabend nochmal zu ihr gefahren: „Komm, o mein Heiland, Jesu Christ, meins Herzens Tür dir offen ist" und: „In deine Hände befehle ich meinen Geist, Du hast mich erlöst; Herr, Du treuer Gott" und: „Hilf Gott allzeit, mach uns bereit zur ewgen Freud und Seligkeit, durch Jesus Christus. Amen." Und als wir uns verabschiedeten, lag sie da wie die, „die auf dem Wege sind" nach Hause zu Gott und seinen Engeln, in die ewige Heimat. Ihr Gesicht war fast durchsichtig, hell und licht, umrahmt von schlohweißen Haaren. Es lag ein fast überirdischer Friede auf ihren durchgeistigten Zügen und auch eine gewisse Freude. Ich weiß nicht, wie ich das sagen soll, und ich brauche Worte, um das zu beschreiben. Sie sah fast wieder aus wie ein junges Mädchen, wie eine Braut geschmückt für ihren Bräutigam. Man sieht das ja manchmal beim Sterben, wenn die Sterbenden schon eine Stufe weiter sind. So auch hier. Ihre Hände sind kalt, ätherisch dünn und durchsichtig, und die Stirn, auf die ich das Kreuz male, ist auch kalt.

Das war Weihnachten vor einem Jahr, Dezember 2002. Ich hatte während der Feiertage eigentlich stündlich mit einem Anruf von den Verwandten gerechnet, um mir den Tod von Paula K. anzuzeigen. Aber der

Anruf kam nicht, und das Weihnachtsfest geht vorüber, und die Aufregung des Jahreswechsels, und als wir, meine liebe Frau und ich, uns Anfang des neuen Jahres wieder auf den Weg zum Hospital machen, erwartet uns ein Schock.

Man hat Paula K. am Tag nach unserer Verabschiedung an die künstliche Ernährung angeschlossen: „Astronauten-Nahrung" heißt das schreckliche, grau-braune Zeug, das eine kleine Maschine aus einem Beutel mittels einer Magen-Sonde in diesen alten müden Leib hineindrückt. Tack. Tack. Tack. Paula K. ist völlig verändert. Sie sieht aus wie das blühende Leben. Aber es ist eine gewisse Falschheit in diesem Blühen, eine hektische Röte, die ganz unnatürlich ist. Ihre Hände sind heiß und feucht und geschwollen. Ihre Augen sind auf und gehen wild und unruhig hin und her. Sie ist zurückgeholt worden von der Grenze des Todes, und ich weiß nicht, ob sie bei Bewusstsein ist oder nicht. Sie ist dann wenig später verlegt worden vom Sonnenberg in ein Altersheim der Wohlfahrt. Zustand: „Stabil." („Wohlfahrt" – was für ein Hohn liegt hier in diesem Namen!)

Und nun beginnt ein Jahr des Leidens für Paula K. Aufstehen kann sie nicht mehr. Sie liegt da, angeschlossen an die kleine Magenmaschine durch den langen, heißen Sommer hindurch und immer so weiter – ohne Aufhören, Tag und Nacht: Tack. Tack. Tack. Sie liegt da ganz apathisch, abwesend und isoliert. Manchmal haben wir zwischendurch den Eindruck, sie erkennt uns wohl, dann ringt sich aus ihrer gequälten Brust und ihrem verzogenen Mund ein schrecklicher Laut: „Aaah. Aaah. Aaah." Ihre Arme und Hände machen unkontrollierte fahrige Bewegungen und kommen erst zu einer gewissen Ruhe, wenn wir die Hand ergreifen und sie streicheln. Ich glaube nicht, dass sie Schmerzen hat, aber in ihren Augen ist so etwas wie fassungsloses Unverstehen und ängstliches Fragen und erbärmliche Hilflosigkeit. Sie klammert sich an unsere Hände und will sie nicht mehr loslassen.

Ihr Gesicht verändert sich im Lauf der Wochen und Monate immer mehr bis fast zur Unkenntlichkeit. Sie behält ihre Gesichtsfarbe; aber es sind die Röslein des Todes, die da auf ihren Wangen blühen. Das Herz will dir brechen, wenn du das siehst. Wir möchten so gerne helfen und sind doch völlig machtlos. Und so klammern wir uns an den einzigen Trost, den wir kennen. Wir lesen wieder Gottes Wort wie zuvor, die Lesungen durch das Kirchenjahr, und singen wieder all die schönen tröstlichen Lieder. Und manchmal muss einer von uns beiden sich abwenden und erst ein wenig heulen, mal der eine, mal der andere, weil es so ist, wie es ist, und weil wir hin- und hergeschüttelt werden zwischen Wut und Hilflosigkeit. Ach, mein Gott und Herr, wie lange? Und unser Singen und Beten wird begleitet von den schrecklichen Geräuschen dieses Zimmers im Altersheim der Wohlfahrt: „Aaah. Aah. Aaah. Tack. Tack. Tack."

Zum Schluss singen wir meistens: „Wenn ich auch gleich nichts fühle von deiner Macht, du führst mich doch zum Ziele, auch durch die Nacht." Wie lange noch? Ich weiß es nicht, niemand kann das sagen. Wir haben neulich Blumen gekauft zu ihrem Geburtstag, den sie eigentlich schon im himmlischen Garten erleben wollte. Paula K. ist inzwischen ein Jahr älter geworden, sie ist 95 und kann nicht sterben. Es ist wieder Weihnachten geworden, und ein neues Jahr hat begonnen, als sei nichts geschehen. Wir schreiben das Jahr 2004, und Paula K. ist in 2002 um ihren Tod betrogen worden.

Wir klugen Menschenkinder haben nicht ihr Leben verlängert; wir haben ihr Sterben verlängert. Kyrie eleison! Ach, Herr, erbarme dich!
Kurt-G. Tiedemann, Jan. 2004

PS: Ich habe Paula K. gestern beerdigt. Saarbrücken, den 19. März 2004

JAHRESBERICHT – ANFANG 2004 SAARBRÜCKEN-WALPERSHOFEN

Galater 4,13: Durch die Liebe diene einer dem andern.

Vier Jahre im Saarland, vier Jahre in den Gemeinden Saarbrücken-Walpershofen. Es tut gut, wenn man anhält und sieht, wieviel Grund zur Dankbarkeit wir haben. Das soll an erster Stelle stehen. Ich danke Gott für mein Leben, für meine family und für meine Gesundheit, ich danke Gott für meine Gaben und Aufgaben. Ich danke für all das, was er mir geschenkt hat. Ich danke Gott für meine Arbeit und für meine Gemeinden. Ich danke Gott für Euch alle. Ihr habt uns freundlich aufgenommen. Ihr habt uns das Einleben leicht gemacht. Ich danke Gott für viel Geduld, Liebe und Freundlichkeit, für Einsatz, Mühe und Mithilfe von meiner lieben Frau und von vielen Brüdern und Schwestern in den Gemeinden: Mitglieder der Kirchenvorstände, Organistinnen und Organisten, Chorleiter, Mitarbeiter im Kindergottesdienst, Mitarbeiter, die viel Zeit und Kraft opfern, um 4x im Jahr das Gemeindeblatt, den Rufer, herauszugeben, Küster, die liebevoll und umsichtig Gottesdienste vorbereiten, Lektoren, die Gottesdienste halten, Gemeindeglieder, die in Verwaltung und Kassenführung unentbehrlich sind, andere, die Gebäude und Grundstücke in Ordnung halten, Gemeindeglieder, die andere abholen und besuchen, alle, die für uns und für andere beten. Ich danke für alle Mitstreiter im Kampf wider den altbösen Feind. Durch die Liebe diene einer dem andern.

So bitte ich: Bringt auch weiterhin das Gespräch über Gott und mit Gott, bringt das Gebet in Eure Familien hinein. Macht Platz und Zeit für eine gemeinsame Andacht am Tag. An Gottes Segen ist alles gelegen. Eine Familie, die zusammen betet, hält auch besser zusammen. Sie stehen füreinander ein, achten und helfen einander. Kinder, die sehen, dass Vater und Mutter beten, wollen selbst auch beten. In Zeiten von großer Not, aber auch in Zeiten von großer Freude gibt es nichts Schöneres als 1. die Familie, 2. gute Freunde und 3. die familia Dei, die Familie Gottes in seiner weltweiten Kirche und Mission. Durch die Liebe diene einer dem andern.

Das ist das Schöne und Beglückende in der Gemeinde, dass man immer wieder Hilfe, Unterstützung und Aufmunterung erfährt, dass da Leute sind, auf die man sich verlassen kann, die mitdenken und mitarbeiten und die sich selbstlos einsetzen. Durch die Liebe diene einer dem andern. Das ist das Erkennungszeichen der Christen untereinander, dass wir füreinander da sind in guten wie in schweren Tagen, dass wir einander tragen helfen, unsere Sorgen und unsere Sünden. Und dass wir einander trösten und uns gegenseitig aufrichten, wenn es nötig wird. Das ist wichtig, die Stärkung nach innen, aber auch die Stärkung nach außen. Das gehört zu unsern vordringlichsten, schönsten Aufgaben, dass wir den Glauben weitersagen. Die großen Tauf- und Konfirmationsgottesdienste in beiden Gemeinden waren absolute Höhepunkte und Geschenke unseres Gottes. Der öffnet die Herzen und Ohren und baut seine Gemeinde unter uns. Der allein lässt eine Gemeinde wachsen, innerlich und äußerlich. Durch die Liebe diene einer dem andern.

Herausragende Ereignisse in den letzten beiden Jahren waren außerdem: Spiel und Spaß für Kids aus beiden Gemeinden im Juni 2002 in Walpershofen, das Konzert des Jalta Chorensembles und des großen Jugendchores Tarmstedt im Oktober in Saarbrücken und das 100-jährige Kirchweihjubiläum am 3. November 2002. Zum ersten Waldgottesdienst für beide Gemeinden im August 2002 in Kirschheck kamen ca. 70 Leute, und 65 davon blieben anschließend zum Essen. Im Jahr darauf luden wir die Gemeinden des Saarlandes dazu, Ottweiler-Fürth und Spiesen-Elversberg, und der Respons war gut. Es kamen an die 200 Leute in den Wald, wir brauchten hinterher 186 Teller. Kinderchor, Konfirmandenchor und der gemischte Chor sowie der Posaunenchor umrahmten den Gottesdienst und musizierten zur Ehre Gottes und zur Freude der Anwesenden bei strahlendem Sonnenschein mit den Vöglein des Waldes unter den alten Bäumen.

Was war noch? Mehrmals fand ein Frühstück mit den Konfirmanden und ihren Eltern aus beiden Gemeinden statt, was gut besucht war und dem gegenseitigen Kennenlernen diente. Jeder brachte etwas zu essen mit, so entstand ein bunte, fröhliche Tafel. Durch die Liebe diene einer dem andern. Der Kinder-Gottesdienst machte geschlossen einen Theaterbesuch im Staatstheater. Sie sahen die Arche Noah und kamen begeistert wieder.

Die Bezirksjugendtage mit Pfr. Peter Rehr und Andreas Schwarz wurden in Saarbrücken gehalten, junge Leute kamen aus dem gesamten süddeutschen Raum dazu. Leider wurde dies Angebot von unsern Jugendlichen völlig ignoriert, auch die Spiele-Freizeit in Memmingen. An der Konfirmandenfreizeit im Sperlingshof nahmen zwei teil. Dagegen fand die Fahrt zum Kirchenmusikfest in Speyer und letztes Jahr in Mannheim reges Interesse, und wir fuhren jeweils mit dem Bus dorthin. Auch die gemeinsamen Adventsfeiern der Frauenkreise verlaufen jedesmal in schöner Harmonie und haben allen wohlgetan, die dabei waren. Gemeinsames Essen und Musizieren im Pfarrhaus mit dem Singchor und den Kirchenvorständen erfreuten Leib und Seele. Der Kirchenkaffee im Garten und Gemeindesaal jeweils festigt Freundschaften und bringt neue Kontakte. Die Konfirmandenklasse geht zusammen ins Kino und genießt den Martin-Luther-Film. Zum zweiten Mal kommt eine Philosphieklasse der Marienschule mit ihrem Lehrer Dr. S. Mohm in die Kirche Saarbrücken und bitten um Vorträge. Es werden jeweils schöne und wichtige Begegnungen mit den jungen Leuten.

Gastprediger in unsern Gemeinden waren Bischof Roth, Michael Schätzel, Hermann Otto, Hartmut Neigenfind, Peter Rehr und die früheren Kirchenvorsteher Werner Konrath und Martin Sersch. Bernd Kreissig hält seine erste Predigt in beiden Gemeinden. Manchmal finden Vertretungsgottesdienste hinüber und herüber statt; und einmal ist Kanzeltausch: Gratz – Saarbrücken-Walpershofen; Czwikla – Fürth; Tiedemann – Spiesen. Durch die Liebe diene einer dem andern. In der Altsaarbrücker Oekumene ist der Kontakt zueinander nach wie vor gut, und es herrscht ein freundlicher herzlicher Ton, Respekt und Anerkennung. Wir essen zusammen, und wir beten zusammen, und wir respektieren einander.

Schon seit dem 1. Juni 2001 findet regelmäßig das Mittagsgebet in der großen Ludwigskirche statt, jeweils am Markttag, Samstag mittag von 12.00 Uhr–12.15 Uhr. Die Beteiligung ist unterschiedlich. Mal sitzen vier Leute da, mal 60. Am letzten Mittwoch bin ich zusammen mit Pfr. Christian Tobisch, Bübingen, und Christiane Schall vom Dekanat Brebach in den Vorstand des ACK gewählt worden. Der Einführungsgottesdienst soll Mitte-Mai in unserer Kirche in Saarbrücken sein. Durch die Liebe diene einer dem andern.

Was bei uns noch nicht zufriedenstellend gelungen ist, ist die Integration neuer Gemeindeglieder in die Gemeinde und in unser Privatleben. Da können wir alle mit etwas Fantasie und Liebe noch viel tun, damit neue Leute und alte, die zurückkehren, sich unter uns wohlfühlen. Neue Nachnamen und alte Gesichter von früher sind eine Bereicherung für unser Gemeindeleben. Überlegt Euch, bitte, wen Ihr kennt, und sprecht die Leute an, ladet sie freundlich ein und sagt ihnen, was Gott, Glaube und Gemeinde Euch bedeuten, und wie schön es hier ist. Gott kann auch Wunder tun; und er tut sie nach wie vor, auch unter uns. Betet für die, die uns verlassen haben. Es geschieht immer wieder, dass Gottferne und Abgefallene zurückkehren, auch nach 20–30 Jahren und länger.

Was mich am meisten bekümmert, ist die Tatsache, dass weithin die Jugend und mittlere Generation nicht beteiligt ist in den Gemeinden, in den Chören und in verantwortlicher Mitarbeit. Haben wir sie vertrieben durch Sturheit und Unbeweglichkeit? Haben wir sie vergrätzt durch verletzende Bemerkungen und abfällige Blicke, durch Lieblosigkeit und Überheblichkeit? Haben wir ihnen gezeigt und gesagt, dass sie unwillkommen sind? Haben wir ihnen den Gottesdienstbesuch verleidet? Woran liegt das? Warum kommen sie nicht mehr? Was sagen Eure jungen Leute, wenn Ihr mit ihnen sprecht? Können wir etwas daran ändern? Durch die Liebe diene einer dem andern.

Was lernen unsere Kinder und Enkel von uns? Was leben wir ihnen vor? Taten reden lauter als Worte, viel lauter. Wie finden wir aus der Isolation heraus? Solche Selbstprüfungsfragen gehören zu einer Bestandsaufnahme und helfen uns nüchtern und konzentriert zu bleiben. Was kann man verbessern? Was muss sich ändern? Was müssen wir tun; was müssen wir lassen? Mir liegt sehr daran, dass unsere beiden Gemeinden Saarbrücken-Walpershofen zusammenhalten, dass wir uns kennenlernen, vertrauen und helfen. Dazu gehört, dass wir uns ein, zwei Mal im Jahr gegenseitig in den Gottesdiensten besuchen.

Wir brauchen einander. Sonqoba simunye, sagen wir in Afrika. Zusammen sind wir stark. Was ich nicht kenne, kann ich nicht lieben. Wenn wir vertrauensvoll aufeinander zugehen, werden wir feststellen, dass wir dieselben Fragen, Probleme, Nöte und Sorgen haben und dass wir sie gemeinsam angehen sollten. Offenheit und Transparenz sind gut und hilfreich, erstmal in unserer eigenen Gemeinde, dann in unserer Parochie, und dann auch im Verhältnis zu den Nachbargemeinden in der Kirche und in der Oekumene. Durch die Liebe diene einer dem andern.

Ich freue mich, wenn die Missionsfeste gut besucht werden und wir gemeinsam singen und musizieren. Ich freue mich jedesmal, wenn in un-

sern kleinen Gemeinden überregional etwas geschieht, was uns alle zusammenführt. Das tut uns allen gut. Ich freue mich so darüber, dass sich Gemeindeglieder besuchen, wenn sie krank sind. Das ist gut. Das hilft allen Beteiligten, denen, die besucht werden, und denen, die besuchen. Wir gehören zusammen in Gottes Namen. Wir gehören zusammen in Freud und Leid. Es ist gut, wenn wir bei einem Trauerfall die Leidtragenden trösten und stärken und wenn wir gemeinsam unsere Toten zu Grabe tragen. Da ist ein großer Trost in großer Gemeinschaft an solch einem schweren Tag. Durch die Liebe diene einer dem andern. Letztlich dienen wir nicht nur einander, sondern unserm Gott und Herrn, der seine Gemeinde baut und erhält durch uns, durch dich und mich. IHM sei Ehre und Anbetung nun und allezeit und von Ewigkeit zu Ewigkeit.
Kurt-G. Tiedemann Jan. 2004

SAARBRÜCKEN, AUGUST 2007
ABSCHIEDSWORTE

Liebe Immanuel-Gemeinden,
In wenigen Wochen heißt es für uns Abschied nehmen von Saarbrücken-Walpershofen. Das hat verschiedene Seiten.

Einmal die persönliche Seite. Wir nehmen mit Wehmut Abschied von lieben Menschen, die sehr nahe an unsern Herzen sind, von unserm Zuhause in der Gärtnerstraße und von vielem, was uns in diesen 7 ½ Jahren lieb und wert und vertraut geworden ist.

Dann die offizielle Seite. Meine liebe Frau Rike und ich nehmen Abschied von zwei Gemeinden, mit denen uns so vieles verbindet, mit denen wir diese Jahre schöne und schwere Tage geteilt haben.

Schließlich ist da die geistliche Seite, mit der Frage, was unser Abschiednehmen als Christenmenschen bestimmt. Abschied ist ja etwas Unwiderrufliches. Man kann nichts mehr ändern. Alles, was da war, alles Gute und Schöne, aber auch alle Schuld und Versagen gehen in die Geschichte ein. Deshalb möchten wir dies sagen:
Allen, die uns Gutes getan haben, danken wir von Herzen.
Alle, denen wir Gutes tun konnten, mögen Gott dafür danken.

Alle, denen wir etwas schuldig blieben, bitten wir, uns zu vergeben.
Allen, die uns etwas schuldig geblieben sind, haben wir vergeben.
Lasst uns im Frieden Abschied nehmen.
Wir wünschen Euch GOTTES Segen für Euern weiteren Weg als Gemeinden und danken IHM für alles.

Rike und Kurt-Günter Tiedemann

20. KAPITEL

Aus dem Valet des „Boten Asmus“ (Matthias Claudius)

Schluss des Buches über Rudolf Schäfer von Konrad Mack:

„Wir sind nicht umsonst in diese Welt gesetzt, wir sollen hier reif für eine andere werden. Es ist nur einer, der dazu helfen kann, und dem sei Ehre in Ewigkeit. Gehabt euch wohl.“

So oder ähnlich könnte unser Weihnachtsfest in diesem Jahr aussehen:

WEIHNACHTEN IM SOMMER

Jabulani-ke, thokozani-ke ngales' isikhathi somusa, isizelwe manje, yon' iNkosi yethu. Jabulani, jabulani nonkana. Aus kräftigen Kehlen dringt der vielstimmige Gesang zum Himmel in der melodischen Zulusprache: O du fröhliche, o du selige gnadenbringende Weihnachtszeit. Jetzt ist er geboren, unser Herr und König. Freut euch mit uns, freut euch allzumal. Wir sind in Africa, in Umhlangeni, am hellen Weihnachtsmorgen auf einer alten traumhaft schönen Missionsstation am Indischen Ocean. Die Kirche ist choc-a-bloc voll fröhlicher Menschen, jung und alt, und es kommen immer noch mehr. Fenster und Türen stehen weit auf, und draußen singen alle Vöglein in Büschen und Bäumen mit. Die Stimmung ist ansteckend fröhlich, ein buntes, farbenreiches Bild. Die Kirche ist blumengeschmückt, die Festgemeinde ist leicht und luftig gekleidet mit dem Besten, was zu kriegen war. It's summer-time in Africa!

Vorne im Altarraum steht eine große Norfolk-Pine als Weihnachtsbaum, wunderschön ebenmäßig gewachsen, dass es fast künstlich wirkt. Die Kerzen kommen direkt aus der Tiefkühltruhe. Dann tropfen sie nicht so und brennen ebenmäßig ab, bevor sie sich verbiegen können. Es ist so richtig schön mollig warm, und das Sonnenlicht flutet durch die Fenster, und man merkt: Dies ist unser aller Lieblingslied: Jabulani-ke, thokozani-ke ngales' isikhathi somusa, isizelwe manje, yon' iNkosi yethu. Jabulani, jabulani nonkana.

Weihnachten in Afrika findet in der Kirche statt, denn zu Hause erwartet viele ein nüchternes Bild der Armut und Bescheidenheit. Der Gottesdienst dauert mehrere Stunden, denn ein Chor nach dem andern bewegt sich rythmisch tanzend und singend durch den Mittelgang nach vorne in den Altarraum. Was sie eingeübt haben, wird vorgetragen. Mayibongwe iNkosi! Hört man immer wieder. Gelobt sei Gott! Halleluja und Amen! Manchmal stehen auch Solosänger und -sängerinnen auf und singen mutig ganz allein vor der großen Gemeinde, die hingerissen lauscht und den Applaus gerecht verteilt. Besonders die Einzelsänger werden damit bedacht und gehen beschämt und stolz zugleich wieder an ihren Platz.

Wie wunderschön ist es doch, dass solch ein Reichtum an Talenten und Begabungen in der Gemeinde zu finden ist.

Ich lese die Weihnachtsgeschichte aus Lukas 2. Da wird es ganz still in der Kirche. Sie hören mit einer Intensität zu, die mich tief bewegt. Man sieht an den konzentrierten Gesichtern, dass wir alle weit weggetragen werden – hin nach Betlehem, wo das Wunder der Weihnacht geschieht, jedes Jahr wieder und jedes Jahr neu: „Fürchtet euch nicht! Siehe, ich verkündige euch große Freude, die allem Volke widerfahren wird; denn euch ist heute der Heiland geboren, welcher ist Christus, der Herr, in der Stadt Davids." Man muss das erlebt haben. Es ist solch eine große tiefe Freude, die Aufmerksamkeit und Ergriffenheit der Gemeinde zu erleben, die die frohe Botschaft dieses Tages aufnimmt. „Und das habt zum Zeichen: Ihr werdet finden das Kind in Windeln gewickelt und in einer Krippe liegen. Und alsbald war da bei dem Engel die Menge der himmlischen Heerscharen, die lobten Gott und sprachen: Ehre sei Gott in der Höhe und Friede auf Erden und den Menschen ein Wohlgefallen."

Nach der Lesung singen sie einen dieser unvergleichlichen Chorusse. Da singen alle mit, und du denkst manchmal, das Dach will sich heben. Dann setzt sich die Gemeinde und schaut erwartungsvoll nach vorne. Und in ihren Augen ist zu lesen: Tröste uns, Mfundisi. Tröste uns mit Gottes Wort. Wir sind gekommen zu hören. Vorn im Altarraum sitzen die Kinder auf der Erde, so viele und so dicht, dass man vorsichtig durch die vielen Arme und Beine zur Kanzel geht.

Nach dem Gottesdienst gehen wir noch lange nicht nach Hause. Unter dem Weihnachtsbaum liegen die Geschenke, schön verpackt und eingewickelt, manche auch nur in Zeitungspapier. Die sind für besonders beliebte und verdienstvolle Gemeindeglieder. Erstaunlich, mit welchem Ideenreichtum und mit welcher Liebe die ausgesucht werden. Das größte Paket wird zuletzt ausgepackt und die Spannung wächst mit jeder Lage. Aus dem großen kommt ein kleiner Karton und dann der nächstkleinere und immer so weiter, bis ein kleiiines Päckchen übrigbleibt.

Als es vorsichtig geöffnet wird, kommt eine weiche flaumige Hühnerfeder zum Vorschein, und auf einem Zettel daneben steht: „Wir versprechen dem glücklichen Empfänger das erste Huhn, das aus den Eiern schlüpft, die jetzt unter dieser Henne liegen, von der die Feder stammt." Der Jubel ist groß und auch die Freude bei Mrs. Ntshembeni, denn sie ist die geachtete Leiterin des Kindergottesdienstes und wird sehr geliebt und verehrt. Sie, die so selten lächelt, strahlt nun übers ganze Gesicht. Ukhisimuzi omuhle! schallt es von allen Seiten: Fröhliche Weihnachten!

DECEMBER 2007, EIN SCHÖNER TAG IN AFRIKA

Es war eine große Freude – nach acht Jahren – zum ersten Mal wieder in den alten Gemeinden zu sein, und nach so langer Zeit zum ersten Mal wieder in der Zulusprache zu predigen. Das Herz klopft bis zum Halse, und man befürchtet, die eine oder andere Vokabel nicht mehr zu kennen; aber dann geht es doch, und irgendwie ist das alles wie Schwimmen und Fahrradfahren. Wenn man das einmal gelernt hat, geht es wie von selbst. Das war ein Tag mit großen Emotionen. Die schöne alte Kirche in Umhlangeni – Zululand am Indischen Ocean war choc-a-bloc voll fröhlicher Menschen. Sie saßen bis hinten in den anschließenden Gemeindesaal.

Als meine liebe Frau und ich die Kirche betreten, geht eine Bewegung durch die Gemeinde, die uns auch spürbar erreicht. Wie ist das schön, dass wir uns wiedersehn! Und irgendwie ist es auch, als seien wir nie weggewesen. Alles ist so vertraut und doch auch wieder aufregend fremd. Unsere Nachfolger Emanuel Msheshafike Mkhabela und Peter Weber kommen auch mit ihren Familien. Nach der sehr herzlichen Begrüßung beginnt der Gottesdienst, und wir lassen uns einfach mittragen von den herrlichen Gesängen und der vertrauten Liturgie. Sesibuyile. Sisekhaya. Wir sind zurückgekehrt, und wir sind zu Hause, und es ist alles gut.

Als die Predigt beginnt, wird es ganz still, die gespannte Aufmerksamkeit tut richtig gut. Der Predigttext steht Math. 9: UJesu uyema phambi kwethu namuhla ekuseni. Unezwi elilodwa nje. Jesus steht heute morgen vor uns und hat nur ein Wort mit 10 Buchstaben: NGILANDELE = Folge mir! So steht es in der Zulubibel. Und die acht Jahre sind wie weggewischt, der Kontakt ist da, wir gehören zusammen, wie eh und je. Und sie hören zu bis zum Schluss. Dann knien wir zusammen am Tisch des

Herrn, in der innigsten Gemeinschaft, die Gott der Herr seiner Kirche schenkt: Thabatha udle umzimba kaKristu, thabatha uphuze igazi leNkosi. Nimm hin, und iss den Leib Christi, nimm hin, und trink das Blut des Herrn! Für dich gegeben und vergossen zur Vergebung aller deiner Sünden. Das stärke und bewahre dich im festen Glauben ins Leben der Auferstehung. Gehe hin in Frieden! Es kommen viele zum Sakrament. Der Gottesdienst dauert lange, so wie es sein soll: „Sonst lohnt es sich ja nicht zu kommen“, sagen sie.

Nach dem Gottesdienst, als alle Chöre fertig gesungen haben, werden wir gebeten, uns noch mal zu setzen. Nun kommt der offzielle Teil der Begrüßung, und die ist sehr aufregend und beschämend. Sie haben in den Gemeinden eine Sammlung durchgeführt, „dass wir auf den weiten Wegen durch Afrika nicht hungern.“ Feierlich überreicht ein junger Mann den Umschlag. Er enthält 567,– Rand, ca. 56 Euro. Das ist viel Geld. Ich möchte das am liebsten gar nicht annehmen. Aber das geht nicht, und so empfange ich diese Gabe mit beiden vorgestreckten Händen, um zu zeigen wie sehr wir uns freuen. Da kommt die Leiterin der Frauenkreise durch den Mittelgang und überreicht meiner lieben Frau einen wunderschönen selbstgeflochtenen Korb, „damit wir den gekauften Reiseproviant da rein tun können“, sagt sie.

Der junge Mann Justice Ntshembeni, einer meiner früheren Konfirmanden, bittet um Ruhe und hält dann eine excellente wohlüberlegte Rede in vier Teilen, und es ist eine große Freude, ihm zuzuhören: „Wir dachten, wie werdet Ihr wohl aussehen, nach all den Jahren? Aber wir erkennen Euch: Die Haare sind weißer geworden, aber es sind die alten vertrauten Gesichter. Wir dachten, was für eine Sprache wird er wohl sprechen, er war so lange weg, Deutsch oder English vielleicht, aber du sprichst unsere Sprache wie früher, wir haben dich gehört und verstanden. Wir danken für deine Predigt heute und für euern Dienst damals in den 18 Jahren, die wir zusammen waren. Du warst nicht nur unser Pastor, du warst auch unser Lehrer und unser Arzt, und ihr wart unsere Freunde, du und deine Frau. Wir danken für euern Einsatz, wir danken für euer Hiersein, wir danken Gott für euch.“

Das große Essen hinterher genießen wir sehr. Es gibt Fleisch und Fleisch und Fleisch, und Stamp und Bohnen, Beetroot und Pelepele, das ist ein ganz furchtbar scharfer Tomatensalat mit sehr viel Chilli drin. I like it! Viele Gespräche und Begegnungen. Manch vertraute Gesichter sind nicht mehr da. Die Leute sind verstorben, die wir gekannt und geliebt haben. Andere sind hinzugekommen. So geht es. Bei einigen hat man Schwierigkeiten, sie wiederzuerkennen. Eine junge Frau, die wir gut gekannt haben, hat sich so verändert, dass wir halb ungläubig nachfragen, und dann erkennen wir sie an der Stimme. So hat die Krankheit Aids sie verändert. Sie will unsere Hand gar nicht wieder loslassen, und der erneute Abschied fällt richtig schwer. Wir denken, dass wir bald wieder in Afrika sein werden, so Gott will und wir leben ...

Kurt-G. und Rike Tiedemann, May 2008

Siehe auch die Zulupredigtbücher:

Vol I:
Bheka, iNkosi yakho iza kuwe, 1999

Vol II:
Ukukholwa kuvela ngokuzwa, 2003

Vol III:
Onizwayo nina, uyangizwa mina, 2006

Vol IV:
Yena uyinhlawulo ngezono zethu, 2008

Vol V:
Ayikho insindiso ngomunye, 2010

Vol VI:
Babusisiwe abalizwa izwi likaNkulunkulu